KREISARCHIV
NECKAR-ODENWALD-KREIS

3117/ 4.1.4

Meinen Eltern

Einstweiliger Rechtsschutz in Familiensachen

Zulässigkeit – Verfahren – Vollstreckung – Kosten

von

Hans-Joachim Dose

Richter am Bundesgerichtshof

2., überarbeitete und erweiterte Auflage

ERICH SCHMIDT VERLAG

Bibliografische Information der Deutschen Bibliothek
Die Deutsche Bibliothek verzeichnet diese Publikation in der
Deutschen Nationalbibliografie; detaillierte bibliografische Daten
sind im Internet über http://dnb.ddb.de abrufbar

1. Auflage 2000
2. Auflage 2005

ISBN 3 503 08339 1

Alle Rechte vorbehalten
© Erich Schmidt Verlag GmbH & Co., Berlin 2005
www.ESV.info

Dieses Papier erfüllt die Frankfurter Forderungen
der Deutschen Bibliothek und der Gesellschaft für das Buch
bezüglich der Alterungsbeständigkeit und entspricht sowohl den
strengen Bestimmungen der US Norm Ansi/Niso Z 39.48-1992
als auch der ISO Norm 9706.

Satz: multitext, Berlin
Druck: Strauss, Mörlenbach

Vorwort zur 2. Auflage

Mit dieser 2. Auflage wurde das Werk völlig überarbeitet und aktualisiert. Die neueste Rechtsprechung und Literatur wurden für die Zeit bis zum Redaktionsschluss Ende August 2004 berücksichtigt. Gleichzeitig wurde die Darstellung des einstweiligen Rechtsschutzes um die Bereiche des Güterrechts, die Verfahren der Wohnungszuweisung und Hausratsteilung und die Verfahren nach dem zum 1. Januar 2002 in Kraft getretenen Gewaltschutzgesetz erweitert.

In isolierten Verfahren zum Sorge- und Umgangsrecht sowie zur Benutzung der Ehewohnung und des Hausrats ist nach der neu geschaffenen Vorschrift des § 621g BGB inzwischen ebenfalls eine einstweilige Anordnung zulässig, was die Anwendbarkeit der gewohnheitsrechtlich anerkannten vorläufigen Anordnung in FGG-Familiensachen stark einschränkt. In Verfahren nach dem Gewaltschutzgesetz lässt jetzt § 64b Abs. 3 FGG ausdrücklich einstweilige Anordnungen zu.

Der Aufbau des Buches orientiert sich an der Bedeutung für die gerichtliche Praxis und an der systematischen Regelung in den anwendbaren Verfahrensordnungen. Das Verfahren der einstweiligen Anordnung ist grundlegend in den allgemeinen Vorschriften für Verfahren in Ehesachen (§§ 620a bis 620g ZPO) geregelt. Auf diese Vorschriften nehmen die weiteren gesetzlichen Regelungen für einstweilige Anordnungen in isolierten Familiensachen ausdrücklich Bezug. Das gilt für Verfahren in Unterhaltssachen nach § 644 S. 2 ZPO wie für Prozesskostenvorschüsse nach § 127a Abs. 2 ZPO, Isolierte FGG-Familiensachen nach § 621g S. 2 ZPO und Verfahren nach dem Gewaltschutzgesetz gemäß § 64b Abs. 3 S. 2 FGG. Mit diesen gesetzlichen Vorschriften wurde das Recht des einstweiligen Rechtsschutzes weiter vereinheitlicht und ist dadurch übersichtlicher und verständlicher geworden. Unterschiede sind nur dort geboten, wo die Grundzüge der verschiedenen Verfahrensordnungen, insbesondere der Ermittlungsgrundsatz in Verfahren der freiwilligen Gerichtsbarkeit oder das staatliche Wächteramt in Sorgerechtsverfahren dieses gebieten.

Die Ausführungen zum internationalen Recht bei Kindesentführungen wurden ebenfalls aktualisiert und um die inzwischen ergangene nationale und internationale Rechtsprechung ergänzt.

Vorwort zur 2. Auflage

Die Ausführungen zum Streitwert sowie zu den gerichtlichen und außergerichtlichen Kosten wurden ebenfalls aktualisiert. Dabei ist schon das zum 1. Juli 2004 in Kraft getretene Rechtsanwaltsvergütungsgesetz berücksichtigt.

Karlsruhe, im September 2004   Der Verfasser

Vorwort zur 1. Auflage

Der einstweilige Rechtsschutz ist im Familienrecht von existentieller Bedeutung. Dieses gilt insbesondere im Bereich des Unterhaltsrechts, das den wesentlichen Anteil gerichtlicher Verfahren ausmacht. In einer großen Anzahl der Fälle sind die Unterhaltsberechtigten nicht einmal in der Lage, den nötigsten Unterhaltsbedarf selbst abzudecken. In diesen Fällen bedarf es alsbald eines Unterhaltstitels, um die Unterhaltsberechtigten nicht der subsidiären und ihnen bei Leistungsfähigkeit des Unterhaltspflichtigen nicht zumutbaren Sozialhilfe anheim fallen zu lassen. Im Bereich des Sorgerechts und der damit zusammenhängenden Folgeentscheidungen ist einstweiliger Rechtsschutz nicht selten notwendig, um die minderjährigen Kinder aus dem unmittelbaren Konfliktbereich der Eltern zu lösen, einen häufigen Wechsel des ständigen Aufenthalts zu vermeiden und damit Gefahren für das Kindeswohl abzuwenden. Im Bereich des Zugewinnausgleichs gilt es, die Ausgleichsforderung des berechtigten Ehegatten vor Vermögensdispositionen des Ausgleichspflichtigen zu sichern.

Im Unterhaltsrecht hat die einstweilige Anordnung durch gesetzliche Neuregelungen und die überwiegende Auffassung in Rechtsprechung und Literatur erheblich an Bedeutung gewonnen. Sie ist nicht nur auf das Scheidungsverbundverfahren nach den §§ 620ff ZPO beschränkt, sondern nach § 644 ZPO auch in allen isolierten Unterhaltsverfahren zulässig. In Kindschaftssachen regelt § 641d ZPO die Zulässigkeit einstweiliger Anordnungen, während ein Prozesskostenvorschuss nach § 127a ZPO einstweilen zugesprochen werden kann. Da die einstweilige Anordnung auf den gesamten Unterhaltsbedarf gerichtet ist und bis zum Inkrafttreten einer anderweitigen Regelung gilt, geht sie der Leistungsverfügung, die nur den Notunterhalt sichert und auf 6 Monate beschränkt ist, vor.

Im Scheidungsverbundverfahren sind einstweilige Anordnungen auch zu weiteren Folgesachen, insbesondere zum Sorgerecht und Umgangsrecht zulässig. Ist ein Scheidungsverfahren nicht anhängig und streiten die Kindeseltern darüber im isolierten FGG-Verfahren, wird ergänzend zu den gesetzlich normierten Einzelfallregelungen generell eine vorläufige Anordnung für zulässig erachtet.

Vorwort zur 1. Auflage

Sind minderjährige Kinder, die das 16. Lebensjahr noch nicht vollendet haben, unter Verletzung des Sorgerechts anderer Personen ins Ausland verbracht worden oder werden sie dort zurückgehalten, kommt eine sofortige Rückführung nach internationalen Vereinbarungen, insbesondere nach dem Haager Übereinkommen über die zivilrechtlichen Aspekte internationaler Kindesentführung in Betracht, um eine Sorgerechtsentscheidung durch die Gerichte des gewöhnlichen Aufenthaltsortes sicherzustellen.

Im Zugewinnausgleich erstrecken sich die Sicherungsmöglichkeiten wegen der durch ihn betroffenen nicht unerheblichen Beträge auf materiellrechtliche und verfahrensrechtliche Vorschriften. Das Zusammenspiel wirft auch im Hinblick auf die Rechtsprechung zum einstweiligen Rechtsschutz im Unterhaltsrecht noch erhebliche Probleme auf.

Die Einzelheiten im einstweiligen Rechtsschutz, insbesondere das Verfahren der einstweiligen Anordnung und die Konkurrenz zur einstweiligen Verfügung sind in Rechtsprechung und Literatur nach wie vor umstritten. Der vorliegende Beitrag soll neben einer systematischen Darstellung der zulässigen Formen einstweiligen Rechtsschutzes auch die in der gerichtlichen Praxis wichtigsten Streitfragen behandeln und einer in sich stimmigen Lösung zuführen.

Celle, im März 2000   Der Verfasser

Inhaltsverzeichnis

		Seite	Rand-ziffer
Vorwort zur 2. Auflage		5	
Vorwort zur 1. Auflage		7	
Inhaltsverzeichnis		9	
Abkürzungsverzeichnis		15	
1.	**Unterhaltsrecht**	19	1
1.1	Einstweiliger Rechtsschutz im Unterhaltsrecht	19	1
1.2	Einstweilige Anordnung	19	2
1.2.1	Einstweilige Anordnung im Verbundverfahren nach § 620 Nr. 4 bis 6 und 9 ZPO	21	5
1.2.1.1	Zulässigkeit der einstweiligen Anordnung	21	6
1.2.1.1.1	Anhängigkeit der Ehesache	21	7
1.2.1.1.2	Antrag der Ehegatten	23	11
1.2.1.1.3	Anwaltszwang	24	13
1.2.1.2	Regelungsbedürfnis	25	15
1.2.1.3	Gerichtliches Verfahren	27	18
1.2.1.3.1	Zuständigkeit	28	19
1.2.1.3.2	Verfahrensbeteiligte	31	25
1.2.1.3.3	Verfahrensrechte	31	26
1.2.1.3.4	Gerichtliche Entscheidung	32	28
1.2.1.3.5	Begründung	33	30
1.2.1.4	Umfang der einstweiligen Anordnung	34	31
1.2.1.4.1	Höhe des Unterhalts	35	32
1.2.1.4.2	Unterhalt für die Vergangenheit	35	33
1.2.1.4.3	Trennungs- und nachehelicher Unterhalt	36	35
1.2.1.4.4	Auskunft	37	37
1.2.1.5	Prozesskostenhilfe	38	38
1.2.1.5.1	Neuer Antrag	38	38
1.2.1.5.2	Persönliche und wirtschaftliche Verhältnisse	39	40
1.2.1.5.3	Beiordnung	40	41
1.2.1.6	Rechtsbehelfe	40	41a
1.2.1.6.1	Rechtskraft	41	42
1.2.1.6.2	Antrag auf mündliche Verhandlung (§ 620b Abs. 2 ZPO)	42	44

Inhaltsverzeichnis

		Seite	Rand-ziffer
1.2.1.6.3	Abänderung von Anordnungen (§ 620 b Abs. 1 ZPO)	43	46
1.2.1.6.4	Sofortige Beschwerde (§ 620 c ZPO)	48	52
1.2.1.6.5	Konkurrierende Rechtsbehelfe	51	56
1.2.1.7	Vollziehung	52	57
1.2.1.7.1	Vollziehbarkeit	52	57
1.2.1.7.2	Aussetzung der Vollziehung (§ 620e ZPO)	54	60
1.2.1.7.3	Einstweilige Einstellung der Zwangsvollstreckung	55	62
1.2.1.8	Außerkrafttreten der einstweiligen Anordnung (§ 620 f ZPO)	57	64
1.2.1.8.1	Grundsätzliche Fortgeltung	57	64
1.2.1.8.2	Außerkrafttreten ohne anderweitige Regelung	58	66
1.2.1.8.3	Außerkrafttreten durch anderweitige Regelung	60	70
1.2.1.8.4	Negative Feststellungsklage	64	75
1.2.1.8.5	Wirksamkeit der anderweitigen Regelung	65	77
1.2.1.8.6	Feststellung des Außerkrafttretens im Beschlussverfahren	67	81
1.2.1.9	Rückzahlungspflicht	69	85
1.2.1.9.1	Ungerechtfertigte Bereicherung	70	86
1.2.1.9.2	Schadensersatz	71	90
1.2.1.10	Streitwert des Anordnungsverfahrens	74	93
1.2.1.11	Kosten im Anordnungsverfahren (§ 620 g ZPO)	74	95
1.2.1.11.1	Höhe der Kosten	74	95
1.2.1.11.2	Kostenentscheidung	76	97
1.2.1.11.3	Rechtsmittel	81	103
1.2.2	Einstweilige Anordnung auf Zahlung eines Prozesskostenvorschusses	81	104
1.2.2.1	Zulässigkeit	81	104
1.2.2.2	Anspruchsberechtigte	82	105
1.2.2.3	Anspruchsvoraussetzungen	84	109
1.2.2.3.1	Persönliche Angelegenheit	84	110
1.2.2.3.2	Hinreichende Erfolgsaussicht	86	112
1.2.2.3.3	Billigkeit	86	113
1.2.2.4	Wegfall des Anspruchs	89	116
1.2.2.5	Umfang des Anspruchs	90	118
1.2.2.6	Rückforderung	91	120
1.2.2.7	Einstweilige Anordnung	93	122
1.2.2.8	Einstweilige Verfügung	95	125

Inhaltsverzeichnis

		Seite	Rand-ziffer
1.2.3	Einstweilige Anordnung im isolierten Unterhaltsverfahren (§ 644 ZPO)	96	127
1.2.3.1	Regelungsumfang	96	128
1.2.3.2	Konkurrenzen	99	132
1.2.3.3	Verfahren	101	134
1.2.3.4	Kosten des Anordnungsverfahrens	102	135
1.2.4	Einstweilige Anordnungen im Statusprozess nach § 641d ZPO	103	136
1.2.4.1	Konkurrenz zu anderen Formen einstweiligen Rechtsschutzes	103	137
1.2.4.2	Anwendungsbereich	104	138
1.2.4.3	Zulässigkeit	105	139
1.2.4.4	Zahlung oder Sicherheitsleistung	106	141
1.2.4.5	Gerichtliches Verfahren	107	142
1.2.4.6	Kosten	108	144
1.2.5	Einstweilige Anordnung in Lebenspartnerschaftssachen	109	145 a
1.3	Einstweilige Verfügung/Arrest	109	146
1.3.1	Leistungsverfügung auf Unterhalt	110	148
1.3.1.1	Konkurrenz zur einstweiligen Anordnung	111	149
1.3.1.2	Zulässigkeit	115	153
1.3.1.3	Verfügungsanspruch	115	155
1.3.1.4	Verfügungsgrund	116	156
1.3.1.5	Glaubhaftmachung	118	159
1.3.1.6	Vollstreckung	119	160
1.3.1.7	Gerichtliches Verfahren	120	163
1.3.1.8	Prozesskostenhilfe	121	164
1.3.1.9	Kosten	121	165
1.3.1.10	Außerkrafttreten	121	166
1.3.2	Einstweilige Verfügung gegen den Kindesvater nach § 1615 o BGB	121	167
1.3.2.1	Abgrenzung zur einstweiligen Anordnung	122	168
1.3.2.2	Unterhaltsanspruch des Kindes	123	170
1.3.2.3	Unterhaltsanspruch der Kindesmutter	124	172
1.3.2.4	Verfahren	124	173
1.3.3	Arrest	125	173 a
2.	**Sorgerecht**	127	174
2.1	Einstweilige Anordnung im Scheidungsverbundverfahren (§ 620 Nr. 1 bis 3 ZPO)	129	176

Inhaltsverzeichnis

		Seite	Rand-ziffer
2.1.1	Voraussetzung für den Erlass einer einstweiligen Anordnung	130	177
2.1.2	Regelungsbedürfnis	130	178
2.1.3	Verfahren	131	179
2.1.4	Änderung von Anordnungen	134	181
2.1.5	Sofortige Beschwerde	134	182
2.1.6	Aussetzung der Vollziehung	139	186
2.1.7	Vollstreckung	140	187
2.1.8	Außerkrafttreten der einstweiligen Anordnung	142	189
2.1.9	Kosten	143	191
2.2	Einstweilige Anordnung in isolierten FGG-Familiensachen	145	192 a
2.2.1	Regelungsumfang	145	192 b
2.2.2	Verfahren	147	192 d
2.2.3	Konkurrenzen	148	192 f
2.3	Vorläufige Anordnung in FGG-Familiensachen	149	192 g
2.3.1	Gesetzliche Regelung	151	193
2.3.2	Verfahrensvoraussetzungen	152	195
2.3.3	Zuständiges Gericht	153	197
2.3.4	Regelungsbedürfnis	154	198
2.3.5	Verfahren der vorläufigen Anordnung	155	200
2.3.6	Entscheidung	155	201
2.3.7	Rechtsmittel	157	203
2.3.8	Abänderung und Außerkrafttreten der vorläufigen Anordnung	158	205
2.3.9	Kosten	158	206
2.3.10	Vollstreckung	159	208
2.4	Internationales Recht und Kindesentführung	159	209
2.4.1	Internationale Rechtsvorschriften	159	209
2.4.2	Entführung von Kindern ins Ausland	162	210
2.4.2.1	Zielsetzung	163	212
2.4.2.2	Zentrale Behörde	164	214
2.4.2.3	Verfahren	166	217
2.4.2.4	Widerrechtliches Verbringen oder Zurückhalten	169	223
2.4.2.5	Rückgabe von Kindern	171	226
2.4.2.6	Härtefall	172	228
2.4.2.7	Recht zum persönlichen Umgang	174	232
2.4.2.8	Wirksamkeit der Entscheidung	175	233

Inhaltsverzeichnis

		Seite	Rand-ziffer
2.4.2.9	Anwendungsbereich	175	234
2.4.3	Kindesentführung im Inland	176	235
3.	**Zugewinnausgleich**	177	236
3.1	Eilbedürftigkeit	177	236
3.2	Vorzeitiger Zugewinnausgleich	177	238
3.2.1	Voraussetzungen	178	238 a
3.2.2	Folgen	180	238 f
3.2.3	Verfahren	180	238 g
3.3	Sicherheitsleistung nach § 1389 BGB	181	239
3.3.1	Voraussetzungen	182	239 a
3.3.2	Umfang der Sicherheit	183	240
3.3.3	Verfahren	184	240 a
3.4	Einstweiliger Rechtsschutz	184	241
3.4.1	Vorzeitiger Zugewinnausgleich	184	241 a
3.4.2	Sicherheitsleistung	185	242
3.4.2.1	Einstweilige Verfügung	186	243
3.4.2.2	Arrest	186	244
4.	**Ehewohnung, Hausrat und Maßnahmen nach dem Gewaltschutzgesetz**	189	246
4.1	Rechtsgrundlagen	189	246
4.1.1	Ehewohnung	189	247
4.1.2	Gewaltschutzgesetz	191	249
4.1.3	Hausrat	193	252
4.2	Einstweiliger Rechtsschutz	195	254
4.2.1	Einstweiliger Rechtsschutz im Scheidungsverbund (§ 620 Nr. 7 und 9 ZPO)	195	254
4.2.1.1	Voraussetzung für den Erlass einer einstweiligen Anordnung	195	255
4.2.1.2	Regelungsbedürfnis	195	256
4.2.1.3	Verfahren	197	257
4.2.1.4	Änderung von Anordnungen	198	258
4.2.1.5	Sofortige Beschwerde	198	259
4.2.1.6	Aussetzung der Vollziehung	201	263
4.2.1.7	Vollstreckung	201	264
4.2.1.8	Außerkrafttreten der einstweiligen Anordnung	202	265
4.2.1.9	Kosten	203	267

Inhaltsverzeichnis

		Seite	Rand-ziffer
4.2.2	Einstweilige Anordnungen in isolierten FGG-Familiensachen	204	269
4.2.2.1	Wohnungszuweisung und Hausrat	205	270
4.2.2.2	Einstweilige Anordnungen nach den §§ 1, 2 GewSchG	207	275

Literaturverzeichnis 211
Stichwortverzeichnis 215

Abkürzungsverzeichnis

a.A.	anderer Ansicht
a.a.O.	am angegebenen Ort
Abs.	Absatz
a.F.	alte Fassung
AfP	Archiv für Presserecht
AG	Amtsgericht
allg. Auff.	allgemeine Auffassung
Anm.	Anmerkung
AnwBl	Anwaltsblatt
Art.	Artikel
BayObLG	Bayerisches Oberstes Landesgericht
Bd.	Band
BGB	Bürgerliches Gesetzbuch
BGBl	Bundesgesetzblatt
BGH	Bundesgerichtshof
BGHR	BGH-Rechtsprechung Zivilsachen, Herausgeben von den Richtern des Bundesgerichtshofs
BGHZ	Entscheidungssammlung des Bundesgerichtshofs in Zivilsachen
BRAGO	Bundesgebührenordnung für Rechtsanwälte
Brüssel II VO	Verordnung (EG) Nr. 1347/2000 des Rates vom 29. Mai 2000 (Abl L 160 vom 30. 6. 2000, S. 19 ff.) – abgedruckt in FamRZ 2000, 1140 ff.
BSG	Bundessozialgericht
BSHG	Bundessozialhilfegesetz
BT-Drucksache	Bundestagsdrucksache
BVerfG	Bundesverfassungsgericht
BVerfGE	Entscheidungssammlung des Bundesverfassungsgerichts
bzw.	beziehungsweise
DAVorm	Der Amtsvormund, Rundbrief des deutschen Instituts für Vormundschaftswesen
EheRG	Eherechtsreformgesetz

Abkürzungsverzeichnis

EzFamR	Entscheidungssammlung zum Familienrecht
f.	folgende
FamRK	Familienrechtskommentar
FamRZ	Zeitschrift für das gesamte Familienrecht
FamS	Familiensenat
ff.	fortfolgende
FF	Forum Familien- und Erbrecht
FGG	Gesetz über die Angelegenheiten der freiwilligen Gerichtsbarkeit
FPR	Familie – Partnerschaft – Recht, vereinigt mit NJWE-FER
FRES	Entscheidungssammlung zum gesamten Bereich von Ehe und Familie
GBA	Generalbundesanwalt
GemSOGB	Gemeinsamer Senat der Obersten Gerichtshöfe des Bundes
GewSchG	Gesetz zum zivilrechtlichen Schutz vor Gewalttaten und Nachstellungen (Gewaltschutzgesetz – GewSchG) vom 11. Dezember 2001 (BGBl. I S. 3513)
GG	Grundgesetz
GKG	Gerichtskostengesetz
GRUR	Gewerblicher Rechtsschutz und Urheberrecht
GVG	Gerichtsverfassungsgesetz
HausratsVO	Verordnung über die Behandlung der Ehewohnung und des Hausrats (Sechste Durchführungsverordnung zum Ehegesetz – HausratsV) vom 21. Oktober 1944 (RGBl. I S. 256)
HessVGH	Hessischer Verwaltungsgerichtshof
HKiEntÜ	Haager Übereinkommen über die zivilrechtlichen Aspekte internationaler Kindesentführung vom 25. Oktober 1980, BGBl 1990 II 206
h.M.	herrschende Meinung
HS	Halbsatz
i.V.m.	in Verbindung mit
JAmt	Das Jugendamt – Zeitschrift für Jugendhilfe und Familienrecht

Abkürzungsverzeichnis

JMBl ST	Justizministerialblatt für das Land Sachsen-Anhalt
JurBüro	Das Juristische Büro
Justiz	Die Justiz
KG	Kammergericht
Kind-Prax	Kindschaftsrechtliche Praxis, Zeitschrift für die praktische Anwendung und Umsetzung des Kindschaftsrechts
KindRG	Gesetz zur Reform des Kindschaftsrechts (Kindschaftsrechtsreformgesetz – KindRG) vom 16. Dezember 1997 (BGBl I S. 2942)
KostO	Kostenordnung
KV	Kostenverzeichnis
LAG	Landesarbeitsgericht
LG	Landgericht
MDR	Monatszeitschrift für deutsches Recht
MRK	Menschenrechtskonvention
MSA	Übereinkommen über die Zuständigkeit der Behörden und das anzuwendende Recht auf dem Gebiet des Schutzes von Minderjährigen (MSA) vom 5. Oktober 1961 (BGBl 1971 II 217)
MünchKommBGB	Münchener Kommentar zum Bürgerlichen Gesetzbuch
MünchKommZPO	Münchener Kommentar zur Zivilprozessordnung
m.w.N.	mit weiteren Nachweisen
Nds. Rpfl.	Niedersächsische Rechtspflege
n.F.	neue Fassung
NJW	Neue juristische Wochenschrift
NJWE-FER	NJW-Entscheidungsdienst Familien- und Erbrecht
NJW-RR	Neue juristische Wochenschrift, Rechtsprechungsreport
Nr.	Nummer
OLG	Oberlandesgericht
OLG-NL	OLG Report Brandenburg, Dresden, Jena, Naumburg, Rostock
OLGR	OLG Report (des entsprechenden Gerichts)

Abkürzungsverzeichnis

OLGZ	Entscheidungen der Oberlandesgerichte in Zivilsachen
OVG	Oberverwaltungsgericht
PKH	Prozesskostenhilfe
PKV	Prozesskostenvorschuss
Rn.	Randnummer
RPfl	Der Deutsche Rechtspfleger
RPflG	Rechtspflegergesetz
RVG	Gesetz über die Vergütung der Rechtsanwältinnen und Rechtsanwälte (Rechtsanwaltsvergütungsgesetz – RVG)
S	Seite
S.	Satz
s.	siehe
SchlHA	Schleswig-Holsteinische Anzeigen
SGB	Sozialgesetzbuch
s.o.	siehe oben
SorgeRÜbkAG	Gesetz zur Ausführung von Sorgerechtsübereinkommen (SorgeRÜbkAG) vom 5. April 1990 (BGBl. 1990 I S. 701)
str.	streitig
StVG	Straßenverkehrsgesetz
s.u.	siehe unten
UÄndG	Gesetz zur Änderung unterhaltsrechtlicher, verfahrensrechtlicher und anderer Vorschriften vom 20. 2. 1986 (BGBl I S. 301)
VersR	Versicherungsrecht
VGH	Verwaltungsgerichtshof
vgl.	vergleiche
WRP	Wettbewerb in Recht und Praxis
z.B.	zum Beispiel
ZfRV	Zeitschrift für Rechtsvergleichung, internationales Privatrecht und Europarecht
ZPO	Zivilprozessordnung

1. Unterhaltsrecht

1.1 Einstweiliger Rechtsschutz im Unterhaltsrecht

Naturgemäß tritt in der juristischen Praxis ein Bedürfnis nach einstweiligem Rechtsschutz insbesondere in Unterhaltssachen auf. Häufig entsteht ein Regelungsbedürfnis schon mit der Trennung der Parteien, weil ein Ehegatte, z.B. wegen der Erziehung gemeinsamer minderjähriger Kinder, kein eigenes Einkommen erzielen kann. Wenn der Unterhaltspflichtige leistungsfähig ist, kann es dem Unterhaltsberechtigten weder zugemutet werden, sich zur Befriedigung der nötigsten Bedürfnisse an das Sozialamt zu wenden, noch ist dieses aus gesellschaftlicher Sicht wünschenswert. Der unmittelbare Unterhaltsanspruch ist dem aufwendigen Umweg über das Sozialamt mit Übergang der Unterhaltsansprüche nach § 91 BSHG vorzuziehen. Zahlt der Unterhaltspflichtige den geschuldeten Unterhalt nicht freiwillig oder stellt er seine Zahlungen später ein, so muss das Gesetz dem Unterhaltsberechtigten prozessrechtliche Möglichkeiten zur Verfügung stellen, um die geschuldeten Unterhaltsleistungen in zumutbarer Weise und Zeit zu erlangen.

1

Im Unterhaltsrecht hat sich die einstweilige Anordnung als besonders geeignete Form des einstweiligen Rechtsschutzes erwiesen, weil sie dem Unterhaltsgläubiger schon im Eilverfahren den vollen Unterhalt verschafft und erst mit dem Wirksamwerden einer anderweitigen Regelung außer Kraft tritt. Seit der gesetzlichen Neuregelung durch das Kindesunterhaltsgesetz ist sie nicht mehr allein auf das Scheidungsverbundverfahren nach den §§ 620ff. ZPO beschränkt, sondern nach § 644 ZPO auch in allen isolierten Unterhaltsverfahren zulässig. In Kindschaftssachen regelt § 641d ZPO die Zulässigkeit einstweiliger Anordnungen, während ein Prozesskostenvorschuss für die Ehesache und Folgesachen nach § 620 Nr. 9 ZPO und für andere Unterhaltssachen nach § 127a ZPO einstweilen zugesprochen werden kann. Die einstweilige Anordnung geht der von der Rechtsprechung allgemein für zulässig erachteten Leistungsverfügung wegen des weiter gehenden Umfangs vor und verdrängt sie in weiten Bereichen.

1.2 Einstweilige Anordnung

Im Unterhaltsrecht hat die einstweilige Anordnung gegenüber den anderen Formen einstweiligen Rechtsschutzes wesentlich an Bedeutung ge-

2

Unterhaltsrecht

wonnen. Dieses ist zum einen auf die Subsidiarität der einstweiligen Verfügung (s. Rn. 149 ff.), aber auch darauf zurückzuführen, dass der Gesetzgeber nunmehr neben den Vorschriften der §§ 620 ff. ZPO für das Scheidungsverbundverfahren mit § 644 ZPO für den isolierten Unterhaltsrechtsstreit und mit § 621 g ZPO für weiter FGG Verfahren die Möglichkeit einer einstweiligen Anordnung eröffnet hat. Andere Formen des einstweiligen Rechtsschutzes sind daneben in der Rechtsprechung annähernd bedeutungslos geworden.

3 Einstweilige Anordnungen ergehen aufgrund eines pauschalen Verfahrens, in dem die Anspruchsvoraussetzungen nicht endgültig zu beweisen sondern nur glaubhaft zu machen sind (vgl. OLG Naumburg FamRZ 2004, 478). Entsprechend werden sie nicht materiell rechtskräftig sondern treten mit Wirksamkeit einer anderweitigen Regelung außer Kraft (§ 620f Abs. 1 BGB). Trotz der nur summarischen Prüfung ist eine einstweilige Anordnung allerdings nicht zeitlich befristet sondern kann bei Erlass im Scheidungsverbundverfahren sogar Trennungs- und nachehelichen Unterhalt umfassen, falls letzterer nicht aus materiell-rechtlichen Gründen von vornherein ausscheidet. Außerdem ist sie nicht auf den Notunterhalt beschränkt sondern auf den vollen Unterhalt gerichtet, um zusätzliche gerichtliche Auseinandersetzungen zu vermeiden (BVerfG FamRZ 1980, 872). Allerdings sind Beweismaß und Regelungsumfang in der Weise voneinander abhängig, dass der gesamte geschuldete Unterhalt um so eher zugesprochen werden kann je sicherer das Ergebnis der summarischen Prüfung erscheint (MünchKommZPO/Finger § 620 Rn. 42). Dieses ist beispielsweise dann der Fall, wenn die gesamten Einkommensverhältnisse durch Gehaltsbescheinigungen belegt sind.

4 Zur Rechtsverteidigung ist die einstweilige Anordnung nicht vorgesehen. Ein Antrag auf Feststellung, dass kein oder nur ein geringerer Unterhalt geschuldet wird, ist deswegen im Verfahren der einstweiligen Anordnung (anders als im Hauptsacheverfahren) unzulässig. Wenn noch kein Vollstreckungstitel besteht, ist es dem Unterhaltsschuldner zumutbar, überzogenen Unterhaltsforderungen im Hauptsacheverfahren oder in dem gegen ihn gerichteten Anordnungsverfahren zu begegnen. Liegt bereit ein vollstreckbarer Titel vor, hat der Unterhaltsschuldner die Möglichkeit, die einstweilige Einstellung der Zwangsvollstreckung zu verlangen (vgl. Rn. 62 f.).

Einstweilige Anordnung

1.2.1 Einstweilige Anordnung im Verbundverfahren nach § 620 Nr. 4 bis 6 und 9 ZPO

Im Scheidungsverbundverfahren sind einstweilige Anordnungen nach § 620 Nr. 4 (Kindesunterhalt), Nr. 6 (Ehegattentrennungsunterhalt und nachehelicher Ehegattenunterhalt) und Nr. 9 (Kostenvorschuss für die Ehesache und Folgesachen) für die dort erfassten Verfahrensgegenstände zulässig. Dabei enthält § 620 ZPO insoweit eine abschließende Aufzählung der Regelungsgegenstände, sodass eine entsprechende Anwendung auf andere Unterhaltstatbestände nicht in Betracht kommt (Zöller/Philippi § 620 Rn. 36; Stein/Jonas/Schlosser § 620 Rn. 2; MünchKommZPO/Finger § 620 Rn. 7; Johannsen/Henrich/Sedemund-Treiber § 620 ZPO Rn. 7). Damit beschränkt sich die unmittelbare Anwendbarkeit der §§ 620 ff. ZPO auf einstweilige Anordnungen im Scheidungsverbundverfahren. Die Verfahren auf Erlass einstweiliger Anordnungen sind aber selbst keine Folgesachen, weil sie nicht für den Fall der Scheidung sondern zur schnellen Regelung eines vorläufigen Zustands beantragt werden (OLG Naumburg OLGR 2001, 237; OLG Köln FamRZ 1999, 853). Für isolierte Unterhaltsverfahren wird diese Regelung durch die zum 1. Juli 1998 in Kraft getretene Vorschrift des § 644 ZPO ergänzt, die für das Verfahren allerdings auf die §§ 620a bis 620g ZPO verweist (vgl. Rn. 127 ff.).

5

1.2.1.1 Zulässigkeit der einstweiligen Anordnung

Eine einstweilige Anordnung nach § 620 ZPO ist zulässig, wenn zwischen den Parteien eine Ehesache anhängig oder ein Antrag auf Bewilligung von Prozesskostenhilfe eingereicht ist (§ 620a Abs. 2 S. 1 ZPO). Eine einstweilige Anordnung zum Unterhalt ist nur dann zulässig, wenn diese von dem Unterhaltsberechtigte beantragt wurde.

6

Einstweilige Anordnungen setzen zudem grundsätzlich ein Regelungsbedürfnis voraus. Dabei handelt es sich nach überwiegender Auffassung allerdings nicht um eine Zulässigkeitsvoraussetzung sondern um ein Erfordernis der Begründetheit (vgl. Rn. 15 ff.).

1.2.1.1.1 Anhängigkeit der Ehesache

Die einstweilige Anordnung setzt mit der Ehesache ein Hauptverfahren voraus (MünchKommZPO/Finger § 620 Rn. 3). Der Antrag ist schon dann zulässig, wenn die Ehesache anhängig oder ein Antrag auf Bewilligung von Prozesskostenhilfe eingereicht ist (§ 620a Abs. 2 S. 1 ZPO). Auf die Zustellung des Scheidungsantrags (Rechtshängigkeit) kommt es hingegen nicht an. Unzulässig sind nur solche Anordnungsanträge, die vor

7

Unterhaltsrecht

Anhängigkeit der Ehesache oder Einreichung eines Prozesskostenhilfegesuches gestellt werden (OLG Frankfurt FamRZ 1979, 156). Ist der PKH-Antrag allerdings offensichtlich unbegründet, so fehlt es an dem Rechtsschutzbedürfnis für eine einstweilige Anordnung. Dies gilt auch dann, wenn PKH wegen fehlender subjektiver Voraussetzungen zu versagen ist, denn dann kann bei der gebotenen Versagung von Prozesskostenhilfe für die Ehesache mangels Hauptsacheverfahrens auch keine einstweilige Anordnung mehr erlassen werden (MünchKommZPO/Finger § 620a Rn. 4). Ein ursprünglich unzulässiger Anordnungsantrag wird allerdings mit Anhängigkeit der Ehesache oder eines Prozesskostenhilfeantrags nachträglich zulässig. Ist der Scheidungsantrag zwar schon bei Gericht eingegangen, kann er aber mangels gezahlten Kostenvorschusses, Prozesskostenhilfeantrags oder Antrags nach §§ 12ff., 14 GKG noch nicht zugestellt werden, ist auch eine einstweilige Anordnung noch nicht zulässig (so auch Zöller/Philippi § 620a Rn. 6). Zwar ist der Antrag auf Erlass einer einstweiligen Anordnung nach § 620a Abs. 2 S. 1 ZPO bereits mit Anhängigkeit und nicht erst ab Rechtshängigkeit der Ehesache zulässig. Dadurch wird der Zeitpunkt für die Zulässigkeit zwar im Interesse eines möglichst effektiven einstweiligen Rechtsschutzes vorverlegt. Dem Antragsteller ist es aber zumutbar, die Voraussetzungen für eine Zustellung des Scheidungsantrags sicherzustellen, bevor über seinen Antrag auf Erlass einer einstweiligen Anordnung entschieden wird. Sonst könnten einstweilige Anordnungen ohne spätere Hauptsacheverfahren ergehen und der Antragsgegner wäre zur Rechtsverteidigung auf eine negative Feststellungsklage verwiesen (vgl. Rn. 75f.). Die Zulässigkeit des Antrags auf Erlass einer einstweiligen Anordnung hängt grundsätzlich zwar nicht von der Erfolgsaussicht der Ehesache ab. Fehlt es dem Scheidungsantrag allerdings offensichtlich an der Erfolgsaussicht oder ist ein Verfahren seit geraumer Zeit nicht mehr betrieben worden und ist dieses auch nicht beabsichtigt, kann der Antrag auf Erlass einer einstweiligen Anordnung rechtsmissbräuchlich sein, wodurch das erforderliche Rechtsschutzbedürfnis entfällt (OLG Celle FamRZ 1968, 165; OLG Bamberg FamRZ 1983, 82; OLG Karlsruhe FamRZ 1989, 79; Zöller/Philippi § 620 Rn. 2).

8 Die Ehesache muss noch im Zeitpunkt der Entscheidung über den Anordnungsantrag anhängig sein. Die Anhängigkeit der Ehesache endet mit dem Tod eines Ehegatten (§ 619 ZPO), der Rücknahme des Scheidungsantrags (vgl. insoweit BGH FamRZ 2004, 1364) oder der Rechtskraft des Scheidungsurteils. Danach sind Anträge auf Erlass oder auf Änderung einstweiliger Anordnungen nicht mehr zulässig (BGH FamRZ 1983, 355; OLG Düsseldorf FamRZ 2001, 1229; MünchKommZPO/Finger § 620a Rn. 7). Ebenso erlischt das Antragsrecht mit Zurückweisung eines Pro-

Einstweilige Anordnung

zesskostenhilfegesuchs (OLG Hamm FamRZ 1982, 721). Es lebt allerdings wieder auf, wenn gegen die Entscheidung, mit der Prozesskostenhilfe versagt wurde, sofortige Beschwerde eingelegt worden ist. Der Erlass einer einstweiligen Anordnung ist grundsätzlich auch dann zulässig, wenn das Verfahren ruht (OLG Celle Nds. Rpfl. 1961, 17) oder ausgesetzt worden ist (OLG Schleswig SchlHA 1950, 60; OLG Celle, MDR 1968, 243 und Nds. Rpfl. 1975, 71).

Ist der Scheidungsausspruch bereits vor der Entscheidung zur Folgesache rechtskräftig, weil das Gericht nach § 628 S. 1 Nr. 4 ZPO vorab über den Scheidungsantrag entschieden hat oder weil nur gegen die Entscheidung zur Folgesache Rechtsmittel eingelegt wurde (s. insoweit aber § 629 a Abs. 3 ZPO; BGH FamRZ 1998, 1024) ist in den noch anhängigen Folgesachen eine einstweilige Anordnung nicht mehr nach § 620 ZPO zulässig, weil kein Scheidungsverbundverfahren mehr rechtshängig ist und die Folgesache als selbständige Familiensache fortgeführt wird (OLG Hamburg FamRZ 1987, 725; OLG Frankfurt FamRZ 1987, 1171 und 1990, 539; OLG Karlsruhe FamRZ 1992, 1454; a. A. OLG Hamm FamRZ 1987, 1278; MünchKommZPO/Finger § 620 a Rn. 5). Nach Rechtskraft des Scheidungsausspruchs sind einstweilige Anordnungen zu den noch rechtshängigen Unterhaltsfolgesachen allerdings nach § 644 ZPO zulässig. *9*

Ist die Ehesache allerdings erst nach Eingang des Antrags auf Erlass einer einstweiligen Anordnung beendet, kommt es für die weitere Zulässigkeit des Anordnungsantrags auf den Grund der Erledigung an. Wurde der Scheidungsantrag zurückgenommen oder rechtskräftig abgewiesen, bleibt für den Erlass einer einstweiligen Anordnung kein Raum, denn selbst zuvor ergangene einstweilige Anordnungen treten dann außer Kraft, wenn der Scheidungsantrag zurückgenommen oder rechtskräftig abgewiesen wird (OLG Hamm FamRZ 1982, 721; Stein/Jonas/Schlosser § 620 a Rn. 2; MünchKommZPO/Finger § 620 a Rn. 7). Ist der Scheidungsausspruch allerdings rechtskräftig geworden, noch bevor über den rechtzeitig eingegangenen Anordnungsantrag entschieden wurde, steht das einer Entscheidung darüber nicht entgegen (OLG Karlsruhe Justiz 1974, 335; OLG Stuttgart NJW-RR 1986, 558; OLG München FamRZ 1987, 610; KG FamRZ 1987, 956; MünchKommZPO/Finger § 620 a Rn. 8). Allerdings ist nach Rechtskraft des Scheidungsausspruchs ein Antrag auf mündliche Verhandlung nach § 620 b Abs. 2 ZPO nicht mehr zulässig. *10*

1.2.1.1.2 Antrag der Ehegatten

Einstweilige Anordnungen im Scheidungsverbundverfahren können nur auf Antrag eines Ehegatten ergehen. Auch die frühere Regelung des *11*

§ 620 S. 2 ZPO, wonach über die elterliche Sorge für ein gemeinsames Kind auch von Amts wegen entschieden werden konnte, ist mit der Änderung der §§ 1671 f. BGB und dem Wegfall des Zwangsverbundes zum 1. Juli 1998 außer Kraft getreten (vgl. insoweit OLG Brandenburg FamRZ 2001, 1230). Der Antrag kann zu Protokoll der Geschäftsstelle erklärt werden (§ 620 a Abs. 2 S. 2 ZPO). Ein Anwaltszwang (§ 78 Abs. 2 ZPO) besteht für den Antrag in diesem Fall nicht, wohl aber für eine spätere mündliche Verhandlung (vgl. Rn 13 f.). Für eine einstweilige Anordnung auf Unterhalt oder Prozesskostenvorschuss ist immer ein bezifferter Antrag erforderlich, an den das Gericht gebunden ist. Es darf weder mehr Unterhalt zuerkennen, als gefordert wurde, noch weniger, als anerkannt wurde (§ 307, 308 ZPO). Auch im Anordnungsverfahren gilt in Unterhaltssachen der Beibringungsgrundsatz; das Gericht ist auch hier an den Vortrag und die Beweisanträge der Parteien gebunden. Allerdings ist es auch im Anordnungsverfahren befugt, von den Parteien nach § 643 ZPO Auskünfte über ihr Einkommen und unterhaltsrelevantes Vermögen zu fordern.

12 Der Antragsteller soll den Antrag begründen und die tatsächlichen Voraussetzungen für die Anordnung glaubhaft machen (§§ 620 a Abs. 2 Satz 3, 294 ZPO). Soll die einstweilige Anordnung wegen besonderer Eilbedürftigkeit erlassen werden, bevor dem Antragsgegner rechtliches Gehör gewährt worden ist, muss der Antragsteller neben den Voraussetzungen zum Erlass der einstweiligen Anordnung auch das Fehlen nahe liegender Einwendungen, wie zum Beispiel der Leistungsunfähigkeit, glaubhaft machen (OLG Frankfurt FamRZ 1989, 87). Ist dem Antragsgegner rechtliches Gehör gewährt worden, ist auch im Verfahren zum Erlass einer einstweiligen Anordnung § 138 Abs. 3 ZPO anwendbar. Tatsachen, die nicht ausdrücklich bestritten worden sind, gelten dann als zugestanden. Solche zugestandenen Tatsachen müssen nicht zusätzlich glaubhaft gemacht werden.

1.2.1.1.3 Anwaltszwang

13 Das Verfahren der einstweiligen Anordnung ist wegen des Sachzusammenhangs und der Gesetzessystematik als Teil der Ehesache anzusehen. Auch für dieses Verfahren gilt deswegen gemäß § 78 Abs. 2 ZPO der Anwaltszwang (OLG Koblenz FamRZ 1999, 1214; Johannsen/Henrich/Sedemund-Treiber § 78 ZPO Rn. 12). Eine erteilte Prozessvollmacht für die Ehesache gilt in entsprechender Anwendung des § 82 ZPO auch für das Anordnungsverfahren. Für den Antrag auf Bewilligung von Prozesskostenhilfe vor Anhängigkeit der Ehesache ist eine anwaltliche Vertretung allerdings noch nicht erforderlich. In diesem Verfahrensstadium (§ 620 a Abs. 2 S. 1 ZPO) besteht auch für das Verfahren auf Erlass einer einstweiligen Anordnung noch kein Anwaltszwang.

Eine Ausnahme vom Anwaltszwang ergibt sich aus § 620 a Abs. 2 S. 2 ZPO, wonach der Antrag auf Erlass einer einstweiligen Anordnung auch zu Protokoll der Geschäftsstelle erklärt werden kann. Dadurch wird aber nicht das gesamte weitere Verfahren der einstweiligen Anordnung vom Anwaltszwang befreit (OLG Düsseldorf FamRZ 1992, 1198). Denn nach § 78 Abs. 5 ZPO sind nur solche Prozesshandlungen vom Anwaltszwang ausgenommen, die vor dem Urkundsbeamten der Geschäftsstelle vorgenommen werden können. Da § 620 a Abs. 2 S. 2 ZPO dieses nur für den Antrag auf Erlass einer einstweiligen Anordnung regelt, ist auch lediglich dieser vom Anwaltszwang befreit. Solange sich das Anordnungsverfahren allerdings im schriftlichen Verfahren befindet und sich der Vortrag deswegen lediglich auf Ergänzungen und Gegenäußerungen zu dem erhobenen Antrag beschränkt, besteht in entsprechender Anwendung des § 571 Abs. 4 S. 2 ZPO nach wie vor kein Anwaltszwang (OLG Düsseldorf FamRZ 1978, 709). Gleiches gilt, wenn die Parteien nach § 620 b Abs. 1 S. 1 ZPO eine Aufhebung oder Änderung im schriftlichen Verfahren begehren, zumal es sich dabei lediglich um eine weitere Ausgestaltung des Verfahrens nach § 620 ZPO handelt (OLG Frankfurt FamRZ 1977, 799). Sowohl eine eventuelle mündliche Verhandlung nach § 620 a ZPO als auch der Antrag auf mündliche Verhandlung nach § 620 b Abs. 2 ZPO und das ihm folgende Verfahren unterliegt hingegen dem Anwaltszwang nach § 78 Abs. 2 ZPO (OLG Düsseldorf FamRZ 1978, 709; FamRZ 1992, 1178).

14

1.2.1.2 Regelungsbedürfnis

Im Gegensatz zur einstweiligen Verfügung nach §§ 935, 940 ZPO (Rn. 125 ff.) aber im Einklang mit der einstweiligen Verfügung nach § 1615 o BGB (Rn. 167 ff.) setzt die einstweilige Anordnung nicht ausdrücklich einen Anordnungsgrund voraus. Allerdings steht die Entscheidung trotz der gesetzlichen Formulierung in § 620 ZPO, wonach das Gericht eine einstweilige Anordnung erlassen „kann", nicht im freien Ermessen des Gerichts. Vielmehr muss nach allgemeiner Auffassung auch hier eine Regelung durch einstweilige Anordnung notwendig sein. Damit zielt die gesetzliche Formulierung auf das Vorliegen eines Regelungsbedürfnisses (OLG Stuttgart FamRZ 2000, 965; OLG Zweibrücken FamRZ 1987, 300; Schwab/Maurer I Rn 896 ff:). Kann ein solches Rege-

15

lungsbedürfnis nicht festgestellt werden, steht das dem Erlass einer einstweiligen Anordnung entgegen. Liegt ein Regelungsbedürfnis vor, hat der Antragsteller allerdings Anspruch auf den Erlass der beantragten einstweiligen Anordnung.

16 Ein Regelungsbedürfnis ist allgemein dann zu bejahen, wenn ein dringendes Bedürfnis für eine sofortige Entscheidung besteht, was ein Abwarten bis zur endgültigen Entscheidung in der Hauptsache nicht gestattet. Regelmäßig liegt ein Regelungsbedürfnis für die beantragte einstweilige Anordnung schon deswegen vor, weil sie dem Unterhaltsgläubiger schnell einen vollstreckbaren Titel zur Verfügung stellt und damit verhindert, dass für die Zukunft ein Unterhaltsrückstand entsteht (OLG Naumburg FamRZ 2004, 478, 479; OLG Frankfurt FamRZ 2002, 401). Danach fehlt ein Regelungsbedürfnis jedenfalls dann, wenn nicht einmal dargelegt ist, dass der Unterhaltsschuldner zur Zahlung von Unterhalt aufgefordert worden ist. Gleiches gilt dann, wenn der Antragsteller Einkünfte bezieht, die ausreichend sind, um den dringendsten Unterhaltsbedarf selbst zu befriedigen, selbst wenn ein geringer Aufstockungsunterhalt in Betracht kommt (OLG Zweibrücken FamRZ 1981, 65). Hat der Unterhaltspflichtige den geforderten Unterhaltsbetrag immer pünktlich ohne zeitlichen und betragsmäßigen Rückstand geleistet, und bestehen keine Anhaltspunkte dafür, dass sich dieses ändern wird, fehlt ebenfalls ein Regelungsbedürfnis (MünchKommZPO/Finger § 620 Rn. 40; Schwab/Maurer I Rn. 899). Haben die Parteien eine Vereinbarung zum Unterhalt geschlossen, liegt ein Regelungsbedürfnis nur dann vor, wenn dargelegt ist, dass der Unterhaltsschuldner künftig nicht rechtzeitig und vollständig zahlen wird. Zahlt der Schuldner keinen Unterhalt, liegt ein Regelungsbedürfnis gleichwohl nur dann vor, wenn kein anderer vollstreckbarer Titel besteht. Wird im Scheidungsverbundverfahren im Rahmen einer Stufenklage zunächst Auskunft über die Einkommens- und Vermögensverhältnisse begehrt (eine isolierte Klage auf Auskunft wäre im Scheidungsverbund unzulässig, BGH FamRZ 1997, 811; OLG Hamm FamRZ 2000, 362), fehlt es für den Auskunftsantrag ebenfalls an einem Regelungsbedürfnis auf Erlass einer einstweiligen Anordnung (OLG Stuttgart FamRZ 1980, 1138; OLG Düsseldorf FamRZ 1983, 514; OLG Hamm FamRZ 1983, 515). Denn mit einer vollstreckbaren einstweiligen Anordnung auf Auskunftserteilung würde dem Antragsteller im summarischen Verfahren Rechtsschutz bewilligt, der in der Hauptsache nicht mehr rückgängig gemacht werden könnte (vgl. Rn. 37; a.A. MünchKommZPO/Finger § 620 Rn. 39; Zöller/Philippi § 620 Rn. 63; Schwab/Maurer I Rn. 885; Johannsen/Henrich/Sedemund-Treiber § 620 ZPO Rn. 15).

Einstweilige Anordnung

Ein bereits bestehender Titel über den Kindesunterhalt kann nicht *17* durch eine Zusatzklage im Wege der einstweiligen Anordnung erweitert werden, weil dieses der materiellen Rechtskraft des bestehenden Titels widersprechen würde (OLG Hamm FamRZ 1980, 608; 1982, 409). Denkbar wäre eine einstweilige Anordnung nach § 620 ZPO bei bestehendem Titel allenfalls dann, wenn die Abänderung des titulierten Kindesunterhalts nach § 323 ZPO als Folgesache im Scheidungsverfahren anhängig wäre. Besteht bereits ein Titel zum Ehegattentrennungsunterhalt, lässt auch dessen Rechtskraft ein Regelungsbedürfnis für eine Erhöhung entfallen, zumal einstweiliger Rechtsschutz nur für eine Zeit gewährt werden kann, über die noch nicht endgültig in der Hauptsache entschieden ist und in der Hauptsache nur über den nachehelichen Ehegattenunterhalt entschieden wird. Ein Verfahren auf Abänderung des bereits titulierten Ehegattentrennungsunterhalts ist, da keine Regelung für den Fall der Ehescheidung getroffen wird, nicht im Rahmen des Scheidungsverbunds zulässig. Hinsichtlich des Anspruchs auf nachehelichen Ehegattenunterhalt wird regelmäßig vor Anhängigkeit der Ehesache noch kein gerichtlicher Titel sondern allenfalls eine vollstreckbare Vereinbarung der Parteien vorliegen. Nur wenn zugleich im Rahmen des Scheidungsverbunds eine Erhöhung des rechtskräftig vereinbarten Unterhalts begehrt wird (BGH FamRZ 1983, 22), kann über diesen Verfahrensgegenstand eine einstweilige Anordnung im Scheidungsverbundverfahren ergehen. Allerdings ist ein dringendes Bedürfnis für eine sofortige Entscheidung nur dann gegeben, wenn der Scheidungsausspruch vor der Entscheidung über den nachehelichen Ehegattenunterhalt rechtskräftig wird. Auch die Herabsetzung eines bereits titulierten Unterhaltsanspruchs ist nicht im Wege der einstweiligen Anordnung möglich, weil auch hier der endgültige Titel einer einstweiligen Regelung vorgeht (OLG Hamm FamRZ 1980, 608; FamRZ 1982, 409; OLG Zweibrücken FamRZ 1980, 69). Der Antragsteller, der eine Herabsetzung des geschuldeten Unterhalts begehrt, kann vielmehr entsprechend § 769 Abs. 1 ZPO die einstweilige Einstellung der Zwangsvollstreckung beantragen, was ihm einen ebenso schnellen und effektiven Rechtsbehelf verschafft.

1.2.1.3 Gerichtliches Verfahren

Das Verfahren für einstweilige Anordnungen im Scheidungsverbund ist *18* in den §§ 620a ff. ZPO geregelt. Durch ausdrückliche Bezugnahme in §§ 644 S. 2, 127a Abs. 2 S. 2, ZPO gelten diese Verfahrensvorschriften auch für einstweilige Anordnungen in isolierten Unterhaltssachen und auf Zahlung eines Prozesskostenvorschusses.

Unterhaltsrecht

1.2.1.3.1 Zuständigkeit

19 Sie richtete sich ursprünglich allein nach dem Verfahrensstand der Ehesache (§ 620 a Abs. 4 S. 1 ZPO). Seit dem UÄndG kann auch der Verfahrensstand einer isolierten Folgesache maßgebend sein (§ 620 a Abs. 4 S. 2 ZPO). Eine besondere Regelung enthält § 620 a Abs. 4 S. 3 ZPO für eine einstweilige Anordnung auf Zahlung eines Prozesskostenvorschusses.

Danach ist für den Erlass einer einstweiligen Anordnung das Gericht des ersten Rechtszuges und, wenn die Ehesache in der Berufungsinstanz anhängig ist, das Berufungsgericht zuständig. Die Zuständigkeit des Berufungs- oder Beschwerdegerichts ist auch dann gegeben, wenn lediglich eine Folgesache im zweiten (oder dritten) Rechtszug anhängig ist, deren Gegenstand dem des Anordnungsverfahrens entspricht (vgl. aber zum Umgangsrecht OLG Rostock FamRZ 2004, 476). Dieses gilt auch dann, wenn erst ein Prozesskostenvorschuss für eine Ehesache oder eine Folgesache begehrt wird, die im zweiten (oder dritten) Rechtszug anhängig ist oder dort anhängig gemacht werden soll (§ 620 a Abs. 4 S. 2 und 3 ZPO). Die einmal begründete Zuständigkeit bleibt nach dem auch hier sinngemäß anwendbaren Grundsatz der perpetuatio fori (§ 261 Abs. 3 Nr. 2 ZPO; BGH FamRZ 1980, 444 f., 670 f.; Schwab/Maurer I Rn. 904) auch dann weiter bestehen, wenn ein Rechtsmittel eingelegt wurde, bevor über den Antrag auf Erlass einer einstweiligen Anordnung entschieden worden ist. Eine Durchbrechung erfährt dieser Grundsatz aber dann, wenn das im Berufungsverfahren für die einstweilige Anordnung zuständige Oberlandesgericht das erstinstanzliche Urteil aufhebt und den Rechtsstreit an das Amtsgericht zurückverweist. In diesem Fall wird das wieder mit der Hauptsache befasste Amtsgericht auch für die einstweilige Anordnung zuständig (OLG Hamburg FamRZ 1983, 612, 613 f.; Schwab/Maurer I Rn. 904).

20 Die grundsätzliche Zuständigkeit des Familiengerichts der Hauptsache bleibt bestehen, solange die Ehesache oder die Folgesache, deren Gegenstand dem des Anordnungsverfahrens entspricht, nicht in zweiter Instanz anhängig ist. Die Verkündung des Verbundurteils oder des Urteils in einer isolierten Unterhaltssache hat darauf noch keine Auswirkungen. Wird gegen ein Verbundurteil Berufung oder Beschwerde eingelegt, ohne dass erkennbar ist, welcher Teil des Urteils angefochten werden soll, so bleibt das Familiengericht weiterhin zuständig (OLG Frankfurt FamRZ 1992, 579 f.). In diesem Zeitpunkt steht noch nicht endgültig fest, ob das Verbundurteil in vollem Umfang angefochten wird oder welchen seiner Teile das Rechtsmittel erfasst (BGH FamRZ 1983, 685; 1989, 1064). Erst mit Eingang des Antrags in der Berufungs- bzw. Beschwerdebegründung wird deutlich, ob mit dem Rechtsmittel auch die Folgesache angefochten ist,

Einstweilige Anordnung

deren Gegenstand dem des Anordnungsverfahrens entspricht. Allerdings gilt dieses nicht für Rechtsmittel in Folgesachen, über die unabhängig vom Scheidungsverbund entschieden wurde (§ 623 Abs. 2 S. 2, 627 Abs. 1, 628 S. 1 ZPO), und in isolierten Folgesachen. In diesen Fällen steht mit Eingang des Rechtsmittels fest, dass dieses sich gegen den Verfahrensgegenstand der angefochtenen Entscheidung richtet, der dem Gegenstand des Anordnungsverfahrens entspricht.

Welcher Verfahrensgegenstand der Hauptsache dem des Anordnungsverfahrens entspricht, ist anhand der weitgehend übereinstimmenden Kataloge der §§ 620, 621 ZPO zu bestimmen (OLG Frankfurt FamRZ 1992, 579 f.). Richtet sich die einstweilige Anordnung auf einen Teilaspekt der Folgesache, bestimmt sich die Zuständigkeit nach diesem Teil. Obwohl der Trennungsunterhalt nicht identisch mit dem nachehelichen Ehegattenunterhalt ist (BGH FamRZ 1982, 465; 1981 242), ist im Einklang mit dem Regelungsumfang der einstweiligen Anordnung im Scheidungsverbund auch für die Zuständigkeit von einem einheitlichen Verfahrensgegenstand auszugehen. Wird gegen die Folgesache des nachehelichen Ehegattenunterhalts Berufung eingelegt, ist damit auch für die einstweilige Anordnung hinsichtlich des Trennungsunterhalts das Oberlandesgericht zuständig. Hat das Amtsgericht auf eine im Scheidungsverbund anhängige Stufenklage (eine bloße Auskunftsklage ist keine Folgesache im Sinne von § 623 ZPO und somit im Verbund unzulässig, BGH FamRZ 1997, 811) lediglich den Auskunftsantrag beschieden und wird hiergegen Berufung eingelegt, bleibt der Zahlungsantrag als Folgesache weiterhin in erster Instanz rechtshängig. Für den Erlass einer einstweiligen Anordnung über den Zahlungsantrag bleibt somit das Familiengericht zuständig. 21

Aus dem Zusammenwirken von § 620 a Abs. 4 S. 1 und 2 ZPO lässt sich der Grundsatz entnehmen, dass wegen der größeren Sachnähe grundsätzlich das Gericht des entsprechenden Hauptsacheverfahrens für den Erlass einer einstweiligen Anordnung zuständig ist. Dieser Grundsatz ergibt sich bereits aus einer Auslegung der gesetzlichen Vorschrift, sodass es einer zuständigkeitsbegründenden Analogie nicht bedarf. Ist gegen ein Urteil, das die Ehe vor der Entscheidung über eine Folgesache geschieden hat, Berufung eingelegt, bleibt deswegen für den Erlass einer einstweiligen Anordnung, die dem Verfahrensgegenstand der noch in erster Instanz anhängigen Folgesache entspricht, weiterhin das Amtsgericht zuständig (so im Ergebnis auch OLG Karlsruhe FamRZ 1998, 1380). Die größere Sachnähe bestimmt auch dann die Zuständigkeit, wenn die Folgesache, die dem Verfahrensgegenstand der einstweiligen Anordnung entspricht, sei 22 es auch nur im Beschwerdeverfahren der Prozesskostenhilfe, in zweiter Instanz anhängig ist.

23 Wird gegen die Entscheidung eines Oberlandesgerichts in einer Folgesache Revision oder Rechtsbeschwerde zum Bundesgerichtshof eingelegt, so bleibt es für den Erlass einstweiliger Anordnungen bei der Zuständigkeit des Oberlandesgerichts (OLG Karlsruhe FamRZ 1992, 1454 f.; OLG Hamm FamRZ 1978, 909). Da eine Zuständigkeit des Bundesgerichtshofs nach § 620 a Abs. 4 S. 2 ZPO ausgeschlossen ist, gebietet auch hier der Grundsatz der größeren Sachnähe die fortdauernde Zuständigkeit des Oberlandesgerichts. Hat das Familiengericht hingegen die Folgesache abgetrennt und ist Revision nur gegen den Scheidungsausspruch oder Rechtsbeschwerde wegen einer anderen Folgesache eingelegt, bleibt das Familiengericht für einstweilige Anordnungen in den bei ihm noch anhängigen Folgesachen zuständig (BGH FamRZ 1980, 444). Denn dann lässt sich keine größere Sachnähe des Oberlandesgerichts feststellen, die dessen Zuständigkeit nach § 620 a Abs. 4 S. 2 ZPO begründen könnte.

23 a Für die Entscheidung ist am Amtsgericht der Familienrichter zuständig (§§ 22 Abs. 1, 23 b Abs. 1 GVG). Weil es sich bei der einstweiligen Anordnung um eine Zwischenentscheidung und nicht um eine Endentscheidung handelt, ist für die sofortige Beschwerde am Oberlandesgericht (vgl. Rn. 42 ff.) nicht nach § 621 e Abs. 1 ZPO der gesamte Senat sondern nach 568 ZPO der Einzelrichter originär zuständig. Will das Oberlandesgericht wegen grundsätzlicher Bedeutung der Rechtssache, zur Fortbildung des Rechts oder zur Sicherung einer einheitlichen Rechtsprechung nach § 574 Abs. 1 Nr. 2 ZPO die Rechtsbeschwerde zum Bundesgerichtshof zulassen, muss der Einzelrichter die Sache zunächst gemäß § 568 Abs. 1 S. 2 ZPO auf den Senat übertragen (BGH NJW 2003, 3712).

24 Auch im Verfahren der einstweiligen Anordnung kann eine Zuständigkeit durch bindende Verweisung vom Familiengericht an das Oberlandesgericht und umgekehrt begründet werden (§ 281 Abs. 1 ZPO; BGH FamRZ 1979, 1004; 1989, 847). Die Bindungswirkung eines Verweisungsbeschlusses entfällt nicht bereits dann, wenn dieser rechtsfehlerhaft ist, sondern erst, wenn der Beschluss jeglicher Rechtsgrundlage entbehrt und somit als willkürlich anzusehen ist (BGH NJW 2003, 2990; FamRZ 2003, 88; NJWE-FER 1997, 164; NJW-RR 1998, 1219). Der Verweisungsbeschluss entfaltet nach ständiger Rechtsprechung des Bundesgerichtshofs allerdings nur dann Bindungswirkung, wenn den Parteien zuvor rechtliches Gehör gewährt wurde und der Beschluss beiden Parteien mitgeteilt worden ist (BGH FamRZ 1998, 360).

Einstweilige Anordnung

1.2.1.3.2 Verfahrensbeteiligte

An dem Anordnungsverfahren sind nur die Parteien der Hauptsache, im Scheidungsverbundverfahren also nur die Ehegatten, in einer isolierten Unterhaltssache die Prozessparteien, beteiligt. In den Anordnungsverfahren nach § 620 Nr. 1 bis 3 ZPO sind zwar das Kind und das Jugendamt zuvor und wenn dieses wegen besonderer Eilbedürftigkeit nicht möglich ist unverzüglich nachträglich anzuhören (§ 620a Abs. 3 ZPO). Dadurch werden diese jedoch nicht zu Verfahrensbeteiligten. Die vorgeschriebene Anhörung begründet weder eine formelle Beteiligung noch ein materielles Recht im Sinne des § 20 Abs. 1 FGG (KG FamRZ 1979, 740). Entsprechend folgt das Gebot zur vorherigen oder (bei Eilbedürftigkeit) nachträglichen Anhörung aus dem Ermittlungsgrundsatz (OLG München JurBüro 1985, 79) und ergibt sich nicht aus dem Grundsatz des rechtlichen Gehörs nach Art. 103 Abs. 1 GG. Ebenso sind in Anordnungsverfahren hinsichtlich der Ehewohnung auch die Vermieter nicht beteiligt (OLG Hamm FamRZ 1987, 1277), weil die einstweilige Anordnung nur im Verhältnis der Ehegatten gilt und die Rechtsbeziehungen zum Vermieter nicht regelt.

25

1.2.1.3.3 Verfahrensrechte

Dem Antragsgegner ist rechtliches Gehör zu gewähren (Art. 103 Abs. 1 GG), wenn der Antrag nicht unzulässig oder offensichtlich unbegründet ist. Zwar genügt die formlose Übersendung der Antragsschrift und eines eventuell noch nicht mitgeteilten Scheidungsantrags diesem Erfordernis. Gleichzeitig mit der Übersendung der Antragsschrift ist dem Antragsgegner jedoch eine Frist zur Stellungnahme zu setzen, die nach § 329 Abs. 2 S. 2 ZPO zugestellt werden muss. Eine Fristsetzung erscheint auch dann sinnvoll, wenn über den Antrag mündlich verhandelt werden soll. Bestimmt das Gericht einen Verhandlungstermin, erscheint es zweckmäßig die Parteien persönlich zu laden, um sie zur Glaubwürdigkeit des Parteivortrags anhören zu können. In Verfahren nach § 620 Nr. 1 bis 3 ZPO sind die Eltern zwingend anzuhören (BVerfG FamRZ 2002, 1021; NJW 1994, 1208, 1210). Ist die Anhörung in diesen Verfahren wegen besonderer Eilbedürftigkeit unterblieben, muss sie unverzüglich nachgeholt werden (§ 620a Abs. 3 S. 2 ZPO).

26

Die Verhandlung im Anordnungsverfahren ist dann nicht öffentlich, wenn zugleich über die Ehesache verhandelt wird (§ 170 S. 1 GVG). Wird lediglich über den Antrag auf Erlass einer einstweiligen Anordnung auf Unterhalt verhandelt, ist diese hingegen öffentlich. Erscheint für den Antragsteller zum Verhandlungstermin niemand oder ist er für das Anord-

27

nungsverfahren im Scheidungsverbund entgegen § 78 Abs. 2 ZPO nicht anwaltlich vertreten, kann über den Antrag weder verhandelt noch entschieden werden. Erscheint der Gegner nicht oder ist dieser nicht wirksam vertreten, findet wie in der Ehesache eine einseitige streitige Verhandlung statt, denn das Gesetz sieht insoweit kein Versäumnisverfahren vor. Eine Aussetzung ist nach dem Zweck des Anordnungsverfahrens als Eilverfahren nicht zulässig (OLG Frankfurt FamRZ 1985, 409).

1.2.1.3.4 Gerichtliche Entscheidung

28 Das Gericht entscheidet über den Antrag auf Erlass einer einstweiligen Anordnung durch Beschluss (§§ 620a Abs. 1, 620b Abs. 1 und 2 ZPO). Hat es auf Grund mündlicher Verhandlung entschieden, ist der Beschluss zu verkünden (§ 329 Abs. 1 S. 1 ZPO). Wurde der Beschluss entgegen dieser gesetzlichen Verpflichtung nicht verkündet, steht dieses der Wirksamkeit allerdings nicht entgegen (OLG Bremen FamRZ 1981, 1091). Ist der Beschluss ohne mündliche Verhandlung ergangen, muss er den Parteien formlos mitgeteilt und wenn er einen vollstreckungsfähigen Inhalt enthält oder der sofortigen Beschwerde unterliegt zugestellt werden (§ 329 Abs. 3 ZPO). Mit dem Erlass einer einstweiligen Anordnung darf nicht angeordnet werden, dass der Ehegatte, der die Anordnung erwirkt hat, Klage zur Hauptsache erheben muss, denn § 926 ZPO ist dem Verfahren der einstweiligen Anordnung nicht entsprechend anwendbar, weil an seine Stelle die Vorschrift des § 620f ZPO tritt (vgl. Rn. 70ff.).

29 Die Parteien können sich auch über den Gegenstand des Anordnungsverfahrens vergleichen. In einem solchen Vergleich ist aber stets klarzustellen, ob er – wie eine einstweilige Anordnung – nur bis zum Wirksamwerden einer anderweitigen Regelung (§ 620f ZPO) oder endgültig gelten soll (vgl. Rn. 46). Lässt sich durch Auslegung des Vergleichs nichts anderes entnehmen, wirkt dieser auch nur so lange wie eine einstweilige Anordnung, wird durch eine anderweitige Regelung außer Kraft gesetzt (BGH FamRZ 1983, 892; 1991, 1175f.) und tritt mit Rücknahme oder Abweisung des Scheidungsantrags außer Kraft (OLG Frankfurt FamRZ 1983, 202; MünchKomm ZPO/Klauser § 620 Rn. 43; Zöller/Philippi § 620 Rn. 65). Bei Änderung der maßgeblichen Verhältnisse ist ein solcher Vergleich nach § 620b ZPO und nicht im Wege der Abänderungsklage abänderbar (OLG Hamm FamRZ 1982, 409; Graba Rn. 332; vgl. auch Rn. 46). Ergibt die tatrichterliche Auslegung allerdings, dass die Parteien bewusst eine endgültige Regelung getroffen haben, sind die Besonderheiten des Anordnungsverfahrens auf diese nicht anwendbar. Ein solcher Vergleich ist nach §§ 323 ZPO, 242 BGB abänderbar (vgl. BGH FamRZ

2003, 518; 2001, 1687 und 2001, 1140; OLG Hamm FamRZ 1980, 608; Johannsen/Henrich/Sedemund-Treiber § 620 ZPO Rn. 25) und beschränkt sich wegen der fehlenden Identität (vgl. Rn. 21) auf den Trennungsunterhalt, wenn nicht ausdrücklich die Geltung auch für den nachehelichen Unterhalt vereinbart ist.

1.2.1.3.5 Begründung

Wird über den Antrag ohne mündliche Verhandlung entschieden (§ 620 a Abs. 1 ZPO) ergibt sich unmittelbar aus dem Gesetz keine Begründungspflicht. Wird dem Antrag entsprochen, weiß der Antragsgegner zwar aufgrund der ihm zugestellten Antragsschrift, welcher Sachverhalt dem zu Grunde liegt. Auch in diesen Fällen ist es allerdings ratsam, zur Begründung wenigstens auf die Antragsschrift zu verweisen. Weist das Gericht den Antrag zurück, hat die unterlegene Partei unabhängig von einer ausdrücklichen gesetzlichen Regelung, grundsätzlich einen Anspruch auf Begründung, damit sie ihre Rechte sachgerecht wahrnehmen oder verteidigen kann (BVerfGE 6, 32, 44; OLG Köln FamRZ 1991, 1212). Dieser Grundsatz gilt auch für einstweilige Anordnungen, die ohne mündliche Verhandlungen ergangen oder nach § 620c S. 2 ZPO unanfechtbar sind (OLG Düsseldorf FamRZ 2002, 249; OLG Hamm FamRZ 1993, 719; Zöller/Philippi § 620 d Rn. 4; a.A. Schwab/Maurer I Rn. 928). Fehlt dem Beschluss jegliche Begründung, liegt darin ein wesentlicher Verfahrensmangel, der bei Zulässigkeit eines Rechtsmittels zur Aufhebung des Beschlusses und Zurückverweisung der Sache an das Familiengericht führt (OLG Frankfurt MDR 1999, 504; OLG Celle FamRZ 1978, 54).

30

Ein Beschluss, der aufgrund mündlicher Verhandlung ergeht ist nach ausdrücklichen gesetzlichen Vorschriften zwingend zu begründen. Für Entscheidungen über die elterliche Sorge für ein gemeinsames Kind, die Herausgabe des Kindes an den anderen Elternteil, nach §§ 1 und 2 des Gewaltschutzgesetzes oder über die Zuweisung der Ehewohnung an einen Ehegatten ergibt sich das bereits daraus, dass sie nach § 620 c S. 1 ZPO mit der sofortigen Beschwerde anfechtbar sind. Für Entscheidungen über Anträge nach § 620 b ZPO und Beschwerdeentscheidungen nach § 620 c ZPO folgt der Begründungszwang aus § 620 d S. 2 ZPO, wonach das Gericht in diesen Fällen „durch begründeten Beschluss" entscheidet. Einer Begründung bedarf der Beschluss aber auch dann, wenn das Gericht sogleich aufgrund mündlicher Verhandlung entscheidet. Das ist deswegen geboten, weil diese Entscheidung nach § 620 b Abs. 1 ZPO nur abänderbar ist, wenn der Antrag auf neue Tatsachen, Beweismittel oder noch nicht berücksichtigte Rechtsprechung gestützt wird (siehe Rn. 46 ff.).

Unterhaltsrecht

1.2.1.4 Umfang der einstweiligen Anordnung

31 Unabhängig von der Frage, ob einstweilige Anordnungen neben den prozessrechtlichen Vorschriften der §§ 620 ff., 127 a, 644, 621 g ZPO auch einer materiell-rechtlichen Grundlage bedürfen, ist anerkannt, dass der Umfang der einstweiligen Anordnung einer materiell-rechtlichen Regelung jedenfalls nicht widersprechen darf. Im Unterhaltsrecht richtet sich der Umfang der einstweiligen Anordnung somit für den Trennungsunterhalt nach § 1361 BGB, für den nachehelichen Ehegattenunterhalt nach den §§ 1569 ff. BGB und für den Kindesunterhalt nach den §§ 1601 ff. BGB (Schwab/Maurer I Rn. 880; Zöller/Philippi § 620 Rn. 59; Gießler Rn. 590; MünchKommZPO/Finger § 620 Rn. 39 f.). Soweit die Anwendung der §§ 1569 ff. BGB teilweise abgelehnt wird (OLG München FamRZ 1981, 912, 914; Johannsen/Henrich/Sedemund-Treiber § 620 ZPO Rn. 22), überzeugt dieses nicht. Zwar wirkt eine ursprünglich für die Trennungszeit nach § 1361 BGB ergangene einstweilige Anordnung auch über die Rechtskraft der Scheidung fort, bis eine anderweitige Regelung eintritt. Das kann aber keine Rechtfertigung dafür sein, auch bei einstweiligen Anordnungen, die sich wegen vorzeitiger Rechtskraft der Scheidung nur auf die nacheheliche Zeit beschränken auf die Anwendung der §§ 1569 ff. BGB zu verzichten. Der Umfang einer einstweiligen Anordnung auf Zahlung eines Prozesskostenvorschusses richtet sich nach § 1360 a Abs. 4 ZPO (siehe Rn. 118 f.). Entsprechend den Vorschriften des internationalen Privatrechts, die im Unterhaltsrecht regelmäßig am gewöhnlichen Aufenthalt des Berechtigten anknüpfen (vgl. Wendl/Dose § 7 Rn. 9), kann auch ausländisches materielles Recht anwendbar sein, wenn, was wegen der Dringlichkeit zu beachten ist, dessen Ermittlung keine Schwierigkeiten bereitet. Neben dem Barunterhalt kann durch einstweilige Anordnung auch Familienunterhalt in Form des Wirtschaftsgeldes (OLG Celle FamRZ 1999, 162) und des Taschengeldes (BGH FamRZ 1998, 608) sowie Sonderbedarf, zu dem auch der Prozesskostenvorschuss gehört (vgl. BGH FamRZ 2004, 1633), zugesprochen werden (Johannsen/Henrich/Sedemund-Treiber § 620 ZPO Rn. 21; Schwab/Maurer I Rn. 880). Vorsorgeunterhalt kommt demgegenüber nur dann in Betracht, wenn dieses erforderlich ist, um eine Notlage zu vermeiden (str. OLG Saarbrücken FamRZ 1978, 501; OLG Stuttgart Justiz 1979, 19; Johannsen/Henrich/Sedemund-Treiber § 620 ZPO Rn. 21 m.w.N.; a.A. OLG Karlsruhe FamRZ 1980, 1139; Zöller/Philippi § 620 Rn. 61 m.w.N.; Gießler Rn. 590).

1.2.1.4.1 Höhe des Unterhalts

Im Rahmen der einstweiligen Anordnung ist der Unterhaltsanspruch grundsätzlich auf den vollen, nach materiell-rechtlichen Vorschriften geschuldeten Unterhalt gerichtet (zu § 644 ZPO siehe OLG Zweibrücken FamRZ 1999, 662; a.A. OLG Hamm FamRZ 2001, 357 m. Anm. Luthin und AG Tempelhof-Kreuzberg FamRZ 2002, 616 m. Anm. van Els). Daraus ergibt sich ein wesentlicher Unterschied zur einstweiligen Verfügung, mit der lediglich ein geringerer Notunterhalt begehrt werden kann (vgl. Rn. 148). Allerdings hängt die Höhe des zuzusprechenden Unterhalts auch davon ab, in welcher Weise der Anspruch glaubhaft gemacht ist. Als Kindesunterhalt kann jedoch, vorbehaltlich der vom Unterhaltsschuldner glaubhaft zu machenden mangelnden Leistungsfähigkeit, mindestens der Regelbetrag nach der Regelbetrag-Verordnung verlangt werden (vgl. insoweit Wendl/Scholz § 2 Rn. 127 ff; BGH FamRZ 2003, 363; vgl. auch OLG München FamRZ 1973, 94, 95; Johannsen/Henrich/Sedemund-Treiber § 620 ZPO Rn. 16). Bei entsprechender Glaubhaftmachung kann dem Antragsteller mithin im Wege der einstweiligen Anordnung auch Unterhalt in erheblicher Höhe zugesprochen werden (AG München FamRZ 1998, 1583 mit Anmerkung Bergschneider).

32

1.2.1.4.2 Unterhalt für die Vergangenheit

Unterhalt für die Vergangenheit, den der Antragsgegner nach den materiell-rechtlichen Vorschriften der §§ 1360a Abs. 3, 1361 Abs. 4 S. 4, 1613 Abs. 1, 1585b Abs. 2 BGB schuldet, kann grundsätzlich nicht durch einstweilige Anordnung zugesprochen werden, weil es insoweit an einem Regelungsbedürfnis fehlt (OLG Düsseldorf FamRZ 1987, 611; OLG Frankfurt FamRZ 1987, 174; Zöller/Philippi § 620 Rn. 57). Eine Ausnahme gilt nur dann, wenn in der Vergangenheit wegen der ausgebliebenen Unterhaltszahlungen Schulden angehäuft wurden, die den Unterhaltsberechtigten noch gegenwärtig belasten (Gießler Rn. 593). Dieses ist zum Beispiel der Fall, wenn der Unterhalt für rückständige Wohnungsmiete benötigt wird oder damit ein Kredit zurückgeführt werden soll, mit dem der Unterhaltsberechtigte in der Vergangenheit seinen Unterhalt bestritten hat (OLG Düsseldorf FamRZ 1987, 611; Zöller/Philippi § 620 Rn. 57; MünchKommZPO/Finger § 620 Rn. 38).

33

Ist ein Unterhaltsschuldner durch ein vorgerichtliches Mahnschreiben oder durch einen Antrag auf Erlass einer einstweiligen Anordnung in Verzug geraten, entfallen dessen Wirkungen nicht ohne weiteres dadurch, dass der Antrag auf Erlass einer einstweiligen Anordnung (insoweit) abgewiesen wurde (BGH NJW 1995, 2032). Der materiell-rechtlich geschul-

34

dete Unterhalt für die Vergangenheit kann deswegen auch noch nachträglich im Hauptsacheverfahren geltend gemacht werden. Grundsätzlich entfallen die für einen vergangenen Zeitraum eingetretenen Verzugswirkungen rückwirkend nur aus besonderen Gründen nach Treu und Glauben, insbesondere unter dem Gesichtspunkt der Verwirkung, oder sie müssen durch Vereinbarung der Parteien, also durch einen Verzicht des Gläubigers in Form eines Erlassvertrages (§ 397 BGB), beseitigt werden (BGH FamRZ 1987, 40, 41; 1988, 478, 479). Eine Verwirkung des Anspruchs auf rückständigen Unterhalt ist nach den besonderen Umständen des Einzelfalles zu beurteilen und hängt nicht von einem fest bemessenen Zeitablauf ab; sie kommt aber regelmäßig nicht vor Ablauf der aus dem Rechtsgedanken des § 212 Abs. 2 BGB hergeleiteten Sechsmonatsfrist in Betracht (BGH FamRZ 1983, 352, 355; NJW 1995, 2032). Neben dem Zeitmoment ist dabei aber stets auch das Umstandsmoment der Verwirkung zu prüfen (BGH NJ 2002, 38; NJW 2001, 1649; FamRZ 1988, 370).

1.2.1.4.3 Trennungs- und nachehelicher Unterhalt

35 Im Scheidungsverbundverfahren regeln einstweilige Anordnungen zum Ehegattenunterhalt regelmäßig den gegenwärtig benötigten Trennungsunterhalt. Wären sie allerdings auf den Trennungsunterhalt und somit auf die Zeit bis zur rechtskräftigen Ehescheidung beschränkt, bestünde die Gefahr eines regelungslosen Zustandes falls der Scheidungsausspruch früher rechtskräftig wird als die Verbundentscheidung zum nachehelichen Ehegattenunterhalt. Es ist zwar allgemein anerkannt (BGH FamRZ 1982, 465; 1981, 242), dass der Anspruch auf Trennungsunterhalt nicht mit dem Anspruch auf nachehelichen Ehegattenunterhalt identisch ist. Weil eine Fortgeltung der einstweiligen Anordnung über den Zeitpunkt der rechtskräftigen Ehescheidung einem vorübergehenden regelungslosen Zustand vorzuziehen ist, lässt § 620 ZPO den Unterschied dieser beiden Unterhaltsansprüche außer Acht und ermöglicht einstweilige Anordnungen, die sowohl den Trennungs- als auch den nachehelichen Ehegattenunterhalt regeln. Da die einstweilige Anordnung nach § 620 ZPO somit auch den Unterhalt für die Zeit nach der Ehescheidung umfasst, sind deren Voraussetzungen bereits bei Erlass zu berücksichtigen. Lässt sich nach dem glaubhaft gemachten Sachverhalt nicht feststellen, ob dem Antragsteller auch nachehelicher Ehegattenunterhalt zusteht, weil zum Beispiel eine Ehe von kurzer Dauer vorliegt (§ 1579 Nr. 1 BGB; BGH FamRZ 1999, 710) oder der sich aus den ehelichen Lebensverhältnissen ergebende Unterhaltsbedarf durch Zinseinkünfte aus dem Zugewinn- oder durch den Versorgungsausgleich gedeckt ist, darf Unterhalt nur bis zur Rechtskraft des Scheidungsausspruchs zugesprochen werden (van Els FamRZ 1990,

581, 582 f.). Lässt sich bei der Entscheidung im Verbundverfahren allerdings noch nicht feststellen, ob oder wann ein Anspruch auf nachehelichen Ehegattenunterhalt entfallen könnte, ist im Rahmen der einstweiligen Anordnung unbegrenzt Unterhalt auszusprechen.

Demgegenüber ist der Unterhaltsanspruch des Kindes nach Volljährigkeit mit dem Unterhaltsanspruch des minderjährigen Kindes identisch (BGH FamRZ 1994, 696). Eine einstweilige Anordnung zum Kindesunterhalt wirkt schon deswegen über den Zeitpunkt der Volljährigkeit hinaus fort.

Besteht bereits ein isolierter Titel zum Trennungsunterhalt, fehlt es an einem Regelungsbedürfnis für eine erneute einstweilige Anordnung im Scheidungsverbund. Für die Trennungszeit liegt schon ein entsprechender Titel vor und für die nacheheliche Zeit besteht wegen der Möglichkeit des Scheidungsverbunds nur ausnahmsweise ein Bedarf für eine vorläufige Regelung. Regelmäßig kann der Unterhaltsberechtigte nämlich darauf verwiesen werden, seinen Anspruch auf nachehelichen Ehegattenunterhalt als Folgesache im Scheidungsverbund einzuklagen. Mit der rechtskräftigen Scheidung liegt dann in der Regel auch schon eine endgültige Entscheidung zum nachehelichen Unterhalt vor. Ein Regelungsbedürfnis besteht nur dann, wenn die Unterhaltsfrage alsbald geklärt werden muss und ein Abwarten bis zur Entscheidung der Folgesache nicht zumutbar ist. Das ist zum Beispiel der Fall, wenn die Entscheidung zum nachehelichen Ehegattenunterhalt abgetrennt wurde und der Titel zum Trennungsunterhalt wegen zwischenzeitlich eingetretener Rechtskraft der Scheidung nicht mehr vollstreckbar ist. Denkbar ist auch, dass der Unterhaltsberechtigte nur deswegen keinen nachehelichen Ehegattenunterhalt eingeklagt hat, weil der Pflichtige in der Vergangenheit freiwillig Unterhalt gezahlt hat. Stellt er nunmehr kurz vor dem Scheidungstermin seine Unterhaltszahlungen ein, scheint eine Unterhaltsanordnung wegen der zu erwartenden Dauer des Hauptsacheverfahrens ebenfalls zulässig. *36*

1.2.1.4.4 Auskunft

Eine isolierte Klage auf Auskunft ist im Scheidungsverbundverfahren nicht zulässig, weil diese nicht unmittelbar auf Unterhaltszahlungen gerichtet ist und somit nicht Folgesache i.S. von § 623 Abs. 1 ZPO sein kann (BGH FamRZ 1997, 811). Wird im Scheidungsverbund allerdings im Rahmen einer Stufenklage zunächst Auskunft über die Einkommens- und Vermögensverhältnisse begehrt, ist der Stufenantrag als Folgesache zulässig (OLG Düsseldorf FamRZ 1991, 94). Das Gericht der Ehesache muss über den Auskunftsantrag vorab durch Teilurteil entscheiden, um *37* dann im Verbund mit der Ehesache eine Entscheidung auch zur Höhe des Unterhalts treffen zu können. Ob ein solcher vorbereitender Auskunftsanspruch auch als Gegenstand der einstweiligen Anordnung nach § 620 Nr. 4 und 6 ZPO in Betracht kommt, ist streitig (vgl. Johannsen/Henrich/Sedemund-Treiber § 620 ZPO Rn. 15 m.w.N.). Teilweise wird eingewandt, einem solchen Antrag fehle bereits das Regelungsbedürfnis (OLG Stuttgart FamRZ 1980, 1138; OLG Düsseldorf FamRZ 1983, 514; OLG Hamm FamRZ 1983, 515; Gießler Rn. 589), weil damit im summarischen Verfahren nicht mehr rückgängig zu machender Rechtsschutz bewilligt würde. Die Gegenmeinung (OLG Koblenz FamRZ 1981, 992; OLG Zweibrücken FamRZ 1998, 490; MünchKommZPO/Finger § 620 Rn. 39; Zöller/Philippi, § 620 Rn. 63) überzeugt nicht, zumal ein vorgeschalteter Auskunftsantrag die dringend benötigten Unterhaltszahlungen weiter verzögern würde und die einstweilige Anordnung auf Unterhaltszahlungen bereits aufgrund einer summarischen Prüfung der Erfolgsaussicht erfolgen kann. Allerdings ist § 643 ZPO im Verfahren der einstweiligen Anordnung nicht anwendbar, weil dieses präsente Beweismittel verlangt (Johannsen/Henrich/Sedemund-Treiber § 620 ZPO Rn. 15; Gießler Rn. 582).

1.2.1.5 Prozesskostenhilfe
Weil Verfahren über einstweilige Anordnungen in Familiensachen nach § 18 RVG besondere Angelegenheiten sind und jede für sich besondert vergütet wird (vgl. OLG Nürnberg FamRZ 2002, 478 und EzFamR aktuell 2002, 16), muss sich die Bewilligung der Prozesskostenhilfe stets auch auf diese Verfahren erstrecken.

1.2.1.5.1 Neuer Antrag

38 Die für das Scheidungsverbundverfahren bewilligte Prozesskostenhilfe erstreckt sich schon nicht auf die fakultativen Folgesachen im Scheidungsverbund. Dieses ergibt sich im Umkehrschluss aus § 624 Abs. 2 ZPO, wonach sich die Bewilligung der Prozesskostenhilfe für die Scheidungssache nur auf die obligatorische Folgesache des Versorgungsausgleichs erstreckt. Schon für andere Folgesachen, wie z.B. den nachehelichen Ehegattenunterhalt, den Kindesunterhalt und nunmehr auch das Sorge- und Umgangsrecht muss die Prozesskostenhilfe gesondert beantragt und bewilligt werden. Dieses ist erforderlich, weil diese Folgesachen nicht von Amts wegen betrieben werden und deswegen zunächst auch die hinreichende Erfolgsaussicht des Antrags, an den das Gericht in Unterhaltssachen sogar gebunden ist, geprüft werden muss.

Einstweilige Anordnung

Selbst wenn zusätzlich Prozesskostenhilfe für eine dieser Folgesachen bewilligt worden ist, erstreckt sich diese nicht zugleich auf das Anordnungsverfahren. Denn das Verfahren auf Erlass einer einstweiligen Anordnung unterscheidet sich schon dadurch von der zugrunde liegenden Hauptsache, dass die Entscheidung alsbald und nicht erst für den Fall der Scheidung begehrt wird und es sich deswegen nicht um eine Folgesache im Scheidungsverbund (§ 16 Nr. 4 RVG) handelt (OLG Köln FamRZ 1999, 853, 854). Zusätzlich ist im Anordnungsverfahren neben der auch in der Folgesache selbst erforderlichen Erfolgsaussicht zu prüfen, ob ein Regelungsbedürfnis (siehe Rn. 15 ff.) gegeben ist. Aus diesem Grund muss die Prozesskostenhilfe für das Anordnungsverfahren grundsätzlich gesondert beantragt und bewilligt werden (allg. Auff. KG AnwBl 1980, 302; OLG Düsseldorf FamRZ 1982, 1096; OLG München JurBüro 1984, 1851; OLG Karlsruhe FamRZ 1985, 1274; OLG Bamberg, FamRZ 1986, 701; Zöller/ Philippi § 620 a Rn. 20; Johannsen/Henrich/Sedemund-Treiber § 620 a ZPO Rn. 12; Schwab/Maurer I Rn. 165).

Die Bewilligung der Prozesskostenhilfe für ein Anordnungsverfahren umfasst allerdings das gesamte Verfahren in dieser Instanz einschließlich eines Abänderungsverfahrens nach § 620b ZPO (OLG Hamm MDR 1983, 847; Johannsen/Henrich/Sedemund-Treiber § 620 a ZPO Rn. 12; MünchKommZPO/Wax § 119 ZPO Rn. 11; a.A. Schwab/Maurer I 167). Denn der Erlass und die Änderung einer einstweiligen Anordnung sind auch gebührenrechtlich als einheitliche Angelegenheit anzusehen (Nr. 1420 ff. Kostenverzeichnis zu § 3 Abs. 2 GKG; § 18 Nr. 1b RVG). Das gilt nur dann nicht, wenn der Gegenstand des Abänderungsverfahrens über denjenigen des ursprünglichen Anordnungsverfahrens hinaus geht (vgl. Rn 61).   *39*

1.2.1.5.2 Persönliche und wirtschaftliche Verhältnisse

Prozesskostenhilfe soll nach §§ 114, 115 ZPO nur solchen Personen zugute kommen, die bedürftig sind, also die Kosten der Prozessführung nicht, nur zum Teil oder nur ratenweise aufbringen können. Dabei hat die Prozesspartei neben ihrem Einkommen (§ 115 Abs. 1 ZPO) auch ihr Vermögen einzusetzen, wenn dieses zumutbar ist (§ 115 Abs. 2 ZPO). Zum Vermögen im Sinne dieser Vorschrift gehört auch ein Anspruch auf Zahlung eines Prozesskostenvorschusses (BGH FamRZ 2004, 1633; siehe Rn. 104 ff.). Ist der Antragsteller nach § 115 ZPO in der Lage, Raten auf die zu bewilligende Prozesskostenhilfe zu zahlen, dürfte wegen des geringeren Streitwerts des Anordnungsverfahrens häufig § 115 Abs. 3 ZPO erfüllt sein, wonach Prozesskostenhilfe nicht zu bewilligt ist, wenn die Ko-   *40* sten dieses Verfahrens vier Monatsraten nicht übersteigen. Dann müsste der Antragsteller die Kosten eines Anordnungsverfahrens selbst tragen, obwohl ihm in der Hauptsache Prozesskostenhilfe gegen Ratenzahlung bewilligt worden ist. Dieses für eine Prozesspartei kaum nachvollziehbare Ergebnis wird allgemein als unbillig empfunden, zumal der Grund für die gesonderte Prüfung im Antragsverfahren allein in der Prüfung der hinreichenden Erfolgsaussicht liegt. Mit der Anordnung einer Ratenzahlung für die Hauptsache oder die Folgesache ist die Leistungsfähigkeit nach § 115 ZPO auch ausgeschöpft, so dass zusätzliche Raten ohnehin erst nach Ablauf der Ratenzahlungen aus dem früheren Beschluss geschuldet wären. Das gilt erst recht für die – wenn auch geringen – gesamten Kosten des Anordnungsverfahren, für die der Antragsteller sonst vorschusspflichtig wäre. Gegen eine Versagung spricht ferner, dass die im Anordnungsverfahren entstehenden Kosten nach § 620 g ZPO als solche der Hauptsache gelten (Schwab/Maurer I Rn. 166). Grundsätzlich ist deswegen im Rahmen des Anordnungsverfahrens lediglich die hinreichende Erfolgsaussicht zu prüfen und sodann Prozesskostenhilfe „nach Maßgabe der in der Hauptsache bewilligten Prozesskostenhilfe" zu bewilligen (OLG Düsseldorf FamRZ 1991, 1325). Haben sich die finanziellen Verhältnisse seit der Entscheidung für die Hauptsache geändert, kann ohne Berücksichtigung des § 115 Abs. 3 ZPO Ratenzahlung angeordnet werden.

1.2.1.5.3 Beiordnung

41 Für ein Anordnungsverfahren im Scheidungsverbund ist dem Antragsteller zwingend (§ 121 Abs. 1 ZPO) ein Rechtsanwalt beizuordnen, weil auch für dieses Verfahren Anwaltszwang besteht. Dem steht nicht entgegen, dass der Antrag auf Erlass einer einstweiligen Anordnung zu Protokoll der Geschäftsstelle erklärt werden kann (§ 620 a Abs. 2 S. 2 ZPO), weil sich dieses Recht mit der Antragstellung erschöpft und es für das weitere Verfahren beim Anwaltszwang bleibt (vgl. Rn. 13 f.; OLG Bamberg FamRZ 1979, 527).

1.2.1.6 Rechtsbehelfe

41 a Einstweilige Anordnungen sind grundsätzlich unanfechtbar, weil sie neben dem materiell rechtlichen Anspruch ein Regelungsbedürfnis für die Eilentscheidung voraussetzen und keine endgültige Regelung schaffen. Nur ausnahmsweise kann das zuständige Gericht (Rn. 19 f.) seine Entscheidung (§ 620 b ZPO) oder das Oberlandesgericht auf die sofortige Beschwerde die Entscheidung des Familiengerichts (§ 620 c ZPO) ändern. Diese Regelung dient einer zügigen Erledigung der Ehesache und

Einstweilige Anordnung

damit zugleich einer schnellen Entscheidung zur Hauptsache, mit der die einstweilige Anordnung wieder außer Kraft tritt (§ 620f Abs. 1 ZPO). Sie ist deswegen auch nicht verfassungswidrig (BVerfG NJW 1980, 386; OLG München FamRZ 1978, 360).

1.2.1.6.1 Rechtskraft

Einstweilige Anordnungen sollen wegen der Eilbedürftigkeit eine vorläufige und lediglich bis zur Wirksamkeit einer anderweitigen Regelung befristete (§ 620f Abs. 1 S. 1 ZPO) Regelung des Verfahrensgegenstandes treffen. Sie erwachsen deswegen nicht in materielle Rechtskraft (KG FamRZ 1991, 1327f.). Die Möglichkeit, einen Verfahrensgegenstand einstweilen zu regeln, steht damit einer endgültigen Regelung des selben Gegenstandes im ordentlichen Verfahren nicht entgegen; sie ist sogar ausdrücklich bis zur Wirksamkeit dieser Entscheidung in der Hauptsache begrenzt. Allerdings ist die einstweilige Anordnung im Interesse einer zügigen Erledigung der Hauptsache nur beschränkt anfechtbar und erwächst somit in formelle Rechtskraft.

42

§ 620b Abs. 2 ZPO durchbricht die formelle Rechtskraft und enthält einen dem Widerspruch (§ 924 ZPO) ähnlichen Rechtsbehelf. Ist die einstweilige Anordnung ohne mündliche Verhandlung ergangen, gibt er der durch sie beschwerten Partei die Möglichkeit, ihren Standpunkt in mündlicher Verhandlung erneut vorzutragen. Unterhaltsanordnungen, die nach mündlicher Verhandlung ergangen sind, werden allerdings unanfechtbar und damit formell rechtskräftig (§ 620c S. 2 ZPO). Eine sofortige Beschwerde sieht das Gesetz ausdrücklich nur für einstweilige Anordnungen auf Grund mündlicher Verhandlung vor, durch welche die elterliche Sorge geregelt, die Herausgabe des Kindes an den anderen Elternteil angeordnet, über einen Antrag nach §§ 1 und 2 des Gewaltschutzgesetzes oder über einen Antrag auf Zuweisung der Ehewohnung entschieden wurde. Soweit diese formelle Rechtskraft reicht, gilt im Anordnungsverfahren wie im selbstständigen Hauptsacheverfahren der Grundsatz, das wegen der selben Angelegenheit keine erneute Entscheidung ergehen kann (ne bis in idem). § 620b Abs. 1 ZPO ersetzt für das Anordnungsverfahren die Unterhaltsabänderungsklage und die Vollstreckungsabwehrklage (vgl. Rn. 49, 72).

43

Hat das Gericht im einstweiligen Anordnungsverfahren entgegen § 620a Abs. 1 ZPO durch Urteil statt durch Beschluss entschieden, so ist auch nach dem Grundsatz der Meistbegünstigung kein Rechtsmittel eröffnet, wenn gegen die formgerecht ergangene Entscheidung desselben Inhalts nach § 620c S 2 ZPO kein Rechtsmittel zulässig wäre (OLG Brandenburg FamRZ 2000, 1421; OLG Zweibrücken NJW-RR 1992, 904). Nach nunmehr ständiger Rechtsprechung des Bundesgerichtshofs ist gegen die Entscheidung auch keine außerordentliche Beschwerde zulässig (BGH FamRZ 2003, 1550).

1.2.1.6.2 Antrag auf mündliche Verhandlung (§ 620b Abs. 2 ZPO)

44   Ein Antrag nach § 620b Abs. 2 ZPO ist zulässig, wenn die einstweilige Anordnung ohne mündliche Verhandlung ergangen und der Antragsteller dadurch beschwert ist (Schwab/Maurer I Rn. 945). Er kann sich gegen einen erstmaligen Beschluss nach § 620a Abs. 1 ZPO als auch gegen einen Änderungsbeschluss nach § 620b Abs. 1 ZPO richten, wenn erneut ohne mündliche Verhandlung entschieden wurde. Hat das Gericht mündlich verhandelt und erst danach weitere Ermittlungen angestellt, deren neue Ergebnisse in der einstweiligen Anordnung verwertet werden, ergeht diese nicht auf Grund mündlicher Verhandlung (streitig: OLG Karlsruhe FamRZ 1994, 1186; OLG Zweibrücken FamRZ 1984, 916; OLG Stuttgart Justiz 1981, 55; Johannsen/Henrich/Sedemund-Treiber § 620b ZPO Rn. 10 m.w.N.; a.A. OLG Hamburg FamRZ 1986, 182, 183; OLG Bamberg FamRZ 1981, 294; Zöller/Philippi, ZPO, § 620c Rn. 8;). Ein Antrag nach § 620b Abs. 2 ZPO ist nur dann zulässig (und damit auch in den eng begrenzten Angelegenheiten des § 620c S. 1 ZPO eine sofortige Beschwerde unzulässig), wenn die tragenden Gesichtspunkte des Beschlusses nach dem Schluss der mündlichen Verhandlung ermittelt worden sind. Dieses gilt allerdings nicht, wenn den Parteien in der mündlichen Verhandlung nachgelassen wurde, weiter vorzutragen und nur dieser ergänzende Vortrag berücksichtigt worden ist. Aus § 620b Abs. 2 ZPO ergibt sich somit insgesamt der Grundsatz, dass die Parteien berechtigt sind, über entscheidungserhebliche Tatsachen mündlich zu verhandeln. Für die mündliche Verhandlung ist eine Ladungsfrist von einer Woche (§ 217 ZPO; OLG Dresden FamRZ 2002, 1498) zu beachten. Erscheint der Antragsteller zum Verhandlungstermin nicht, kann keine Verhandlung stattfinden, sodass über den Antrag nicht zu entscheiden ist. Erscheint hingegen der Antragsgegner nicht, so entscheidet das Gericht auf Grund einseitiger streitiger Verhandlung, da ein Versäumnisverfahren dafür nicht vorgesehen ist. Hat der Antragsgegner sein Recht zur mündlichen Verhandlung nicht genutzt und das Gericht die dann durchgeführte einseitige streitige Verhandlung zur Grundlage seiner Entscheidung gemacht, ist ein Antrag nach § 620b Abs. 2 ZPO nicht zulässig (OLG Dresden FamRZ 2002, 1498). War die ursprüngliche einstweilige Anordnung auf Grund mündlicher Verhandlung ergangen und wurde ein Abänderungsantrag nach § 620b Abs. 1 ZPO im schriftlichen Verfahren abgewie-

Einstweilige Anordnung

sen, besteht keine Verpflichtung, auf Antrag nach § 620 b Abs. 2 ZPO erneut mündlich zu verhandeln (OLG Koblenz 1985, 1272 f., OLG Köln FamRZ 1987, 957 f.; OLG Karlsruhe FamRZ 1989, 642; Johannsen/Henrich/Sedemund-Treiber § 620 b ZPO Rn. 10).

In Unterhaltssachen ist eine mündliche Verhandlung über die erlassene oder abgewiesene einstweilige Anordnung nur auf Antrag der dadurch beschwerten Partei zulässig. Für den Antrag ist unerheblich, ob der Beschluss dem ursprünglichen Antrag stattgegeben oder ihn zurückgewiesen hatte. Entscheidend ist darauf abzustellen, ob der Antragsteller durch den Beschluss beschwert ist. Der Antrag ist deswegen erst nach Erlass des angegriffenen Beschlusses zulässig. Da er auf die Herbeiführung einer mündlichen Verhandlung gerichtet ist, unterliegt der Antrag dem Anwaltszwang (OLG Zweibrükken FamRZ 1980, 386; OLG Düsseldorf FamRZ 1978, 709 f.; Johannsen/Henrich/Sedemund-Treiber § 620 b ZPO Rn. 11; Gießler Rn. 153). Er ist nicht fristgebunden, kann jedoch nur bis zum rechtskräftigen Abschluss der Ehesache oder der dem Anordnungsantrag nach § 620 ZPO entsprechenden Folgesache gestellt werden (OLG Düsseldorf FamRZ 2001, 1229). Um das Anordnungsverfahren zunächst zum Abschluss zu bringen, ist der Antrag nach § 620 b Abs. 2 ZPO gegenüber dem Abänderungsantrag nach § 620 b Abs. 1 ZPO vorrangig (Zöller/Philippi § 620 b Rn. 2 a; Gießler Rn. 167; Johannsen/Henrich/Sedemund-Treiber § 620 b ZPO Rn. 10 m. w. N.). Der Antrag auf erneute Entscheidung nach mündlicher Verhandlung ist ebenso zu begründen, wie die darauf ergehende Entscheidung (§ 620 d S. 1 ZPO). Die Begründung des Antrags kann allerdings in der mündlichen Verhandlung nachgeholt werden. 45

1.2.1.6.3 Abänderung von Anordnungen (§ 620 b Abs. 1 ZPO)

Nach § 620 b Abs. 1 ZPO kann nach überwiegender Auffassung (OLG Zweibrücken FamRZ 1986, 1229, 1230; Johannsen/Henrich/Sedemund-Treiber § 620 b ZPO Rn. 3 m. w. N.; a. A. Braeuer FamRZ 1987, 300, 301) eine Aufhebung oder Änderung aller stattgebenden oder abweisenden Entscheidungen nach den §§ 620, 620 b Abs. 1, 2 ZPO begehrt werden. Gleiches gilt auch für andere Vollstreckungstitel (z. B. vollstreckbare Urkunden), die eine Entscheidung nach § 620 ZPO ersetzt haben (AG Cottbus FamRZ 2002, 182; Gießler Rn. 164). 46

Nach allgemeiner Meinung ist auch eine Abänderung von solchen Unterhaltsvergleichen zulässig, die im Anordnungsverfahren nach ihrem sachlichen Gehalt nur eine einstweilige Anordnung ersetzt haben und damit nur vorläufige Geltung beanspruchen wollten (Schwab/Maurer I

43

Rn. 946; Johannsen/Henrich/Sedemund-Treiber § 620b ZPO Rn. 3 m.w.N.). Ob dieses zutrifft, ist durch Auslegung zu ermitteln (BGH FamRZ 1983, 892, 893; OLG Frankfurt FamRZ 1989, 87, 88). Ob aus der Tatsache, das der Vergleich im Verfahren nach §§ 620 ff. ZPO zustande gekommen ist, eine Vermutung hierfür begründet werden kann, ist streitig (dafür: OLG Hamburg FamRZ 1982, 412, 413; OLG Bamberg FamRZ 1984, 1119, 1120; Zöller/Philippi § 620 f Rn. 10; MünchKommZPO/Finger § 620 Rn. 43; dagegen: OLG Köln FamRZ 1983, 1122, 1123; Johannsen/Henrich/Sedemund-Treiber § 620 b ZPO Rn. 3). Entscheidend ist darauf abzustellen, ob durch den Vergleich auch die zu Grunde liegende Hauptsache (im Scheidungsverbund oder als isolierte Unterhaltsklage) erledigt worden ist oder ob diese von den Parteien weiter betrieben wird. Wurde die Hauptsache nicht zugleich zurückgenommen oder für erledigt erklärt, kann der Vergleich nur eine vorläufige Regelung enthalten, die keine materielle Rechtskraft entfaltet und nur die sonst notwendige einstweilige Anordnung ersetzt. Enthält der Vergleich nur eine einstweilige Unterhaltsregelung, kann dieser nach § 620 b Abs. 1 ZPO gleichwohl nur bei einer wesentlichen Änderung der für die Unterhaltsbemessung maßgeblichen Verhältnisse abgeändert werden (OLG Hamburg FamRZ 1982, 412; OLG Hamm FamRZ 1991, 582). Die Abänderung eines Hauptsachetitels ist demgegenüber wegen seiner auch materiellen Rechtskraft grundsätzlich nicht nach § 620b ZPO zulässig (OLG Brandenburg FamRZ 2002, 1497; OLG Zweibrücken FamRZ 1980, 69; OLG Hamm FamRZ 1980, 608). Beide Parteien sind auf eine Abänderung nach § 323 ZPO verwiesen, wobei der Unterhaltsschuldner in entsprechender Anwendung des § 769 ZPO bereits ab Eingang des PKH Antrags Einstellung der Zwangsvollstreckung verlangen kann (vgl. Rn. 29). Nach dem Gebot der Waffengleichheit ist auch der Unterhaltsgläubiger nach § 620 a Abs. 2 S. 1 ZPO berechtigt, bereits mit Eingang eines PKH Antrags erhöhten Unterhalt im Wege der einstweiligen Anordnung zu verlangen (MünchKommZPO/Finger § 620 Rn. 46).

47 Nach § 620b Abs. 1 S. 1 ZPO können einstweilige Anordnungen auf Unterhalt nur auf Antrag aufgehoben oder abgeändert werden. Der Antrag ist zu begründen (§ 620d S. 1 ZPO) und muss in Unterhaltssachen einen hinreichend bestimmten Sachantrag enthalten. Die tatsächlichen Voraussetzungen für die Änderung sind entsprechend § 620 a Abs. 2 S. 3 ZPO glaubhaft zu machen. Anwaltszwang besteht zwar nicht für den Antrag, wohl aber für die in diesem Verfahren zweckmäßigerweise durchzuführende mündliche Verhandlung (vgl. Rn. 13 f.). Zwar kann über den Änderungsantrag auch ohne mündliche Verhandlung entschieden werden. Da sodann gegen diese Entscheidung erneut Antrag auf mündliche

Einstweilige Anordnung

Verhandlung gestellt werden könnte und das Anordnungsverfahren die Hauptsache nicht zu lange hinauszögern sollte, scheint es angebracht, im Regelfall bereits über den Abänderungsantrag nach § 620b Abs. 1 ZPO mündlich zu verhandeln.

Eine Abänderung der einstweiligen Anordnung ist nach § 620 Abs. 1 S. 2 ZPO nur dann von Amts wegen zulässig, wenn die Anordnung die elterliche Sorge für ein gemeinschaftliches Kind betrifft oder wenn ohne vorherige Anhörung des Jugendamtes über das Umgangsrecht oder die Herausgabe eines Kindes entschieden wurde (vgl. Rn. 181). Zwar ist das Gericht seit Aufhebung des § 620 S. 2 a.F. ZPO nicht mehr befugt, von Amts wegen einstweilige Anordnungen zu treffen. Ist eine solche Anordnung aber zum Sorgerecht auf Antrag einer Partei ergangen, entspricht es dem sich aus § 620 Abs. 1 S. 2 ZPO ergebenden öffentlichen Interesse an einer zutreffenden Gestaltung, diese Anordnungen auch ohne Antrag der Parteien veränderten Umständen anpassen zu können. Das ist insbesondere der Fall, wenn die Anhörung des Kindes oder des Jugendamts wegen besonderer Eilbedürftigkeit erst nachträglich erfolgte (§ 620a Abs. 3 S. 2 ZPO) und neue Erkenntnisse hervorgebracht hat. Betrifft die einstweilige Anordnung hingegen das Umgangsrecht oder die Herausgabe des Kindes an den anderen Elternteil, darf das Gericht sie nach der ausdrücklichen Regelung in § 620 Abs. 1 S. 2 ZPO nur dann von Amts wegen ändern, wenn sie ohne vorherige Anhörung des Jugendamts erlassen war. Auch die von Amts wegen verfügte Änderung einer einstweiligen Anordnung ist allerdings auf die Dauer der Anhängigkeit der Ehesache beschränkt (BGH FamRZ 1983, 355).

Zeitlich ist die Abänderungsmöglichkeit auf die Anhängigkeit der Hauptsache oder der ihre Zulässigkeit begründenden Folgesache beschränkt (Johannsen/Henrich/Sedemund-Treiber § 620b ZPO Rn. 7). Die Änderung einer Unterhaltsanordnung im Verbundverfahren kann somit nach Rechtskraft des Scheidungsausspruchs grundsätzlich nicht mehr verlangt werden (BGH FamRZ 1983, 355). Während der Unterhaltsberechtigte sodann auf eine Leistungsklage verwiesen ist, kann der Unterhaltspflichtige negative Feststellungsklage erheben oder Rückzahlung des ohne Rechtsgrund gezahlten Unterhalts verlangen (BGH FamRZ 1984, 768). Wird allerdings der Scheidungsausspruch rechtskräftig, während das Änderungsverfahren bereits anhängig ist, ist das Gericht dadurch nicht gehindert, über den ursprünglichen zulässigen Antrag zu entscheiden. Wird der Scheidungsantrag rechtskräftig abgewiesen, so tritt die einstweilige Anordnung ohnehin außer Kraft (§ 620f Abs. 1 S. 1 ZPO). Das Anordnungsverfahren ist dann (deklaratorisch) in der Hauptsache für erle-

48

digt zu erklären (OLG Karlsruhe FamRZ 1992, 1454; OLG Frankfurt FamRZ 1990, 539; OLG Hamburg FamRZ 1987, 725).

Das gilt nur dann nicht, wenn noch eine aus dem Scheidungsverbund abgetrennte, dem Anordnungsverfahren entsprechende Folge(haupt)-sache rechtshängig ist. Dann können die Parteien wegen der Rechtshängigkeit der Folgesache nicht auf ein neues Hauptsacheverfahren mit der Möglichkeit einer einstweiligen Anordnung nach § 644 ZPO verwiesen werden (str. vgl. Johannsen/Henrich/Sedemund-Treiber § 620 b ZPO Rn. 7 m.w.N.; MünchKommZPO/Finger § 620b Rn. 8; Zöller/Philippi § 620 b Rn. 6).

49   Eine Abänderung der einstweiligen Anordnung nach § 620b Abs. 1 ZPO setzt nach ganz h.A. nicht voraus, dass sich die tatsächlichen oder rechtlichen Verhältnisse geändert haben (OLG Köln FamRZ 1997, 1167; OLG Zweibrükken FamRZ 1997, 1167; KG 1982, 1031; Schwab/Maurer I Rn. 949; Johannsen/Henrich/Sedemund-Treiber § 620 b ZPO Rn. 8 m.w.N.). Das folgt schon aus dem von § 323 Abs. 1 ZPO abweichenden Wortlaut des § 620b Abs. 1 S. 1 ZPO. Eine Änderung der maßgebenden Verhältnisse ist auch deswegen nicht erforderlich, weil die einstweilige Anordnung im Gegensatz zu einem nach § 323 ZPO abzuändernden Titel keine materielle Rechtskraft begründet (vgl. OLG Brandenburg FamRZ 2002, 1497). Wenn die abzuändernde Entscheidung ohne mündliche Verhandlung ergangen ist, fehlt ihr schon deswegen eine Bindungswirkung. Die durch den Beschluss beschwerte Partei kann somit stets statt des Antrags auf mündliche Verhandlung (§ 620b Abs. 2 ZPO) auch eine Abänderung nach § 620b Abs. 1 ZPO verfolgen. Einem Antrag nach § 620b Abs. 1 ZPO kann aber ausnahmsweise das Rechtsschutzbedürfnis fehlen, wenn er nach ausführlicher Erörterung in der mündlichen Verhandlung gestellt wird und keine neuen Gesichtspunkte vorliegen (OLG Zweibrükken FamRZ 1986, 1229, 1230; Schwab/Maurer I Rn. 949; Johannsen/ Henrich/Sedemund-Treiber § 620b ZPO Rn. 8 m.w.N.). Betrifft das Abänderungsbegehren hingegen einen Vergleich, ist immer eine Änderung der maßgeblichen Verhältnisse erforderlich, weil sich die Parteien durch den Vergleich gebunden haben (OLG Hamm FamRZ 1982, 409, 410; OLG Hamburg FamRZ 1982, 412, 413).

Mit einem Abänderungsantrag nach § 620b Abs. 1 ZPO können die selben Einwendungen wie mit einer Vollstreckungsabwehrklage nach § 767 ZPO erhoben werden, zum Beispiel der Einwand, dass der Unterhalt bereits bezahlt worden sei. Durch die Möglichkeit, diesen Einwand im Verfahren der einstweiligen Anordnung zu erheben, wird die Vollstreckungsabwehrklage allerdings nicht verdrängt (OLG Bremen FamRZ 2000, 1165; OLG Saarbrücken FamRZ 1980, 385; KG DAVorm 1989, 315, 317;

Einstweilige Anordnung

MünchKommZPO/Finger § 620 Rn. 53). Zudem ersetzt sie im Falle zwischenzeitlich eingetretener Änderungen die Unterhaltsabänderungsklage.

Mit der neuen Anordnung kann eine vollständige Aufhebung oder inhaltliche Änderung der früheren Entscheidung beschlossen werden. War der Antrag auf Erlass einer einstweilige Anordnung abgewiesen worden, kann das Gericht diese Entscheidung bestätigen oder erstmals die beantragte Anordnung erlassen. Eine rückwirkende Erhöhung des Unterhalts ist durch einstweilige Anordnung allerdings nur beschränkt möglich. Zwar besteht dafür keine ausdrückliche Sperre wie im Falle des § 323 Abs. 3 ZPO, weil die einstweilige Anordnung nicht in Rechtskraft erwächst. Der begehrte höhere Unterhalt muss aber bereits mit dem früheren Antrag verlangt worden sein (vgl. Rn. 33 f.). Auf den Zeitpunkt des Eingangs des ursprünglichen Antrages kann rückwirkend auch nur dann abgestellt werden, wenn der Abänderungsantrag alsbald nach Erlass der angefochtenen Anordnung erhoben worden ist, weil ihm sonst für die Rückstände das Regelungsbedürfnis fehlt. Deswegen können die über einen längeren Zeitraum unangefochten geltende Anordnung oder ein an ihre Stelle getretener Vergleich erst ab Eingang des Abänderungsantrags geändert werden (OLG Stuttgart NJW 1981, 2476). Entsprechend kann der Unterhaltspflichtige eine Herabsetzung des ursprünglich festgesetzten, noch nicht bezahlten Unterhalts im Verfahren nach § 620 b Abs. 1 ZPO nur insoweit verlangen, wie er dem Antrag im Erstverfahren widersprochen hat. Hinsichtlich des bereits gezahlten Unterhalts ist ein Abänderungsantrag unzulässig, zumal insoweit kein Bedürfnis für eine Entscheidung im einstweiligen Rechtsschutz besteht (Johannsen/Henrich/Sedemund-Treiber § 620 b ZPO Rn. 9). Dieses gilt entsprechend für einstweilige Anordnungen auf Zahlung eines Prozesskostenvorschusses. Bei allen anderen Verfahrensgegenständen des § 620 ZPO sind rückwirkende Änderungen nicht möglich (vgl. Zöller/Philippi § 620 b Rn. 3; Johannsen/Henrich/Sedemund-Treiber § 620b ZPO Rn. 9).

50

Eine für das Anordnungsverfahren bewilligte Prozesskostenhilfe erstreckt sich auch auf ein späteres Änderungsverfahren (OLG Hamm MDR 1983, 847; vgl. auch Rn. 39). Dieses gilt allerdings nur dann, wenn der Gegenstand des Änderungsverfahrens nicht über denjenigen des ursprünglichen Anordnungsverfahrens hinausgeht. Anderenfalls muss für das Änderungsverfahren erneut Prozesskostenhilfe beantragt werden. Für die Zuständigkeit gelten die gleichen Grundsätze wie beim Erlass der einstweiligen Anordnung (vgl. Rn. 19 ff.). Zuständig ist das Gericht, bei dem die Ehesache oder die der Anordnung entsprechende Folgesache anhängig ist. Hat das Oberlandesgericht während seiner Zuständigkeit im

51

zweiten Rechtszug eine einstweilige Anordnung erlassen, ist für eine Abänderung nach Wegfall seiner Zuständigkeit wieder das Amtsgericht zuständig (vgl. OLG Brandenburg FamRZ 2004, 477). Dabei kommt es auf den Eingang des Änderungsantrages an; spätere Änderungen durch Rechtsmittel oder Zurückverweisungen lassen die Zuständigkeit nach dem Grundsatz der perpetuatio fori aber unberührt.

1.2.1.6.4 Sofortige Beschwerde (§ 620c ZPO)

52 Einstweilige Anordnungen zum Unterhaltsrecht sind grundsätzlich unanfechtbar. Dieses ergibt sich aus einem Umkehrschluss zu § 620c ZPO, der eine sofortige Beschwerde nur für solche nach mündlicher Verhandlung ergangene einstweilige Anordnungen für zulässig erklärt, die das Sorgerecht für ein gemeinschaftliches Kind regeln, die Herausgabe eines Kindes an den anderen Elternteil anordnen, über einen Antrag nach §§ 1 oder 2 des Gewaltschutzgesetzes oder auf Zuweisung der Ehewohnung entscheiden. Dabei handelt es sich um Fälle, in denen die einstweilige Anordnung besonders hart in die persönlichen Verhältnisse der Ehegatten oder ihrer Kinder eingreift (Johannsen/Henrich/Sedemund-Treiber § 620c ZPO Rn. 2 und 7). Dieser Gesichtspunkt ist nicht im Wege der Auslegung oder der Analogie auf Unterhaltsanordnungen übertragbar. Nach einhelliger Auffassung sind diese nach § 620c S. 2 ZPO sogar ausdrücklich nicht mit der sofortigen Beschwerde anfechtbar (Johannsen/Henrich/Sedemund-Treiber § 620c ZPO Rn. 7; Schwab/Maurer I 956). Deswegen sind auch einstweilige Anordnungen, die das Umgangsrecht betreffen, nicht mit der sofortigen Beschwerde anfechtbar (OLG Dresden FamRZ 2003, 1306). Dieser weit gehende Ausschluss von Rechtsmitteln gegen Unterhaltsanordnungen ist, auch wegen der Rechtsbehelfe nach § 620b ZPO, verfassungsrechtlich unbedenklich (BVerfG FamRZ 1980, 232). Der Ausschluss der sofortigen Beschwerde soll eine zügige Erledigung der Ehesache ermöglichen und Verzögerungen verhindern, die durch das Hin- und Hersenden der Akten vom Familiengericht zum Beschwerdegericht und zurück entstehen können (OLG Bamberg FamRZ 1993, 1338).

53 Das sich aus der Vorschrift des § 620c S. 2 ZPO ergebende weitreichende Anfechtungsverbot gerade für unterhaltsrechtliche Anordnungen wird in zweifacher Hinsicht durchbrochen. Da das Anfechtungsverbot auf eine Entscheidung zugeschnitten ist, die auf der Grundlage der §§ 620 ff. ZPO ergeht, ist eine Anfechtung möglich, wenn das Gericht seine Regelungskompetenz nach den §§ 620 ff. ZPO nicht erkannt hat und deswegen nicht tätig geworden ist oder wenn es seine Regelungskompetenz über-

Einstweilige Anordnung

schritten und deshalb eine Sachentscheidung mit einer dem Verfahren nach §§ 620 ff. ZPO fremden Rechtsfolge erlassen hat (Johannsen/Henrich/Sedemund-Treiber § 620 c ZPO Rn. 8 ff. m.w. N.). Wird eine Beschwerde ausnahmsweise für zulässig erachtet, ist diese in entsprechender Anwendung des § 620 c ZPO als sofortige Beschwerde ausgestaltet. Sie ist binnen der zweiwöchigen Beschwerdefrist nach § 569 Abs. 1 ZPO einzulegen und zu begründen (§ 620 d S. 1, 2. HS ZPO). Der Beschwerdeführer kann die sofortige Beschwerde sowohl beim Amtsgericht als auch beim Oberlandesgericht einlegen (vgl. Zöller/Gummer § 569 Rn. 2), er muss dabei allerdings durch einen bei diesem Gericht zugelassenen Anwalt vertreten sein (OLG Koblenz FamRZ 1999, 1214; vgl. auch Rn. 13 f.).

Die bislang von der Rechtsprechung des Bundesgerichtshofs zugelassene außerordentliche sofortige Beschwerde wegen greifbarer Gesetzeswidrigkeit ist seit Inkrafttreten der ZPO Reform zum 1. Januar 2002 allerdings nicht mehr statthaft (BGH FamRZ 2003, 1550 und NJW 2002, 1577; BVerfG FamRZ 2004, 85 und NJW 2002, 2657; Zöller/Philippi § 620 c Rn. 12 und § 127 Rn. 42). Selbst wenn die Entscheidung auf groben Fehlern beruht oder Verfahrensvorschriften verletzt wurden, ist deswegen keine sofortige Beschwerde statthaft (vgl. Johannsen/Henrich/Sedemund-Treiber § 620 c ZPO Rn. 13 f. und 15 f.).

Eine sofortige Beschwerde wegen Verkennung der Regelungskompetenz kommt nur dann in Betracht, wenn das Gericht eine im Gesetz nicht vorgesehene Rechtsfolge anordnet oder wenn es den Erlass der einstweiligen Anordnung ablehnt, weil es die beantragte Rechtsfolge offensichtlich fehlerhaft als nicht im Anordnungsverfahren zulässig erachtet. Ist erst durch Auslegung zu ermitteln, ob die Rechtsfolge nach den §§ 620 ff. ZPO zulässig ist, kommt eine Beschwerde nicht in Betracht (a. A. Johannsen/Henrich/Sedemund-Treiber § 620 c ZPO Rn. 9). Denn wegen der in § 620 c S. 2 ZPO angeordneten grundsätzlichen Unanfechtbarkeit ist die sofortige Beschwerde nur dann zulässig, wenn der Regelungsumfang der §§ 620 ff. ZPO offensichtlich verkannt wurde. Deswegen sind Anordnungen, die den Antragsgegner gegen die gesetzliche Regelung (vgl. Rn. 37) zur Auskunft über sein Einkommen verpflichtet haben, nicht mit der sofortigen Beschwerde anfechtbar (OLG Hamm FamRZ 1983, 515; a.A. OLG Stuttgart FamRZ 1980, 1138; OLG Düsseldorf FamRZ 1983, 514). Entsprechend ist im Zweifelsfall auch nicht überprüfbar, ob das Gericht überhaupt im Anordnungsverfahren tätig werden und eine dann unanfechtbare Entscheidung erlassen durfte.

54

Eine zur sofortigen Beschwerde berechtigende offensichtliche Fehleinschätzung liegt aber dann vor, wenn das Gericht eine einstweilige Anordnung noch nach Rechtskraft der Scheidung (und ohne noch anhängige

Folgesache) erlassen hat (h.M., OLG Zweibrücken FamRZ 2001, 637; OLG Frankfurt FamRZ 1979, 320; OLG Hamm FamRZ 1985, 85f.) oder wenn der nach § 620 ZPO erforderliche Antrag auf Erlass einer einstweiligen Anordnung fehlte (OLG Frankfurt 1994, 117f.). Gleiches gilt wenn das Gericht einen offensichtlich endgültigen Unterhaltsvergleich im Verfahren nach § 620b ZPO abgeändert (OLG Zweibrücken FamRZ 1980, 69; OLG Hamm FamRZ 1980, 608; a.A. Gießler Rn. 180) oder einen Prozesskostenvorschuss für einen nicht in § 620 Nr. 10 ZPO genannten Verfahrensgegenstand zugesprochen hat (OLG Karlsruhe FamRZ 1990, 766; Johannsen/Henrich/Sedemund-Treiber § 620c ZPO Rn. 10).

Eine sofortige Beschwerde nach § 620c ZPO ist auch dann zulässig, wenn das Familiengericht die Regelungskompetenz der §§ 620ff. ZPO verkannt und eine Sachentscheidung abgelehnt hat, weil es seine Zuständigkeit für den Erlass einer einstweiligen Anordnung übersehen hat (OLG Hamburg FamRZ 1979, 528). Das gilt auch, wenn es eine Abänderung nach § 620b ZPO fälschlicher Weise abgelehnt hat, weil diese auf stattgebende einstweilige Anordnungen beschränkt sei (OLG Zweibrücken FamRZ 1997, 1167) oder wenn es die Möglichkeit verkannt hat, Prozesskostenhilfe für das Anordnungsverfahren zu bewilligen (OLG Frankfurt FamRZ 2002, 401).

55 Eine nach dem Gesetz unanfechtbare Unterhaltsanordnung kann auch nicht deshalb mit der sofortigen Beschwerde angefochten werden, weil das rechtliche Gehör verweigert worden ist (BVerfGE 60, 96, 98; BGH FamRZ 1986, 850). Unanfechtbar ist ebenso ein Beschluss, mit dem eine frühere einstweilige Anordnung entgegen § 620b Abs. 1 S. 1 ZPO ohne Antrag der Parteien aufgehoben wurde (OLG Zweibrücken FamRZ 1986, 1120). Fehlt einer Unterhaltsanordnung die nach § 620d S. 2 ZPO notwendige Begründung berechtigt auch dieses nicht zu einer außerordentlichen sofortigen Beschwerde (OLG Zweibrücken FamRZ 1998, 1379; Gießler FamRZ 1999, 695; a.A. OLG Hamm FamRZ 1993, 719; OLG Düsseldorf FamRZ 1998, 764). Dabei ist zu beachten, dass die einstweilige Anordnung ohnehin keine materielle Rechtskraft herbei führt und der Entscheidung lediglich eine summarische Prüfung zugrunde liegt. Zudem besteht bei Verstößen gegen einfaches Recht des Anordnungsverfahrens die Möglichkeit, durch Darlegung abweichender maßgebender Verhältnisse eine Abänderung nach § 620b Abs. 1 ZPO zu begehren (vgl. Rn. 49). Um das Bundesverfassungsgericht in solchen Fällen vor vermeidbaren Verfassungsbeschwerden zu bewahren, lässt die Rechtsprechung (BVerfG FamRZ 2004, 85; BVerfGE 73, 322, 329; BGH FamRZ 1995, 478

Einstweilige Anordnung

und 1137) eine Gegenvorstellung zu, auf die das Gericht erster Instanz seine von Verfassungswegen aufhebbare Entscheidung abändern kann.

Die sofortige Beschwerde wird durch Einreichung einer Beschwerdeschrift beim Familiengericht oder beim Oberlandesgericht eingelegt (§§ 569 Abs. 1 ZPO, 119 Abs. 1 Nr. 2 GVG). Für das Rechtsmittel besteht Anwaltszwang, weil sich die Möglichkeit des § 620a Abs. 2 S. 2 ZPO, einen Antrag zu Protokoll der Geschäftsstelle zu erklären, auf die Einleitung des Verfahrens beschränkt und nicht auf das weitere Verfahren erstreckt (Zöller/Philippi § 620c Rn. 17 m.w.N). Wie die Ehesache ist das Anordnungsverfahren deswegen schon in erster Instanz als Anwaltsprozess i.S. von § 569 Abs. 3 Nr. 1 ZPO zu führen (Johannsen/Henrich/Sedemund-Treiber § 620a ZPO Rn. 11 und § 620c ZPO Rn. 5). Nach der gesetzlichen Neuregelung in § 571 Abs. 4 S. 1 ZPO können sich die Parteien dabei aber durch ihre beim Amts- oder Landgericht zugelassenen Rechtsanwälte vertreten lassen. Eine Zulassung beim Beschwerdegericht ist dafür nicht erforderlich (anders noch zum alten Recht: OLG Koblenz FamRZ 1999, 1214). Das gilt auch für eine ev. mündliche Verhandlung (Zöller/Philippi § 571 Rn. 9)

55a

Zu den im Beschwerdeverfahren anfallenden Gebühren vgl. Rn. 145.

1.2.1.6.5 Konkurrierende Rechtsbehelfe

Da einstweilige Anordnungen nicht in materielle Rechtskraft erwachsen, ist eine Abänderungsklage nach § 323 ZPO nicht statthaft (BGH FamRZ 1983, 355, 356; OLG Brandenburg FamRZ 2002, 1497). Die Parteien müssen es aber nicht bei der Entscheidung über den Anordnungsantrag belassen sondern können den Unterhaltsanspruch zusätzlich auch im Verbundverfahren geltend machen. In isolierten Unterhaltsprozessen setzt § 644 ZPO ohnehin eine Unterhaltshauptsache voraus. Weil die Entscheidung in der Hauptsachen auch in materielle Rechtskraft erwächst, hat ein Unterhaltsberechtigter daran auch neben der einstweiligen Anordnung ein schutzwürdiges Interesse. Bei Vorliegen der persönlichen und sachlichen Voraussetzungen ist ihm deswegen sowohl für das Anordnungsverfahren als auch für die Hauptsache Prozesskostenhilfe zu bewilligen (§ 114 ZPO). Für den Unterhaltsgläubiger ist wegen der fehlenden materiellen Rechtskraft der einstweiligen Anordnung die Leistungsklage zulässig, während der Unterhaltsschuldner sich gegen seine Unterhaltspflicht aus der einstweiligen Anordnung mit der negativen Feststellungsklage wenden kann. Auch diese ist als Stufenklage zulässig (OLG Frankfurt FamRZ 1987, 175). Betrifft die einstweilige Anordnung allerdings nur Zeiträume in der Vergangenheit, für die voll gezahlt wurde,

56

fehlt es an einem Rechtsschutzbedürfnis, weil die Klage auf Rückzahlung aus ungerechtfertigter Bereicherung wegen der fehlenden materiellen Rechtskraft nicht von einer Aufhebung der einstweiligen Anordnung abhängt (MünchKommZPO/Finger § 620 Rn. 48; vgl. auch Rn. 86ff.). Ein gleichzeitig möglicher Abänderungsantrag nach § 620b ZPO steht der Zulässigkeit nicht entgegen, weil ein Anspruch auf einen der materiellen Rechtskraft fähigen Titel für den gesamten Unterhalt besteht. Die Hauptsache ist deswegen selbst dann, wenn nur Unterhalt in gleicher Höhe verlangt wird, nur ausnahmsweise und unter besonderen Voraussetzungen mutwillig im Sinne von § 114 ZPO (MünchKommZPO/Finger § 620 Rn. 49; Zöller/Philippi § 620 Rn. 16). Das ist etwa dann der Fall, wenn die Hauptsachen, wie beim Trennungsunterhalt nach rechtskräftiger Ehescheidung, nur Ansprüche aus der Vergangenheit betrifft, die zur Erfüllung der einstweiligen Anordnung gezahlt worden sind und keinerlei Anhalt für eine Rückforderung durch den Unterhaltsschuldner besteht. Sonst steht es aber im Belieben der Partei, ob sie auf dem einfacheren Weg nach § 620b ZPO eine Abänderung der einstweiligen Anordnung begehrt oder ob sie einen neuen, der materiellen Rechtskraft fähigen Titel im ordentlichen Verfahren anstrebt. Das Rechtsschutzbedürfnis für eine negative Feststellungsklage kann aber dann fehlen, wenn die Hauptsache schon als Verbundantrag (oder als isolierte Klage) angängig ist, der Antragsgegner sich gegen die einstweilige Anordnung nach § 620b ZPO zur Wehr setzen kann und dem Rechtsschutzbegehren des Antragsgegners schon durch die beantragte Abweisung der Unterhaltshauptsache genügt ist (vgl. OLG Köln FamRZ 2004, 39).

1.2.1.7 Vollziehung

1.2.1.7.1 Vollziehbarkeit

57 Die Vollziehung einstweiliger Anordnungen mit ZPO-Verfahrensgegenständen (§ 620 Nr. 4 bis 6, 8 und 10 ZPO), insbesondere solcher auf Zahlung von Unterhalt oder eines Prozesskostenvorschusses, erfolgt bei vollstreckbarem Inhalt nach Zivilprozessrecht (§ 794 Abs. 1 Nr. 3a ZPO). Auch für Verfahren der freiwilligen Gerichtsbarkeit auf Benutzung der Ehewohnung oder des Hausrats (§ 620 Nr. 7 ZPO) ist die Zwangsvollstreckung nach den Vorschriften der ZPO vorgeschrieben (§ 16 Abs. 3 HausratsVO). Gleiches gilt für einstweilige Anordnungen nach den §§ 1 und 2 des Gewaltschutzgesetzes (§ 620 Nr. 9 ZPO), die ebenfalls ausdrücklich von § 794 Abs. 1 Nr. 3a ZPO) erfasst sind. Sie bedürfen nach überwiegender Auffassung in entsprechender Anwendung des § 929 Abs. 1 ZPO keiner Vollstreckungsklausel (AG Ibbenbühren FamRZ

Einstweilige Anordnung

2000, 1594; Zöller/Philippi § 620 a Rn. 33; MünchKommZPO/Finger § 620 Rn. 44; Stein/Jonas/Schlosser § 620 a Rn. 10; Johannsen/Henrich/Sedemund-Treiber § 620 ZPO Rn. 5; Schwab/Maurer I Rn. 936 m.w.N.; a.A. OLG Zweibrücken FamRZ 1984, 716; Gießler Rn. 250). Allerdings wird die Vollstreckung der einstweiligen Anordnung nicht in entsprechender Anwendung des § 929 Abs. 2 ZPO (Vollziehungsfrist für Arrest und einstweilige Verfügung) unstatthaft, wenn seit dem Tag der Verkündung oder der Zustellung ein Monat verstrichen ist (Wieczorek/Schütze/Klicka § 620 Rn. 15). Das folgt schon daraus, dass die einstweilige Anordnung (im Gegensatz zur einstweiligen Verfügung) keine materielle Rechtskraft begründet und die unterlegende Partei dagegen mit der schon anhängigen Hauptsache oder einer neuen Folgesache vorgehen kann.

Einstweilige Anordnungen in Sachen der freiwilligen Gerichtsbarkeit nach § 620 Nr. 1 bis 3 ZPO werden nach § 33 FGG vollzogen (vgl. BT-Drucksache 10/2888 S. 32 und Rn. 187). Das ergibt sich schon daraus, dass diese Verfahren durch das UÄndG ausdrücklich aus dem Katalog des § 794 Abs. 1 Nr. 3 und 3 a ZPO gestrichen worden sind.

Für die Vollstreckung aus einstweiligen Anordnungen in Zwangsvollstreckungssachen, die nicht dem Prozessgericht zugewiesen worden sind, ist das Amtsgericht als Vollstreckungsgericht zuständig (BGH FamRZ 1979, 421; OLG Celle FamRZ 1979, 57). Dies gilt zum Beispiel für Erinnerungen nach § 766 ZPO (OLG Düsseldorf FamRZ 1978, 913), Rechtsmittel gegen Pfändungs- und Überweisungsbeschlüsse in Unterhaltssachen (OLG Düsseldorf NJW 1978, 1012), die eidesstattliche Versicherung (§ 807 ZPO) wegen einer Unterhaltsschuld (LG Mainz NJW 1978, 171) und die Auskunftsklage gegen einen Drittschuldner (§ 836 Abs. 3 ZPO; OLG Nürnberg FamRZ 1979, 524). Über die Bewilligung von Prozesskostenhilfe für das Vollstreckungsverfahren entscheidet der Rechtspfleger des Vollstreckungsgerichts (§ 20 Nr. 5 RPflG). 58

Das Familiengericht ist zuständig, soweit das Prozessgericht mit der Zwangsvollstreckung betraut ist (OLG München OLGR 1993, 260). Dieses gilt für die Vollstreckung vertretbarer Handlungen nach § 887 ZPO (OLG Hamburg FamRZ 1983, 1252), die Vollstreckung unvertretbarer Handlungen nach § 888 ZPO (OLG Düsseldorf FamRZ 1978, 129) und die Erzwingung von Unterlassungen und Duldungen nach § 890 ZPO. In diesen Verfahren besteht ein Anwaltszwang aus dem Erkenntnisverfahren auch für die Vollstreckungsangelegenheit fort (OLG Köln FamRZ 1995, 312). Das Prozessgericht entscheidet (soweit überhaupt erforderlich; vgl. Rn 57) auch über Klagen auf Erteilung der Vollstreckungsklausel (§ 731 ZPO) und gegen deren Erteilung (§ 768 ZPO). Auch für Vollstreckungsabwehrklagen ist nach den §§ 767 Abs. 1, 802 ZPO ausschließlich das Pro- 59

Unterhaltsrecht

zessgericht des ersten Rechtszugs, in Familiensachen also das Familiengericht des ersten Rechtszugs, zuständig. Vollstreckungsabwehrklagen sind dann Familiensachen, wenn auch der titulierte Anspruch Familiensache ist (BGH FamRZ 1992, 538; FamRZ 1978, 672). Familiensachen sind auch Klagen aus § 826 BGB, mit denen der Schuldner sich gegen die Vollstreckung eines familienrechtlichen Titels wendet (OLG Hamm FamRZ 2002, 618; OLG Düsseldorf FamRZ 1980, 376; OLG Karlsruhe FamRZ 1982, 400). Gleiches gilt für Klagen auf Herausgabe eines solchen Vollstreckungstitels, Schadensersatz- und Bereicherungsansprüche nach Aufhebung eines vorläufigen vollstreckbaren Unterhalts- und Güterrechtsurteils (§ 717 ZPO) und für eine Klage auf Erstattung der zur Abwendung der Zwangsvollstreckung aus einem Unterhaltsurteil gezahlten Bankbürgschaft (OLG Koblenz FamRZ 1995, 614).

1.2.1.7.2 Aussetzung der Vollziehung (§ 620e ZPO)

60 Einstweilige Anordnungen sind – wie Arrestbefehle und einstweilige Verfügungen – mit Erlass oder Verkündung sofort vollziehbar, ohne dass es einer weiteren Entscheidung darüber bedarf (vgl. Rn. 57). Nach § 620e ZPO kann die Vollziehung der einstweiligen Anordnung auf Antrag oder von Amts wegen (Schwab/Maurer I Rn. 938) ausgesetzt werden, wenn zuvor ein Antrag auf Aufhebung oder Änderung der Anordnung gestellt worden ist (§ 620b Abs. 1 ZPO), beantragt wurde, auf Grund mündlicher Verhandlung erneut zu entscheiden (§ 620b Abs. 2 ZPO) oder eine zulässige sofortige Beschwerde nach § 620c S. 1 ZPO oder wegen verkannter Regelungskompetenz (siehe Rn. 53 ff.) zulässig ist. Unter den Voraussetzungen des § 620b Abs. 1 S. 2 ZPO kann die Vollziehung auch schon vor Eingang eines Abänderungsantrags ausgesetzt werden (Johannsen/Henrich/Sedemund-Treiber § 620e ZPO Rn. 1). Zuständig für den Antrag auf Aussetzung der Vollziehung ist das Gericht, das endgültig über die Anordnung entscheidet, in Beschwerdesachen das Oberlandesgericht als Gericht der sofortigen Beschwerde. § 620e ZPO geht insoweit als Sonderregelung den §§ 570 Abs. 2 ZPO, 24 Abs. 2 FGG vor (Zöller/Philippi § 620e Rn. 2; Schwab/Maurer I Rn. 938; Johannsen/Henrich/Sedemund-Treiber § 620e ZPO Rn. 2). Die Entscheidung ergeht nach pflichtgemäßem Ermessen des Gerichts. Entsprechend den zu §§ 707, 719 ZPO entwickelten Grundsätzen ist die Erfolgsaussicht des Antrags oder der Beschwerde zu berücksichtigen. Da der Wortlaut des § 620e ZPO dem des § 570 Abs. 2 ZPO und nicht dem weiter gehenden Wortlaut des § 570 Abs. 3 ZPO entspricht, kommt nur eine Aussetzung der Vollziehung in Betracht. Andere Maßnahmen wie Bedingungen, Auflagen oder Sicherheitsleistungen sind nicht zulässig (Johannsen/Henrich/Sedemund-Trei-

Einstweilige Anordnung

ber § 620e ZPO Rn. 3; Rolland/Roth § 620e Rn. 4; Thomas/Putzo/ Hüßtege § 620e Rn. 5; AK/Derleder § 620e Rn. 2; a.A. Zöller/Philippi § 620e Rn. 3; MünchKommZPO/Finger § 620e Rn. 3). Das Gericht kann die Entscheidung über die Aussetzung der Vollziehung von Amts wegen wieder aufheben oder ändern. Die Aussetzung der Vollziehung tritt außer Kraft, sobald die Entscheidung nach §§ 620b, 620c ZPO ergangen ist, deretwegen die Vollziehung ausgesetzt worden war.

Der Beschluss, durch den die Vollziehung ausgesetzt wird, bildet keine Entscheidung im Zwangsvollstreckungsverfahren, unterliegt somit nicht der sofortigen Beschwerde nach § 793 ZPO (OLG Hamburg FamRZ 1989, 298; 1990, 423; vgl. auch BGH FamRZ 2004, 1191) . Die Entscheidung ist nach dem Grundgedanken der §§ 567 Abs. 1, 570 Abs. 2 ZPO auch sonst nicht mit der sofortigen Beschwerde anfechtbar (so zum unverändert gebliebenen Recht: OLG Hamm FamRZ 1980, 174; KG FamRZ 1981, 65; OLG Köln FamRZ 1983, 622; OLG Hamburg FamRZ 1990, 423; OLG Zweibrücken FamRZ 1998, 1378). Gleiches gilt für den Beschluss, mit dem ein Aussetzungsantrag zurückgewiesen wurde. Mit dieser Entscheidung wird kein das Verfahren betreffendes Gesuch im Sinne von § 567 Abs. 1 Nr. 2 ZPO zurückgewiesen, denn § 620e ZPO setzt gerade keinen ausdrücklichen Antrag voraus. Liegt ein solcher gleichwohl vor, ist er lediglich als Anregung zu einer Ermessensentscheidung aufzufassen (OLG Hamburg FamRZ 1990, 423). Durch die Aussetzung der Vollziehung entstehen keine Gerichtsgebühren. Entscheidungen nach § 620e ZPO sind wie solche nach § 620b ZPO nicht gesondert in Nr. 1420 bis 1425 des Kostenverzeichnisses zu § 3 Abs. 2 GKG aufgeführt. Sie sind deswegen durch die im bisherigen Verfahren angefallenen Gebühren mit abgegolten (vgl. zum früheren Recht OLG Hamburg MDR 1976, 235). Für die Anwaltsgebühren sieht § 17 Nr. 4b RVO zwar vor, dass ein Verfahren auf Erlass einer einstweiligen Anordnung gegenüber der Hauptsache eine „verschiedene Angelegenheit" ist. Innerhalb des Anordnungsverfahrens beurteilt § 16 Nr. 6 RVG aber sämtliche Tätigkeiten zur Vollziehung, Abänderung oder Aufhebung als „dieselbe Angelegenheit". Entsprechend sieht § 18 Nr. 1 RVG die Aussetzung der Vollziehung auch nicht als besondere Angelegenheit vor.

61

1.2.1.7.3 Einstweilige Einstellung der Zwangsvollstreckung

Die Zwangsvollstreckung aus der einstweiligen Anordnung kann auf Antrag des Unterhaltsschuldners einstweilen eingestellt werden, wenn dieser auf Feststellung klagt, dass er keinen oder geringeren Unterhalt schuldet, als durch einstweilige Anordnung festgesetzt worden ist (BGH FamRZ

62

1983, 355, 357; 1985, 368, 369; OLG Köln FamRZ 1996, 1227 f.). Zulässig ist die Einstellung der Zwangsvollstreckung auch dann, wenn der Gläubiger in der Hauptsache auf Unterhalt klagt und der Unterhaltsschuldner, der bereits nach der einstweiligen Anordnung Unterhalt schuldet, Klagabweisung und vorläufige Einstellung der Zwangsvollstreckung beantragt (OLG Düsseldorf FamRZ 1997, 824; OLG Frankfurt FamRZ 1990, 767; OLG Düsseldorf FamRZ 1993, 816; Zöller/Philippi, ZPO, § 620f Rn. 15; MünchKommZPO/Finger § 620 Rn. 51; a.A. KG FamRZ 1985, 951). Da eine gesetzliche Regelung für die einstweilige Einstellung der Zwangsvollstreckung aus einer einstweiligen Anordnung fehlt, ist in Rechtsprechung und Literatur umstritten, ob insoweit § 769 ZPO oder § 707 ZPO entsprechend anwendbar ist (vgl. Zöller/Philippi, ZPO, § 620f Rn. 15a; Schwab/Maurer I Rn. 941; Johannsen/Henrich/Sedemund-Treiber § 620b ZPO Rn. 19, jeweils m.w.N.). Da § 707 Abs. 2 S. 2 ZPO, der eine Anfechtbarkeit des Einstellungsbeschlusses ausdrücklich ausschließt, nach überwiegender Auffassung (BGH FamRZ 2004, 1191 m.w.N.) auch auf eine Einstellung nach § 769 ZPO anwendbar ist, hat diese streitige Frage keine große praktische Bedeutung. Ein Rechtsmittel ist gegen den Einstellungsbeschluss deswegen nicht zulässig und zwar auch nicht unter dem Gesichtspunkt der greifbaren Gesetzwidrigkeit (BGH FamRZ 2004, 1191; vgl. Rn. 53).

63   Die einstweilige Einstellung der Zwangsvollstreckung ist nach h.M. aber auch dann zulässig, wenn das Scheidungsverbundverfahren noch rechtshängig ist und deswegen die einstweilige Anordnung selbst nur nach den §§ 620b, 620c ZPO angefochten werden kann. Diese eingeschränkte Anfechtbarkeit schließt die Zulässigkeit eines Einstellungsbeschlusses im Hauptsacheverfahren, in dem der Unterhaltsschuldner (ggf. im Wege der Widerklage) auf Feststellung klagt, dass er keinen oder geringeren Unterhalt schuldet, nicht aus, weil die Einstellung von der Erfolgsaussicht abhängt und diese im Hauptsacheverfahren besser und umfassender geprüft werden kann als im summarischen Anordnungsverfahren (OLG Stuttgart FamRZ 1992, 203 m.w.N.; OLG Schleswig FamRZ 1986, 184; OLG Koblenz FamRZ 1985, 1272; KG FamRZ 1985, 951; OLG Frankfurt FamRZ 1984, 717; Zöller/Philippi, ZPO, § 620f Rn. 15b; MünchKommZPO/Finger § 620 Rn 51; Gießler FamRZ 1982, 129 und 1983, 518). Die Gegenmeinung (OLG Hamm FamRZ 1998, 1379 m.w.N.) überzeugt nicht, zumal die Frage, ob eine Regelungslücke für eine Anwendbarkeit der §§ 707, 769 ZPO vorliegt, nicht davon abhängig sein kann, ob das Scheidungsverfahren noch anhängig ist. Im übrigen soll die begrenzte Anfechtbarkeit nach den §§ 620b, 620c ZPO lediglich eine zügige Vollstreckbarkeit der einstweiligen Anordnung herbeiführen, nicht aber die

spätere Kontrolle im Hauptsacheverfahren ausschließen. Außerdem sind die §§ 620 b, 620 c ZPO keine Spezialvorschriften, welche die Anwendung des § 769 ZPO ausschließen würden.

1.2.1.8 Außerkrafttreten der einstweiligen Anordnung (§ 620 f ZPO)
1.2.1.8.1 Grundsätzliche Fortgeltung

Um einen regelungslosen Zustand zu vermeiden, bestimmt § 620 f ZPO, dass einstweilige Anordnungen auch nach der Scheidung bis zum Wirksamwerden einer anderweitigen Regelung fortwirken. Dadurch wird zugleich erreicht, dass sachgerechte einstweilige Anordnungen als endgültige Lösungen akzeptiert werden, was weitere Rechtsstreitigkeiten verhindert (OLG München FamRZ 1987, 610 f.). Der Gesetzgeber hat deswegen darauf verzichtet, die Vorschrift des § 926 ZPO, mit welcher der Anordnungsgegner gezwungen werden kann, das Hauptsacheverfahren einzuleiten, auf das einstweilige Anordnungsverfahren zu erstrecken. Auch materiell-rechtliche Gründe stehen dieser grundsätzlichen Fortgeltung nicht entgegen. Zwar ist allgemein anerkannt (BGH FamRZ 1982, 465; 1981 242), dass der Anspruch auf Trennungsunterhalt nicht mit dem Anspruch auf nachehelichen Ehegattenunterhalt identisch ist. Die einstweilige Anordnung lässt diesen Unterschied allerdings nach § 620 f ZPO unberücksichtigt, sodass eine während der Trennungszeit ergangene einstweilige Anordnung auch für die Zeit nach rechtskräftiger Ehescheidung fortgilt. Damit hat der Gesetzgeber trotz der fehlenden Identität zwischen Trennungs- und nachehelichem Ehegattenunterhalt auch in diesen Fällen einen vorübergehend regelungslosen Zustand vermieden (BGH FamRZ 1981, 242, 243). Entsprechend kann der unterhaltspflichtige Ehegatte auch nicht im Wege der Vollstreckungsabwehrklage geltend machen, die Ehe sei inzwischen geschieden und die Rechtsgrundlage für die Anordnung fortgefallen (BGH FamRZ 1983, 355). Auch eine einstweilige Anordnung zum Kindesunterhalt wirkt stets über die Trennungszeit und wegen der Identität mit dem Unterhalt des volljährigen Kindes (BGH FamRZ 1994, 696) auch über den Zeitpunkt der Volljährigkeit fort. Zwar ist der Elternteil, bei dem sich das gemeinsame Kind aufhält, dann nicht mehr berechtigt, diese Unterhaltsansprüche im eigenen Namen geltend zu machen (§ 1629 Abs. 3 S. 1 BGB). Die Anordnung wirkt aber weiterhin für und gegen das Kind (§ 1629 Abs. 3 S. 2 BGB; vgl. OLG Zweibrücken FamRZ 2000, 964). Dieses gilt nur dann nicht, wenn die Geltung schon in der einstweiligen Anordnung bis zur rechtskräftigen Auflösung der Ehe befristet wurde (OLG Düsseldorf FamRZ 1978, 913; OLG Bamberg FamRZ 1982, 86).

64

Unterhaltsrecht

65 Wurde im einstweiligen Anordnungsverfahren ein Vergleich geschlossen, gilt dieser im Zweifel ebenso lange wie eine einstweilige Anordnung und wird wie diese durch eine anderweitige Regelung außer Kraft gesetzt (BGH FamRZ 1983, 892; 1991, 1175 f.). Etwas anderes kann nur dann gelten, wenn dem Vergleich zu entnehmen ist, dass er eine endgültige Regelung des Unterhaltsrechtsstreits auch in der Hauptsache enthalten sollte (vgl. Rn. 46).

1.2.1.8.2 Außerkrafttreten ohne anderweitige Regelung

66 Wird ein Scheidungsantrag abgewiesen oder zurückgenommen oder erledigt sich das Verfahren durch den Tod eines Ehegatten, wäre es nicht sinnvoll, eine bereits ergangene einstweilige Anordnung fortgelten zu lassen (§ 620 f Abs. 1 S. 1 ZPO). Selbst noch fortdauernde Streitigkeiten würden durch während der Trennungszeit ergangene einstweilige Anordnungen kaum angemessen geregelt (OLG Karlsruhe FamRZ 1986, 1120; OLG Frankfurt FamRZ 1983, 202). Allerdings treten in diesen Fällen die einstweiligen Anordnungen nicht rückwirkend sondern erst mit Wirkung für die Zukunft (ex nunc) außer Kraft (Zöller/Philippi § 620 f Rn. 4; MünchKommZPO/Finger § 620 g Rn. 10; Johannsen/Henrich/Sedemund-Treiber § 620 f ZPO Rn. 14; Gießler vor Rn. 202). Soweit in der einstweiligen Anordnung geregelte Ansprüche bereits in der Vergangenheit fällig waren und noch nicht erfüllt sind, können diese also auch nach dem Außerkrafttreten weiterhin vollstreckt werden (MünchKommZPO/Finger § 620 f Rn. 10).

67 Wird der Scheidungsantrag zurückgenommen, tritt eine einstweilige Anordnung erst außer Kraft, wenn die Rücknahme wirksam ist. Ist hierzu nach § 269 Abs. 1 ZPO die Zustimmung des Antragsgegners erforderlich, ist dieses nach § 269 Abs. 2 ZPO erst mit Eingang der Zustimmung bei Gericht der Fall (zur Zustimmungspflicht vgl. BGH FamRZ 2004, 1364). Gleiches gilt, wenn ein anhängiger aber noch nicht rechtshängiger Scheidungsantrag zurückgenommen wird. Betreiben die Parteien das Scheidungsverfahren nicht mehr, hat dieses auf die Wirksamkeit einer ergangenen einstweiligen Anordnung zunächst keine Auswirkung. Der Antragsgegner kann allerdings nach § 620 b Abs. 1 ZPO die Aufhebung der Anordnung mit der Begründung beantragen, dass ein Regelungsbedürfnis durch den Stillstand des Scheidungsverfahrens entfallen sei (siehe Rn. 15 ff.). Wird der Scheidungsantrag abgewiesen, treten zuvor ergangene einstweilige Anordnungen mit Rechtskraft des Urteils außer Kraft. Diese Rechtskraft tritt auch bei Urteilen der Oberlandesgerichte erst mit Ablauf der Revisionsfrist oder mit Abweisung der Revision ein. Denn

Einstweilige Anordnung

selbst wenn die Revision nicht zugelassen wurde (vgl. § 543 Abs. 1 ZPO i.V.m. § 26 Nr. 9 EGZPO), wird das Urteil erst mit der Verwerfung des Rechtsmittels durch den Bundesgerichtshof rechtskräftig, weil die Zulassung keine Frage der Statthaftigkeit sondern lediglich der Zulässigkeit der Revision ist (GemSOGB BGHZ 88, 353, 357). Nicht statthaft mit der Folge einer sofortigen Rechtskraft der angefochtenen Entscheidung ist ein Rechtsmittel nur dann, wenn die Entscheidung kraft Gesetzes unanfechtbar ist, ohne dass es einer richterlichen Rechtsfindung wie bei der Zulassung der Revision bedarf (BGH FamRZ 1990, 283, 287). Wird einem Ehegatten nach Eintritt der Rechtskraft Wiedereinsetzung in den vorigen Stand wegen Versäumnis der Rechtsmittelfrist gewährt, so fällt die Rechtskraft nachträglich weg, sodass eine einstweilige Anordnung wieder wirksam wird (Zöller/Greger § 233 Rn. 1). In einer selbstständigen Familiensache nach den §§ 644, 621g ZPO entfällt das erforderliche Hauptverfahren auch dann, wenn die Hauptsache übereinstimmend für erledigt erklärt worden ist (OLG Hamm FamRZ 2003, 1307).

Wird einem Ehegatten nach Rücknahme oder Abweisung des Scheidungsantrags vorbehalten, eine Folgesache als selbstständige Familiensache fortzuführen (§ 626 Abs. 2 ZPO), tritt eine zuvor nach § 620 ZPO ergangene einstweilige Anordnung außer Kraft (OLG Karlsruhe FamRZ 1986, 1120; Zöller/Philippi § 620f Rn. 7). Eine Fortdauer der einstweiligen Anordnung wäre mit dem eindeutigen Wortlaut des § 620f Abs. 1 ZPO nicht vereinbar. Allerdings ist der Unterhaltsgläubiger berechtigt, sodann im selbstständigen Unterhaltsverfahren nach § 644 ZPO eine neue einstweilige Anordnung zu beantragen. Gleiches gilt für die selbstständigen Regelungsgegenstände des § 621g ZPO. 68

Hatte der Antragsteller für eine Ehesache Prozesskostenhilfe beantragt und wurde dieser Antrag zurückgenommen oder rechtskräftig zurückgewiesen, kommt es für die Fortdauer einer zuvor erlassenen einstweiligen Anordnung darauf an, ob die Ehesache bereits unbedingt erhoben oder von der Bewilligung der beantragten Prozesskostenhilfe abhängig gemacht worden ist. Ist die Ehesache selbst noch nicht anhängig, beendet die Rücknahme oder Zurückweisung des Prozesskostenhilfegesuchs das gesamte Verfahren. In diesem Fall ist auch ein von der Bewilligung der Prozesskostenhilfe abhängiges Verfahren der Ehesache nicht mehr anhängig, sodass eine einstweilige Anordnung in entsprechender Anwendung des § 620f Abs. 1 S. 1 ZPO außer Kraft tritt. Wurde das Prozesskostenhilfegesuch zurückgewiesen, kann der Antragsteller dagegen sofortige Beschwerde einlegen (§ 127 Abs. 2 ZPO). Die einstweilige Anordnung tritt deswegen nach dem Wortlaut des § 620f Abs. 1 ZPO noch nicht außer Kraft, weil es der Entscheidung bislang noch an der Rechts- 69 kraft fehlt. Diese tritt erst mit Fristablauf oder Zurückweisung der sofortigen Beschwerde als zulässigem Rechtsmittel ein. Erst in diesem Zeitpunkt tritt die einstweilige Anordnung außer Kraft. Auf eine später erhobene Gegenvorstellung lebt die einstweilige Anordnung allerdings nicht wieder auf. Hat der Antragsteller nach endgültiger Abweisung seines Prozesskostenhilfegesuchs einen neuen Scheidungsantrag anhängig gemacht, ist er darauf verwiesen, in diesem Verfahren eine neue einstweilige Anordnung zu beantragen.

Hatte der Antragsteller den Scheidungsantrag unabhängig von der Bewilligung der beantragten Prozesskostenhilfe erhoben, bleibt die Ehesache auch nach Abweisung des Prozesskostenhilfegesuchs anhängig. Eine zuvor ergangene einstweilige Anordnung bleibt dann bis zur Entscheidung über die Ehesache selbst in Kraft. Betreibt der Antragsteller die Ehesache allerdings nach Abweisung des Prozesskostenhilfegesuchs nicht weiter, kann der Antragsgegner die Aufhebung einer zuvor ergangenen Anordnung begehren, weil dessen Regelungsbedürfnis (vgl. Rn. 15 ff.) fortgefallen ist (§ 620b Abs. 1 ZPO; OLG Düsseldorf FamRZ 1985, 1271).

1.2.1.8.3 Außerkrafttreten durch anderweitige Regelung

70 Nach § 620f Abs. 1 S. 1 ZPO, auf den auch weitere Vorschriften über einstweilige Anordnungen in Familiensachen verweisen (§§ 127a Abs. 2 S. 2; § 621g S. 2; 644 S. 2) und nach 641e ZPO treten einstweilige Anordnungen beim Wirksamwerden einer anderweitigen Regelung über den gleichen Streitgegenstand außer Kraft, wobei dieses wegen der nur formellen Rechtskraft nicht im Tenor der Hauptsache auszusprechen ist (OLG Zweibrücken FamRZ 2001, 424). Als anderweitige Regelungen kommen vornehmlich gerichtliche Entscheidungen in Betracht, die den Anordnungsgegenstand als Folgesache oder als selbstständige Familiensache während (KG FamRZ 1985, 722) oder nach dem Scheidungsverfahren positiv oder negativ neu und zusätzlich mit materieller Rechtskraft regeln (BGH FamRZ 1991, 180, 182). Für den Unterhaltsgläubiger kommt insoweit die Leistungsklage in Betracht, während der Schuldner, da sein Gegner abweichend vom Verfahren der einstweiligen Verfügung (vgl. § 926 ZPO) nicht zur Hauptsacheklage gezwungen werden kann (Gießler Rn. 220; MünchKommZPO/Finger § 620 Rn. 50), auf die negative Feststellungsklage verwiesen ist. Da eine einstweilige Anordnung nicht in materielle Rechtskraft erwächst, steht sie dem Unterhaltsprozess in der Hauptsache nicht entgegen (BGH FamRZ 1983, 355). Aus dem gleichen Grunde kann nicht auf Abänderung der einstweiligen Anord-

nung nach § 323 ZPO sondern nur auf Zahlung (BGH FamRZ 1983, 892f.), oder Rückzahlung (BGH FamRZ 1984, 767) von Unterhalt bzw. auf Feststellung, dass kein oder geringerer Unterhalt geschuldet wird (BGH FamRZ 1983, 355; 1987, 682) geklagt werden. Ist die Unterhaltspflicht gegenüber einem Kind durch einstweilige Anordnung im Scheidungsverbund geregelt worden, wirkt diese nach § 1629 Abs. 3 S. 2 BGB auch für und gegen das Kind. Die Klage auf Feststellung, dass kein Unterhalt geschuldet wird, ist nach Rechtskraft der Ehescheidung (§ 1629 Abs. 3 S. 1 BGB) unmittelbar gegen das Kind zu richten.

Ein Prozessurteil, das den Antrag in der Hauptsache als unzulässig abweist, trifft keine Regelung über den Anordnungsgegenstand und ist deswegen nicht als anderweitige Regelung anzusehen (OLG München FamRZ 1987, 610, 611). Wenn die anderweitige Regelung den Gegenstand der Anordnung nicht ausschöpft, kann sie die Anordnung nur im Umfang ihrer Rechtskraft ersetzen, im übrigen bleibt die einstweilige Anordnung in Kraft (OLG Karlsruhe FamRZ 1988, 855). Bezieht sich die anderweitige Regelung z.B. nicht auf Unterhaltsrückstände, können diese aus der einstweiligen Anordnung weiterhin vollstreckt werden (OLG Köln FamRZ 1964, 48; Zöller/Philippi ZPO § 620f Rn. 24). Allerdings kann die negative Feststellungsklage (vgl. Rn. 75 f.), die gegenüber einer einstweiligen Anordnung eine anderweitige Regelung im Sinne des § 620f ZPO bildet nach ständiger Rechtsprechung des Bundesgerichtshofs (BGH FamRZ 1983, 355, 356; 1989, 850) auch für die zurückliegende Zeit erhoben werden. Die Kostenentscheidung eines Hauptsacheverfahrens ist keine anderweitige Regelung für die einstweilige Anordnung auf Zahlung eines Prozesskostenvorschusses (BGH FamRZ 1985, 802; siehe Rn. 104ff.).

Ist dem unterhaltsberechtigten Ehegatten durch einstweilige Anordnung im Verbundverfahren Trennungsunterhalt zuerkannt worden, wirkt dieses nach allgemeiner Meinung (vgl. Rn. 35 f.) auch für die nacheheliche Zeit fort. Hat der Unterhaltsschuldner dann ein klagabweisendes Urteil zum Trennungsunterhalt erstritten, ist streitig, ob dadurch die einstweilige Anordnung nur zum Trennungsunterhalt oder auch hinsichtlich des nachehelichen Unterhalts außer Kraft tritt (vgl. Schwab/Maurer I 974 m.w.N.). Obwohl in dem Urteil zum Trennungsunterhalt über den nachehelichen Ehegattenunterhalt nicht entschieden ist, tritt dadurch die gesamte einstweilige Anordnung einschließlich des über die rechtskräftige Ehescheidung fortdauernden Anspruchs außer Kraft (MünchKommZPO/Finger § 620f Rn. 20; a.A. OLG Karlsruhe FamRZ 1988, 855; Zöller/Philippi § 620f Rn. 17; Schwab/Maurer I Rn. 974). Schon die Ausdehnung der im Scheidungsverbund ergangenen einstweiligen Anord-

71

nung auf die Zeit nach rechtskräftiger Ehescheidung bildet eine Durchbrechung des Grundsatzes der Nichtidentität von Trennungs- und nachehelichem Ehegattenunterhalt (BGH FamRZ 1981, 242; 1982, 465; 1985, 908). Dogmatisch ist das nur damit zu erklären, dass der für die Trennungszeit durch einstweilige Anordnung beschlossene Unterhalt über die Rechtskraft hinaus weiterhin geschuldet wird, um einen regelungslosen Zustand zu vermeiden. Materiell steht dem Unterhaltsgläubiger aber nicht selten nach rechtskräftiger Ehescheidung in einem anderen Umfang Unterhalt zu, als während der Trennungszeit (vgl. z.B. zum Wohnvorteil nach rechtskräftiger Ehescheidung BGH FamRZ 2000, 950 und während der Trennungszeit BGH FamRZ 1998, 899 901 f.). Die einstweilige Anordnung stellt hingegen nur auf die Verhältnisse im Zeitpunkt ihres Erlasses, also auf die Trennungszeit ab. Dann ist es nur konsequent, diese Durchbrechung auch für die Frage des Außerkrafttretens der so zustande gekommenen Anordnung fortzuschreiben. Durch das Urteil zum Trennungsunterhalt wird deutlich, dass die einstweilige Anordnung, die ursprünglich auf der Grundlage des Trennungsunterhalts beschlossen wurde, der wirklichen Rechtslage widerspricht. Sie kann deswegen auch den nur zur Vermeidung eines regelungslosen Zustandes mit umfassten nachehelichen Ehegattenunterhalt nicht besser regelt als den – entfallenden – Anspruch auf Trennungsunterhalt. Ist der Unterhaltsberechtigte der Auffassung, dass ihm ein Anspruch auf nachehelichen Unterhalt zusteht, obwohl das im Falle einer rechtskräftigen Abweisung des Anspruchs auf Trennungsunterhalt eher fern liegt, muss er diesen im Scheidungsverbund oder – nach rechtskräftiger Scheidung – im isolierten Unterhaltsverfahren geltend machen. In diesen Verfahren kann er wiederum eine einstweilige Anordnung nach § 620 ZPO bzw. § 644 ZPO beantragen.

72   Eine einstweilige Anordnung kann nicht im Wege der Vollstreckungsabwehrklage nach § 767 i.V.m. § 794 Nr. 3a, 795 ZPO vollständig außer Kraft gesetzt werden, weil damit lediglich rechtshemmende oder rechtsvernichtende Einwendungen gegen den Unterhaltsanspruch erhoben werden können (BGH FamRZ 1983, 355. Denn die Klage nach § 767 ZPO zielt als prozessuale Gestaltungsklage nicht auf den Vollstreckungstitel selbst, sondern darauf ab, dessen Vollstreckbarkeit zu beseitigen (BGH NJW 1992, 2150; Johannsen/Henrich/Sedemund-Treiber § 620b ZPO Rn. 20). Solche Einwendungen erhebt der Unterhaltsschuldner aber mit der Behauptung, der Unterhaltsanspruch habe von vorn herein nicht oder nicht in voller Höhe bestanden, gerade nicht. Auch der rechtsvernichtende Einwand, der Einspruch auf Trennungsunterhalt aus § 1361 BGB sei mit der Scheidung erloschen, hilft dem Unterhaltsschuldner

nicht weiter, weil die einstweilige Anordnung nach § 620f ZPO mit Rechtskraft der Ehescheidung gerade nicht ohne weiteres außer Kraft tritt sondern über den Zeitpunkt der Ehescheidung hinaus bis zum Wirksamwerden einer anderweitigen Regelung fortgilt (BGH FamRZ 1981, 242, 244; 1983, 355).

Als anderweitige Regelung, die eine einstweilige Anordnung außer Kraft setzt, kommen aber vorläufige oder endgültige Unterhaltsvergleiche zwischen den (geschiedenen) Ehegatten in Betracht. Hinsichtlich des Kindesunterhalts können auch Vergleiche zwischen dem unterhaltspflichtigen Elternteil und dem Kind als anderweitige Regelung die einstweilige Anordnung ersetzen (§ 1629 Abs. 3 BGB). Andere vorläufige gerichtliche Regelungen wie Beschlüsse nach §§ 620, 620 b, 620 c ZPO ändern die angefochtene Entscheidung unmittelbar und sind deswegen und wegen ihrer ebenfalls fehlenden materiellen Rechtskraft keine anderweitigen Regelungen im Sinne des § 620 f ZPO. 73

Ein Unterhaltsschuldner, der durch einstweilige Anordnung zum Unterhalt verpflichtet wurde, obwohl er materiell-rechtlich keinen solchen schuldete, kann auf Rückzahlung des geleisteten Unterhalts klagen, ohne dass es einer vorherigen Aufhebung der einstweiligen Anordnung bedarf (OLG Stuttgart FamRZ 1992, 1195). Da die einstweilige Anordnung mangels materieller Rechtskraft keinen Rechtsgrund sondern nur eine vorläufige Vollstreckungsmöglichkeit schafft (BGH FamRZ 1985, 767; 1991, 1175), hat der Schuldner ggf. ohne rechtlichen Grund im Sinne des § 812 Abs. 1 S. 1 BGB geleistet. Um einen Anspruch auf Rückzahlung des geleisteten Unterhalts darzulegen, muss er lediglich behaupten, auf Grund der einstweiligen Anordnung gezahlt zu haben ohne solchen Unterhalt zu schulden. Die Darlegungs- und Beweislast ist in diesem Verfahren wie in jedem übrigen Unterhaltsprozess verteilt, sodass der Unterhaltsgläubiger seine Bedürftigkeit und der Unterhaltsschuldner die Leistungsunfähigkeit darzulegen hat. Zusätzlich kann sich der Unterhaltsgläubiger nach § 818 Abs. 3 BGB auf den Wegfall der Bereicherung berufen. Die verschärfte Haftung nach § 819 Abs. 1 BGB tritt erst dann ein, wenn der Bereicherte das Fehlen des rechtlichen Grundes selbst und die sich daraus ergebenden Rechtsfolgen kennt; die bloße Kenntnis von Umständen, auf denen das Fehlen des Rechtsgrundes beruht, reicht dem gegenüber nicht aus (BGHZ 118, 383, 392; FamRZ 1998, 951). Für die verschärfte Haftung des Bereicherungsschuldners nach § 818 Abs. 4 BGB ist nicht die Erhebung einer negativen Feststellungs- oder Abänderungsklage sondern die Rechtshängigkeit der Bereicherungsklage maßgeblich (BGH FamRZ 1998, 951; vgl. Rn. 85 ff.). 74

1.2.1.8.4 Negative Feststellungsklage

75 Ist der Unterhaltsschuldner durch eine einstweilige Anordnung zur Zahlung von Unterhalt verpflichtet worden, kann er sich dagegen mit der Klage auf Feststellung zu Wehr setzen, dass er keinen Unterhalt oder nur geringeren Unterhalt als in der einstweiligen Anordnung festgesetzt schuldet (negative Feststellungsklage; Graba Rn. 238). Regelmäßig reicht allerdings die bloße rechtliche Möglichkeit des Unterhaltsgläubigers, einen vermeintlichen Unterhaltsanspruch geltend zu machen, nicht aus, um das für die Zulässigkeit einer negativen Feststellungsklage erforderliche besondere rechtliche Interesse an einer alsbaldigen Feststellung des Rechtsverhältnisses der Parteien zu begründen. Ein solches Feststellungsinteresse besteht jedoch, wenn der Rechtsposition des Klägers eine gegenwärtige Gefahr der Ungewissheit droht und das begehrte Feststellungsurteil geeignet ist, diese Gefahr zu beseitigen. Der Unterhaltsgläubiger muss sich deswegen eines Anspruchs gegen den Kläger berühmen (BGHZ 91, 37, 41). Ob der Anspruch tatsächlich besteht, ist dabei ohne Belang. Das Berühmen muss zwar nicht notwendig ausdrücklich geschehen (BGHZ 69, 37, 46), andererseits reicht dafür ein bloßes Schweigen oder passives Verhalten im Allgemeinen nicht aus, es sei denn, der Kläger darf aufgrund vorangegangenen Verhaltens des Beklagten nach Treu und Glauben eine ihn endgültig sicherstellende Erklärung erwarten (BGH NJW 1995, 2032). Ein Feststellungsinteresse ist aber jedenfalls dann gegeben, wenn der Unterhaltsschuldner durch einstweilige Anordnung zur Zahlung von Unterhalt verpflichtet wurde und damit auch die Vollstreckung der einstweiligen Anordnung droht. Dann muss ihm die Möglichkeit eröffnet sein, im Wege der negativen Feststellungsklage die der materiellen Rechtskraft fähige Entscheidung (vgl. OLG Hamm FamRZ 2000, 544) zu erwirken, dass er geringeren oder keinen Unterhalt schuldet. Bei der negativen Feststellungsklage sind die Darlegungs- und Beweislast wie bei einer Zahlungsklage mit umgekehrtem Rubrum verteilt (OLG Koblenz OLGR 2003, 131; OLG Hamm FamRZ 1989, 198; KG FamRZ 1988, 167, 170).

76 Da die einstweilige Anordnung auf Grund einer summarischen Prüfung lediglich eine vorläufige Regelung ohne materielle Rechtskraft schafft, kann der Unterhaltsschuldner die negative Feststellungsklage auch dann erheben, wenn die Möglichkeit besteht, gegen die ergangene Anordnung nach § 620b ZPO vorzugehen (BGH FamRZ 1983, 355; OLG Koblenz FamRZ 2001, 229; OLG Köln FamRZ 1998, 1427). Das Rechtsschutzbedürfnis für eine negative Feststellungsklage entfällt allerdings dann, wenn auf Rückzahlung von geleistetem Unterhalt geklagt werden kann (OLG Frankfurt FamRZ 1991, 1210) oder wenn der Unterhaltsberechtigte sei-

Einstweilige Anordnung

nerseits bereits Leistungsklage auf Zahlung von Unterhalt erhoben hat (OLG Köln FamRZ 2004, 39 und 2001, 106; OLG Brandenburg FamRZ 1999, 1210). Die negative Feststellungsklage ist somit nur dann zulässig, wenn der mit einstweiliger Anordnung titulierte Unterhalt noch nicht gezahlt wurde und der Unterhaltsschuldner behauptet, keinen oder geringeren Unterhalt als festgesetzt zu schulden.

In dem Antrag hat der Unterhaltsschuldner zugleich anzugeben, für welchen Zeitraum er die einstweilige Anordnung angreift. Der Unterhaltsschuldner kann die Herabsetzung oder den Wegfall des Unterhalts rückwirkend ab dem Tag verlangen, von dem an ihn die einstweilige Anordnung zum Unterhalt verpflichtet (BGH FamRZ 1989, 850; 1990, 989). Der Vertrauensschutz für den Titelgläubiger wird hinreichend dadurch gewährleistet, dass er gegenüber einem Anspruch auf Rückzahlung überzahlten Unterhalts gegebenenfalls die Einrede des Wegfalls der Bereicherung nach § 818 Abs. 3 BGB erheben kann und nicht befürchten muss, wegen objektiv unberechtigter Vollstreckungsmaßnahmen analog § 945 ZPO ohne Rücksicht auf ein Verschulden Schadensersatz leisten zu müssen (siehe Rn. 85 ff.; BGH FamRZ 1984, 767). Soweit der Unterhaltsschuldner auf Grund der einstweiligen Anordnung nicht zahlt, ist dieses ein den Vertrauensschutz ausschließendes Indiz dafür, dass er um den Unterhalt streiten will (OLG Hamm FamRZ 1988, 1056).

1.2.1.8.5 Wirksamkeit der anderweitigen Regelung

Nach § 620 f Abs. 1 ZPO treten einstweilige Anordnungen erst dann außer Kraft, wenn die anderweitige Regelung wirksam wird. Die Verwendung des Begriffs der Wirksamkeit beruht darauf, dass im Wege der einstweiligen Anordnung nach § 620 ZPO auch Gegenstände geregelt werden können, die nicht zivilprozessualen Grundsätzen unterliegen, sondern denen der freiwilligen Gerichtsbarkeit. Im Bereich des FGG werden gerichtliche Verfügungen aber bereits mit der Bekanntgabe an denjenigen wirksam, für welchen sie ihrem Inhalt nach bestimmt sind (§ 16 Abs. 1 FGG). Die Wirksamkeit einer vertraglichen Unterhaltsvereinbarung tritt mit ihrem Abschluss oder mit einem ausdrücklich vereinbarten abweichenden Zeitpunkt ein.

77

Wann ein Urteil, das zur Zahlung von Unterhaltsleistungen verpflichtet, „wirksam" wird, ergibt sich aus dem Gesetz nicht. In Rechtsprechung und Literatur war deswegen streitig, ob bereits ein für vorläufig vollstreckbar erklärtes Urteil eine zuvor ergangene einstweilige Anordnung als wirksame anderweitige Regelung außer Kraft setzen kann. Teilweise wird vertreten, dass vorläufig vollstreckbare Urteile generell wirksam sind

78

Unterhaltsrecht

und damit eine einstweilige Anordnung nach § 620f Abs. 1 ZPO außer Kraft setzen (OLG Stuttgart FamRZ 2001, 359; OLG Hamm FamRZ 1999, 29, 30 und 1984, 718). Diese Auffassung kann sich auf die Gesetzesmotive stützen, wonach in Zivilprozesssachen die Rechtskraft nicht erforderlich sein soll, sofern die Vollstreckbarkeit als Wirksamkeit früher eintritt (vgl. amtliche Begründung zum 1. EheRG, BT-Drucksache 7/650 S 202) und § 629d ZPO nicht entgegen steht. Zudem vermeidet diese Auffassung, dass noch nach Verkündung eines Urteils, das in Kenntnis der einstweiligen Anordnung die Sach- und Rechtslage umfassender berücksichtigt hat, aus der einstweiligen Anordnung höherer Unterhalt vollstreckt wird, als im Urteil zugesprochen wurde. Um einen regelungslosen Zeitraum zu verhindern (vgl. Zöller/Philippi § 620f Rn. 1), muss nach einer einschränkenden Auffassung sichergestellt sein, dass die Unterhaltsentscheidung ohne jegliche Einschränkung, also ohne Sicherheitsleistung und ohne Abwendungsbefugnis nach § 711 ZPO vorläufig vollstreckbar ist (OLG Stuttgart FamRZ 2001, 359; OLG Hamm FamRZ 1980, 708; OLG Frankfurt FamRZ 1982, 410; OLG Hamburg FamRZ 1984, 719; 1996, 745; differenzierend OLG Karlsruhe FamRZ 1982, 1221; OLG Düsseldorf FamRZ 1996, 745, 746; Schwab/Maurer I Rn. 1011 m.w.N.). Auch diese Auffassung lässt allerdings unberücksichtigt, dass die Höhe des geschuldeten Unterhalts endgültig erst mit Rechtskraft des Urteils feststeht, während die einstweilige Anordnung nicht mehr anfechtbar und damit formell rechtskräftig ist. Aus diesem Grunde wird nunmehr fast einhellig vertreten, dass Unterhaltsurteile erst mit Eintritt der Rechtskraft wirksam werden und sie einstweilige Anordnungen auch erst ab diesem Zeitpunkt außer Kraft setzen können (OLG Köln FamRZ 2003, 320; OLG Frankfurt InVo 2002, 147; OLG Naumburg OLGR 2001, 237; MünchKommZPO/Finger § 620f Rn. 17; Stein/Jonas/ Schlosser § 620f Rn. 2a; FamRK/Rolland/Roth § 620f Rn. 22–24; Zöller/ Philippi § 620f Rn. 22; Johannsen/Henrich/Sedemund-Treiber, § 620f ZPO Rn. 9 m.w.N.; Schwab/Maurer I 971).

79 Der Bundesgerichtshof hatte bereits entschieden, dass weder die negative Feststellungsklage noch ein klagabweisendes Urteil auf eine Leistungsklage vorläufig vollstreckbare Entscheidungen zur Hauptsache enthalten. Der in dem Feststellungsurteil allein enthaltene Ausspruch über den Bestand eines Rechtsverhältnisses wird erst mit der Rechtskraft der Entscheidung wirksam und kann eine einstweilige Anordnung auch erst ab diesem Zeitpunkt außer Kraft setzen (BGH FamRZ 1991, 180ff. und seitdem einhellige Auffassung). Im Interesse der einheitlichen Handhabung und der Rechtssicherheit hat der Bundesgerichtshof diese Rechtsprechung nunmehr auch auf Leistungsurteile ausgedehnt (BGH FamRZ

2000, 751). Der vom Gesetzgeber verfolgte Zweck des § 620f ZPO, dass einstweilige Anordnungen auch nach Rechtskraft der Scheidung fortgelten sollen, um einen regelungslosen Zustand für den schutzbedürftigen Unterhaltsgläubiger zu vermeiden, würde unterlaufen, wenn bereits das Bestehen eines nur vorläufigen Titels die einstweilige Anordnung außer Kraft setzen würde, und zwar gleichgültig, ob er eingeschränkt oder uneingeschränkt vorläufig vollstreckbar ist. Denn zum einen kann die vorläufige Vollstreckbarkeit eines Urteils in der Rechtsmittelinstanz bereits nach §§ 707, 719 oder 718 ZPO beseitigt werden. Zum anderen geht dem Unterhaltsgläubiger das Urteil als Vollstreckungsgrundlage verloren, wenn das Rechtsmittelgericht es aufhebt und die Sache an die Vorinstanz zurückverweist. In beiden Fällen wäre die einstweilige Anordnung als Vollstreckungstitel außer Kraft getreten, ohne dass eine andere endgültige Regelung an ihre Stelle getreten wäre. Weiterhin hat der Unterhaltsgläubiger Rangnachteile zu befürchten, wenn ein Drittgläubiger zwischenzeitlich in das Vermögen des Unterhaltsschuldners vollstreckt. Schließlich spricht auch die Parallelregelung des § 641e ZPO, die in Kindschaftssachen ein Außerkrafttreten einstweiliger Anordnungen nur bei anderweitigen Regelungen zulässt, die „nicht nur vorläufig vollstreckbar" sind, dafür, dass auch im Rahmen von § 620f ZPO das Unterhaltsurteil rechtskräftig sein muss. Der Gesetzgeber räumt damit der Vermeidung eines regelungslosen Zustandes gegenüber der Gefahr, dass der Unterhaltsgläubiger auf Grund der einstweiligen Anordnung weiterhin Unterhalt ohne rechtlichen Grund vollstreckt, höhere Priorität ein. Einstweilige Anordnungen zur Unterhaltsregelung werden durch ein Unterhaltsurteil somit generell erst dann außer Kraft gesetzt, wenn dieses rechtskräftig ist (BGH FamRZ 2000, 751; OLG Rostock FamRZ 2004, 127; OLG Köln FamRZ 2003, 320; a.A. OLG Zweibrücken FamRZ 2001, 359 mit krit. Anm. van Els FamRZ 2001, 500 und OLG Stuttgart FamRZ 2001, 359, ohne die abw. Auff. des BGH zu erwähnen).

Durch einen ausländischen Unterhaltstitel wird die Unterhaltsanordnung erst dann außer Kraft gesetzt, wenn der Titel des ausländischen Gerichts nach § 722 ZPO oder nach staatsvertraglichem Anerkennungsrecht (vgl. Wendl/Dose, § 7 Rn. 259 ff.) rechtskräftig für vollstreckbar erklärt worden ist. *80*

1.2.1.8.6 Feststellung des Außerkrafttretens im Beschlussverfahren

Nach § 620f Abs. 1 S. 2 ZPO ist das Außerkrafttreten der einstweiligen Anordnung auf Antrag durch Beschluss auszusprechen. Denn die anderweitige Regelung im Sinne des § 620f ZPO enthält diesen Ausspruch *81*

Unterhaltsrecht

grundsätzlich nicht (OLG Düsseldorf FamRZ 1992, 337). Die Feststellung des Außerkrafttretens der einstweiligen Anordnung setzt einen Antrag des Unterhaltsschuldners voraus, der zu Protokoll der Geschäftsstelle erklärt werden kann (§ 620a Abs. 2 S. 2 ZPO). Das gilt auch dann, wenn das Gericht von Amts wegen entschieden hat (§ 620b Abs. 1 S. 2 ZPO), weil die Feststellung nicht konstitutiv sondern nur deklaratorisch wirkt. Antragsberechtigt sind im Verbundverfahren nur die Ehegatten, in isolierten Verfahren die Verfahrensbeteiligten (Schwab/Maurer I Rn. 977, 86 ff. m.w.N.). Zuständig ist für diesen Antrag das Gericht, das die einstweilige Anordnung erlassen hat (§ 620f Abs. 2 ZPO). Dem Gegner ist rechtliches Gehör einzuräumen, wenn der Antrag nicht von vornherein als unzulässig oder unbegründet abgewiesen wird. Ist das Außerkrafttreten der einstweiligen Anordnung zwischen den Parteien streitig, erscheint eine mündliche Verhandlung zweckmäßig; sie ist aber nicht zwingend (Schwab/Maurer I Rn. 975). In der mündlichen Verhandlung gilt Anwaltszwang. Besteht Streit über die Auslegung einer anderweitigen Unterhaltsregelung, ist darüber auf Antrag Beweis zu erheben. Für eine Feststellungsklage oder eine Vollstreckungsabwehrklage nach § 767 ZPO besteht daneben kein Rechtsschutzbedürfnis, weil das gleiche Ziel im Beschlussverfahren nach § 620f Abs. 1 S. 2 ZPO einfacher, schneller und billiger erreicht werden kann (OLG Koblenz FamRZ 1981, 1092; OLG Zweibrücken FamRZ 1985, 1150; OLG Düsseldorf FamRZ 1991, 721; OLG Köln FamRZ 1999, 1000; Johannsen/Henrich/Sedemund-Treiber § 620f ZPO Rn. 15; Schwab/Maurer I Rn. 980).

82 In seinem zu begründenden Beschluss stellt das Familiengericht fest, dass und in welchem Umfang die einstweilige Anordnung außer Kraft getreten ist. Die Beschlussformel lautet dann:

„Die einstweilige Anordnung des Amtsgerichts ... (Aktenzeichen ...) vom ... ist seit dem ... außer Kraft."

Enthält der ursprüngliche Beschluss Entscheidungen zu mehreren Streitgegenständen, muss in der Beschlussformel ausgeführt werden, in welchem Umfang dieser Beschluss außer Kraft getreten ist. Die Beschlussformel lautet dann:

„Die im Beschluss des Amtsgerichts ... (Aktenzeichen ...) vom ... enthaltene einstweilige Anordnung über ... ist seit dem ... außer Kraft."

Ob zugleich Vollstreckungsmaßnahmen außer Kraft treten, hat nicht das nach § 620f Abs. 2 ZPO zuständige Gericht sondern das zuständige Vollstreckungsorgan zu beurteilen (OLG Frankfurt FamRZ 1989, 766; Schwab/Maurer I Rn. 978). Wird trotz einer anderweitigen Regelung aus der einstweiligen Anordnung vollstreckt, kann der Schuldner die Einstel-

Einstweilige Anordnung

lung der Vollstreckung durch Vorlage einer Ausfertigung des Beschlusses über das Außerkrafttreten der einstweiligen Anordnung erreichen (§ 775 Nr. 1 ZPO).

Gegen die Feststellung des Außerkrafttretens der einstweiligen Anordnung kann der Antragsgegner, gegen die Zurückweisung seines Antrages der Antragsteller sofortige Beschwerde einlegen (§ 620f Abs. 1 S. 3 ZPO). Form und Frist der sofortigen Beschwerde entsprechen derjenigen nach § 620 c ZPO (siehe Rn. 52 ff.). *83*

Einer Kostenentscheidung bedarf es im Verfahren auf Feststellung des Außerkrafttretens der einstweiligen Anordnung regelmäßig nicht. Ist in dem Scheidungsverbundverfahren noch keine Kostenentscheidung ergangen, erübrigt sich eine solche im Feststellungsverfahren bereits deswegen, weil dessen Kosten nach § 620g ZPO als solche des einstweiligen Anordnungsverfahrens anzusehen sind und über diese gemeinsam mit der Kostenentscheidung im Verbundverfahren entschieden wird (OLG Nürnberg FamRZ 2001, 1720). Anderenfalls ist zu prüfen, ob für das Verfahren überhaupt Kosten entstanden sind (vgl. OLG Bamberg FamRZ 2002, 1640). *84*

Für den Beschluss nach § 620f Abs. 1 S. 2 ZPO entsteht nach Nr. 1422 des Kostenverzeichnisses zu § 3 Abs. 2 GKG eine halbe Gerichtsgebühr. Anwaltsgebühren entstehen für dieses Verfahren wie für das Verfahren auf Erlass einer einstweiligen Anordnung. Denn nach § 18 Nr. 1c RVG ist das Verfahren auf Feststellung des Außerkrafttretens einer einstweiligen Anordnung eine besondere Angelegenheit gegenüber deren Erlass und ihrer Abänderung nach § 18 Nr. 1b RVG (vgl. Rn. 61). Im Beschwerdeverfahren wird für die Verwerfung oder Zurückweisung der Beschwerde eine gerichtliche Gebühr nach Nr. 1425 des Kostenverzeichnisses zum GKG erhoben. Der Rechtsanwalt erhält eine halbe Gebühr nach Nr. 3500, 3513 des Vergütungsverzeichnisses zu § 2 Abs. 2 RVG (falls der Auftrag vor dem 1. Juli 2004 erteilt wurde, nach den §§ 31, 61 Abs. 1 Nr. 1 BRAGO).

1.2.1.9 Rückzahlungspflicht

Hat der Unterhaltsgläubiger aus der einstweiligen Anordnung mehr Unterhalt erhalten, als ihm nach der späteren Hauptsacheentscheidung materiell-rechtlich zusteht, stellt sich die Frage, ob er den überzahlten Unterhalt erstatten muss. *85*

1.2.1.9.1 Ungerechtfertigte Bereicherung

86 Die Unterhaltszahlungen finden ihren Rechtsgrund nicht schon in der zuvor ergangenen einstweiligen Anordnung, weil diese nicht in materielle Rechtskraft erwächst. Hat der Unterhaltsgläubiger aus der einstweiligen Anordnung also höhere Unterhaltsleistungen vollstreckt, als ihm nach der späteren Entscheidung in der Hauptsache zustehen, kommt ein Anspruch auf Rückzahlung der überzahlten Unterhaltsleistungen in Betracht, weil er insoweit ungerechtfertigt bereichert ist (§§ 812 ff. BGB). Für die Vergangenheit kann er Rückerstattung selbst ohne Mahnung und Verzug verlangen (BGH FamRZ 1989, 850; Graba Rn. 194).

87 Ein Rückzahlungsanspruch ist aber dann ausgeschlossen, wenn sich der Unterhaltsgläubiger auf einen Wegfall der Bereicherung berufen kann (§ 818 Abs. 3 BGB). Diese Vorschrift dient dem Schutz des gutgläubig Bereicherten, der das rechtsgrundlos Empfangene im Vertrauen auf den fortbestehenden Rechtsgrund verbraucht hat und daher nicht über den Betrag der vorhandenen Bereicherung hinaus zur Herausgabe oder zum Wertersatz verpflichtet werden soll. Bei der Überzahlung von Unterhalt kommt es daher darauf an, ob der Empfänger die Beträge restlos für seinen Unterhalt verbraucht oder sich noch in seinem Vermögen vorhandene Werte verschafft hat. Hat der Unterhaltsberechtigte mit dem überzahlten Unterhalt also Schulden getilgt, Anschaffungen getätigt, Ersparnisse gebildet oder den Verbrauch sonstiger Ersparnisse verhindert, ist er nach wie vor bereichert und zur Rückzahlung verpflichtet (BGH FamRZ 1984, 767, 769; BGHZ 118, 383, 386 = FamRZ 1992, 1152 m.w.N.). Hat der Unterhaltsberechtigte den gezahlten Unterhalt allerdings für seinen Lebensbedarf verbraucht, ohne sonstige vorhandene Mittel zu ersparen, ist er nicht mehr bereichert (§ 818 Abs. 3 BGB) und somit von seiner Rückzahlungspflicht befreit (BGH FamRZ 1989, 850). Für den Bereicherten, der den Wegfall der Bereicherung zu beweisen hat, greifen nach der Rechtsprechung allerdings Beweiserleichterungen, wenn aus der Überzahlung in der fraglichen Zeit keine besonderen Rücklagen oder Vermögensvorteile gebildet werden konnten. Insbesondere bei unteren und mittleren Einkommen spricht dann nach der Lebenserfahrung eine Vermutung dafür, dass das Erhaltene für eine Verbesserung des Lebensstandards ausgegeben wurde, ohne dass der Bereicherte einen besonderen Verwendungsnachweis erbringen muss (BGHZ 118, 383, 388 = FamRZ 1992, 1152). Nach der Lebenserfahrung ist auch davon auszugehen, dass sich der Unterhaltsberechtigte eher in der Lebensgestaltung einschränkt und Aufwendungen für Urlaube etc. vermeidet, als sein Haus zu verkaufen und die Grundlage des vorhandenen Wohnwertes aufzuzehren (BGH FamRZ 2000, 751).

Einstweilige Anordnung

Die verschärfte Haftung des Bereicherungsschuldners nach §§ 818 Abs. 4, 819 BGB tritt für den Empfänger von Unterhaltsleistungen, die auf Grund einer nicht dem materiellen Recht entsprechenden einstweiligen Anordnung geleistet worden sind, nicht schon mit der Rechtshängigkeit der Klage auf Feststellung ein, dass die Unterhaltspflicht nicht besteht (BGH FamRZ 1984, 767 f.; BGHZ 93, 183 f. = FamRZ 1985, 368 f.; BGH FamRZ 1986, 793 f.; BGHZ 118, 383, 390 f. = FamRZ 1992, 1152). Nach dieser ständigen Rechtsprechung des Bundesgerichtshofs haftet der Unterhaltsgläubiger verschärft vielmehr erst ab Rechtshängigkeit einer Klage auf Herausgabe des Erlangten (§ 812 BGB) oder auf Leistung von Wertersatz (§ 818 Abs. 2 BGB). Erst ab Rechtshängigkeit der Klage auf Rückzahlung des geleisteten Unterhalts kann der Gläubiger sich folglich nicht mehr auf einen Wegfall der Bereicherung berufen (vgl. Heiß/Born II Kap. 25 Rn. 367). *88*

Die Vorschrift des § 820 BGB ist für Unterhaltszahlungen auf Grund einstweiliger Anordnung nicht anwendbar, sondern auf Fälle zugeschnitten, in denen nach dem Inhalt des Rechtsgeschäfts beiderseits der Eintritt des bezweckten Erfolgs als ungewiss oder der Wegfall des Rechtsgrunds als möglich angesehen wird. Es wird dann vom Empfänger der Leistung verlangt, sich darauf einzustellen, dass er diese wieder zurückzugeben hat. Im Falle der einstweiligen Anordnung handelt es sich allerdings nicht um eine Vermögensverschiebung auf Grund eines Rechtsgeschäftes. Dem Leistungsempfänger würde auch Unzumutbares angesonnen, sollte er sich schon auf eine als entfernt angesehene Möglichkeit, dass die erlassene einstweilige Anordnung nicht der Rechtslage entspricht, einrichten müssen, zumal wenn ihm anderweitige Mittel zur Bestreitung seines Lebensbedarfs nicht zur Verfügung stehen (BGH FamRZ 1984, 767; 1991, 1175). Wenn § 820 BGB sogar weder direkt noch entsprechend auf Unterhaltsvereinbarungen, die den gesetzlichen Unterhaltsanspruch lediglich modifizieren anwendbar ist (BGH FamRZ 1998, 951 f.), dann kommt eine analoge Anwendung auf einstweilige Anordnungen über den gesetzlichen Unterhalt erst recht nicht in Betracht (BGH NJW 2000, 740; Johannsen/Henrich/Graba Vor § 1601 BGB Rn. 67). *89*

1.2.1.9.2 Schadensersatz

Der Unterhaltsgläubiger, der auf Grund einer einstweiligen Anordnung mehr Unterhalt vollstreckt hat, als ihm nach der späteren Entscheidung in der Hauptsache zusteht, schuldet keinen Schadensersatz in unmittelbarer Anwendung der §§ 641 g, 717 Abs. 2, 945 ZPO. § 641 g ZPO ist unmittelbar nur auf Unterhaltsanordnungen im Verfahren auf Feststellung *90*

Unterhaltsrecht

der Vaterschaft anwendbar. Der Schadensersatzanspruch nach § 717 Abs. 2 Satz 1 ZPO setzt voraus, dass aus einem später abgeänderten vorläufig vollstreckbaren Urteil vollstreckt wurde oder der Schuldner zur Abwendung der drohenden Vollstreckung geleistet hat. Hieran fehlt es, wenn der Unterhaltsgläubiger die Vollstrekkung aus einer formell rechtskräftigen einstweiligen Anordnung betrieben hat. Schadensersatz nach § 945 ZPO schuldet der Gläubiger nur dann, wenn er aus einem Arrest oder einer einstweiligen Verfügung vorgegangen ist, die sich später als von Anfang an ungerechtfertigt erweisen.

91 Die §§ 641 g, 717 Abs. 2, 945 ZPO sind auch nicht entsprechend auf Fälle, in denen aufgrund einer einstweiligen Anordnung nach materiellem Recht zuviel Unterhalt geleistet wurde, anzuwenden (st. Rspr. seit BGH FamRZ 1984, 767, 769; OLG Köln FamRZ 2003, 320). Zwar wird in der Literatur (Büttner FamRZ 1999, 1125; Kohler FamRZ 1988, 1006; Olzen FamRZ 1986, 1169 f.; Ditzen FamRZ 1988, 349) teilweise vertreten, dass die §§ 620 ff. ZPO insoweit eine Regelungslücke enthalten, die im Wege der Analogie zu schließen ist. Der Bundesgerichtshof hatte allerdings bereits zu der früheren Vorschrift des § 627 b ZPO entschieden, dass die Zivilprozessordnung dem Unterhaltspflichtigen gegen den Unterhaltsberechtigten, der aus einer einstweiligen Anordnung sachlich ungerechtfertigt vollstreckt hat, mangels einer den §§ 717 Abs. 2, 945 ZPO entsprechenden Regelung keinen Schadensersatzanspruch gibt. Er bleibt vielmehr auf bereicherungsrechtliche Ansprüche gegen den Berechtigten beschränkt (BGHZ 24, 269, 273; Graba Rn. 194). Diese Auffassung hat der BGH auch zu der Neuregelung beibehalten und entschieden, dass die §§ 620 ff. ZPO eine geschlossene Sonderregelung für den einstweiligen Rechtsschutz in Ehesachen enthalten. Der Gesetzgeber, der bei der späteren Einführung der §§ 620 ff. ZPO keine dem schon bestehenden § 641 g ZPO in Kindschaftssachen oder dem § 945 ZPO entsprechende Regelung über einen Schadensersatzanspruch geschaffen hat, wollte das Risiko des Ehegatten, der eine einstweilige Anordnung erwirkt und aus ihr vollstreckt, bewusst klein halten und den einstweiligen Rechtsschutz erleichtern. Der Unterhaltsempfänger soll gerade nicht in jedem Fall gezwungen sein, den gezahlten Unterhalt unter dem Druck etwaiger Rückforderungsansprüche für eine Rückzahlung bereitzuhalten, statt ihn bestimmungsgemäß zu verbrauchen. Diese Absicht des Gesetzgebers würde unterlaufen, wenn ein Schadensersatzanspruch in analoger Anwendung der §§ 717 Abs. 2, 945 ZPO bejaht würde oder wenn man eine verschärfte Bereicherungshaftung nach § 818 Abs. 4 BGB schon aufgrund einer rückwirkenden negativen Feststellungsklage gegen die einstweilige Anordnung eintreten ließe (BGH FamRZ 1984, 767, 769; BGHZ 93, 183, 189;

Einstweilige Anordnung

BGH FamRZ 1986, 793; BGHZ 118, 383, 390; BGH FamRZ 1989, 850; BGH FamRZ 1998, 951, 952). Soweit die einstweilige Anordnung bei Rücknahme oder Zurückweisung des Scheidungsantrags außer Kraft tritt (§ 620f Abs. 1 Satz 1 ZPO) hat der Gesetzgeber zwar ausdrücklich auf die entsprechende Regelung des § 641f ZPO verwiesen (BT-Drucksache 7/650 S. 202), ohne aber zugleich die in § 641g ZPO für diese Fälle vorgesehene Schadensersatzregelung zu übernehmen. Die Situation eines Unterhaltsberechtigten im Scheidungsverfahren (oder im Verfahren nach § 644 ZPO) ist mit der eines Kindes, das den vermeintlichen Vater während des Vaterschaftsfeststellungsverfahrens gemäß § 641d ZPO im Wege der einstweiligen Anordnung in Anspruch nimmt auch nicht ohne weiteres vergleichbar. Stellt sich heraus, dass der in Anspruch genommene Mann nicht der Vater ist, ist der Unterhaltsanspruch schon dem Grunde nach nicht gegeben (BGH FamRZ 2000, 751).

Diese Auffassung führt auch nicht zu einer ungleichen Risikoverteilung zu Lasten des zu Unrecht in Anspruch genommenen Unterhaltsschuldners. Der Schutz des Unterhaltsschuldners ist vielmehr ausreichend dadurch gewährleistet, dass dieser mit Erhebung der negativen Feststellungsklage den Antrag auf einstweilige Einstellung der Zwangsvollstreckung aus der einstweiligen Anordnung verbinden kann (siehe Rn 62 f.). Zudem kann er unmittelbar nach der Unterhaltsleistung und ohne Rücksicht auf die vorherige Aufhebung des Titels eine isolierte Klage auf künftige Rückzahlung erheben oder die negative Feststellungsklage bzw. Abänderungsklage mit dieser Rückforderungsklage verbinden (§§ 258, 260 ZPO). Der Schuldner ist außerdem berechtigt, eine ev. Überzahlung als zins- und tilgungsfreies Darlehen zu vereinbaren, verbunden mit einem Verzicht auf Rückzahlung, falls es bei dem zugesprochenen Unterhalt bleibt. Der Unterhaltsgläubiger ist nach Treu und Glauben verpflichtet, sich auf eine solche Gestaltung einzulassen (BGHZ 93, 183, 189; 118, 383, 391f.; BGH FamRZ 1998, 951, 952). Dann ist es ihm auch zumutbar, sich auf eine mögliche Rückzahlung einzustellen. Diese Auffassung des BGH ist auch in der Literatur überwiegend auf Zustimmung gestoßen (Baumbach/Albers § 620f Rn. 7; MünchKommZPO/Finger § 620 Rn. 54; MünchKommZPO/Krüger § 717 Rn. 12; Stein/Jonas/Schlosser § 620f Rn. 17; Stein/Jonas/Münzberg § 717 Rn. 70; Thomas/Putzo § 620f Rn. 2; Zöller/Herget § 717 Rn. 5; Heiß/Heiß I Kap. 8 Rn. 3 und 15 ff.; Hassold FamRZ 1981, 1036, 1037).

92

Unterhaltsrecht

1.2.1.10 Streitwert des Anordnungsverfahrens

93 Der Gebührenstreitwert einer einstweiligen Anordnung auf Unterhalt richtet sich gemäß den §§ 53 Abs. 2 S. 1, 42 Abs. 1 GKG nach dem begehrten Unterhalt für die ersten sechs Monate ab Eingang des Anordnungsantrages. Erhöht sich der mit der einstweiligen Anordnung begehrte Unterhalt für spätere Monate, hat dieses nach § 42 Abs. 1 GKG keine Auswirkung auf den Wert des Verfahrens. Wird mit der einstweiligen Anordnung ausnahmsweise auch rückständiger Unterhalt geschuldet (§§ 1585b, 1613 BGB), ist der bei Antragseingang schon fällige Betrag dem Halbjahresbetrag entsprechend § 42 Abs. 5 S. 1 GKG hinzuzurechnen (vgl. zum früheren § 17 GKG: OLG Brandenburg OLGR 2001, 143; AG Siegburg BRAGOReport 2003, 245). Im Anordnungsverfahren auf Benutzung der Ehewohnung oder Zuweisung des Hausrates (§ 620 Nr. 7 und 9 ZPO) beläuft sich der Wert auf 2.000 €, soweit die Benutzung der Wohnung zu regeln ist und auf 1.000 €, soweit über die Benutzung des Hausrats zu entscheiden ist (§ 53 Abs. 2 S. 2 GKG; vgl. zum § 20 Abs. 2 GKG a. F. OLG Dresden FamRZ 2003, 1312, OLG Brandenburg FamRZ 2000, 1102). In Sorge- und Umgangsrechtsangelegenheiten (§ 620 Nr. 1 bis 3 ZPO) beläuft sich der Gegenstandswert nach § 24 S. 1 RVG auf 500 € (zum früheren Recht vgl. OLG Karlsruhe FamRZ 1999, 797).

Die Festsetzung des Streitwertes ist nicht gesondert anfechtbar, wenn auch gegen die einstweilige Anordnung kein Rechtsmittel gegeben wäre (OLG Schleswig OLGR 2001, 95).

94 Wird nach Erlass einer einstweiligen Anordnung im Hauptsacheverfahren höherer Unterhalt begehrt, richtet sich der Streitwert der Hauptsache nach dem vollen begehrten Unterhalt und nicht lediglich nach der Differenz zwischen dem insgesamt begehrten und dem durch die einstweilige Anordnung titulierten Unterhalt (OLG Karlsruhe FamRZ 1999, 606). Das ist bereits deswegen geboten, weil die einstweilige Anordnung nicht der materiellen Rechtskraft fähig ist und erst die Entscheidung in der Hauptsache den rechtlichen Grund für die bereits geleisteten Zahlungen nachholt.

1.2.1.11 Kosten im Anordnungsverfahren (§ 620g ZPO)
1.2.1.11.1 Höhe der Kosten

95 Nach Nr. 1420 bis 1424 des Kostenverzeichnisses zu § 3 Abs. 2 GKG wird für „Entscheidungen" nach §§ 127a, 620 Nr. 4, 6 bis 9, 621f., 641d und 644 ZPO eine halbe Gerichtsgebühr erhoben, die nach dem sechsmonatigen Wert der Unterhaltsrente zu berechnen ist (§ 53 Abs. 2 S. 1 GKG). Hat sich das Verfahren allerdings zuvor erledigt und kommt es nicht mehr

Einstweilige Anordnung

zu einer abschließenden Sachentscheidung, entsteht für das Verfahren allein noch keine Gerichtsgebühr (OLG Dresden FamRZ 2003, 1312). Entscheidungen über die Aufhebung oder Abänderung des Beschlusses nach § 620b ZPO oder die Aussetzung der Vollziehung nach § 620e ZPO lösen danach keine eigene Gerichtsgebühr aus, sondern werden von der Gebühr für die ursprüngliche Anordnung umfasst. Nach der Vorbemerkung 1.4.2.1. zu Nr. 1420 des Kostenverzeichnisses gelten mehrere Entscheidungen über Anträge auf Erlass einstweiliger Anordnungen innerhalb einer Instanz gebührenrechtlich als eine Entscheidung. Für das Verfahren über Beschwerden nach § 620c S. 1 und § 641d Abs. 3 ZPO wird nach Nr. 1425 des Kostenverzeichnisses eine Gerichtsgebühr erhoben (vgl. auch Rn. 135, 267).

Der Rechtsanwalt erhält im Anordnungsverfahren alle Gebühren nach Nr. 3100 ff. des Vergütungsverzeichnisses zu § 2 Abs. 2 RVG, denn § 18 Nr. 1 RVG bestimmt, das die in erster Instanz anhängigen Verfahren auf Erlass einstweiliger Anordnungen nach 96

a) § 127a ZPO,

b) § 620, 620b Abs. 1, 2 ZPO,

c) § 621f ZPO,

d) § 621g ZPO,

e) § 641d ZPO,

f) § 644 ZPO und

g) § 64b Abs. 3 FGG

(zu b bis d und f auch i.V.m. § 661 Abs. 2 ZPO) jeweils als besondere Angelegenheiten gelten, für die besondere Gebühren anfallen. Für mehrere Verfahren, die unter einem Buchstaben genannt sind, erhält der Rechtsanwalt die Gebühren in jedem Rechtszug allerdings nur einmal (§ 18 Nr. 1 S. 1 RVG). Das Verfahren der einstweiligen Anordnung nach § 620 ZPO und das Verfahren auf Aufhebung oder Abänderung nach § 620b ZPO gelten somit als einheitliche Angelegenheit, für die Gebühren in jedem Rechtszug nur einmal entstehen. Bei mehreren Anordnungsverfahren sind die Gegenstandswerte zusammenzurechnen, auch wenn sie denselben Gegenstand betreffen (§ 18 Nr. 1 2. und 3. HS RVG). Das ist z.B. dann der Fall, wenn einstweilige Anordnungen zu mehreren Folgesachen ergehen oder wenn das Gericht in einer Folgesache mehrere Entscheidungen nach § 620 ZPO und § 620b ZPO trifft. Allerdings ergeht nach § 620g ZPO über sämtliche einstweilige Anordnungen im Scheidungsverbundverfahren in jeder Instanz mit der Hauptsache nur eine einheitliche Kostenentscheidung. Für seine Tätigkeit im Rahmen der „Vollziehung ei-

Unterhaltsrecht

ner im Wege des einstweiligen Rechtsschutzes ergangenen Entscheidung" erhält der Rechtsanwalt nach dem zum 1. Juli 2004 in Kraft getreten RVG allerdings eigenständige Gebühren, die sich für das Verfahren und einen ev. Termin jeweils auf eine 3/10 Gebühr (Nr. 3309 und 3310 des Vergütungsverzeichnisses zu § 2 Abs. 2 RVG) belaufen. Im Beschwerdeverfahren erhält der Rechtsanwalt nach Nr. 3500 und 3513 des Vergütungsverzeichnisses zu § 2 Abs. 2 RVG fünf Zehntel der Gebühren (vgl. auch Rn. 135).

1.2.1.11.2 Kostenentscheidung

97 Grundsätzlich ergeht im Anordnungsverfahren keine eigene Kostenentscheidung, weil dessen Kosten nach § 620g 1. HS ZPO als Kosten der Hauptsache gelten (OLG Brandenburg FamRZ 2002, 964). Wer die Kosten des Anordnungsverfahrens zu tragen hat, ergibt sich somit aus der Kostenentscheidung des Verbundurteils (OLG München MDR 1989, 462) oder – im Falle der §§ 612g, 644 ZPO – des isolierten Hauptsacheverfahrens. Die Kostenentscheidung der Hauptsache erfasst somit ohne weiteres die Kosten sämtlicher Anordnungsverfahren und zwar auch derjenigen in zweiter Instanz (Johannsen/Henrich/Sedemund-Treiber § 620g ZPO Rn. 2). Dieses gilt selbst dann, wenn die Kosten des Anordnungsverfahrens in der Kostenentscheidung der Hauptsache nicht ausdrücklich erwähnt sind. Diese auch für das Anordnungsverfahren maßgebliche Kostenentscheidung ergibt sich für das Scheidungsverfahren aus § 93a Abs. 1 und 2 ZPO oder, für einen abgewiesenen Scheidungsantrag, aus § 91 ZPO. Für das isolierte Unterhaltsverfahren ergibt sich die Kostenentscheidung aus den allgemeinen Vorschriften. Ergänzend erklärt § 620g 2. HS ZPO aber auch die Vorschrift des § 96 ZPO, die einen Fall der Kostentrennung betrifft, für entsprechend anwendbar.

Trotz der entsprechenden Anwendbarkeit des § 96 ZPO bleibt es aber bei dem Grundsatz der einheitlichen Kostenentscheidung. Das Gericht der Ehesache bzw. der Hauptsache hat gleichzeitig über sämtliche Kosten der Hauptsache und der einstweiligen Anordnung(en) zu entscheiden, selbst wenn der Erfolg im Anordnungsverfahren wesentlich von dem der Hauptsache abweicht, z.B. weil Anordnungsanträge in der Ehesache unzulässig oder unbegründet waren. Dem kann im Scheidungsverbundverfahren u.a. durch eine im billigen Ermessen liegende Kostenquote Rechnung getragen werden (§ 93a Abs. 1 S. 2 Nr. 2, Abs. 2 S. 2 ZPO). Gleiches gilt für die Rücknahme des Antrags auf Erlass einer einstweiligen Anordnung (OLG Frankfurt FamRZ 1980, 387; 1984, 720f.; OLG Düsseldorf FamRZ 1994, 1187; Johannsen/Henrich/Sedemund-Treiber § 620g ZPO

Einstweilige Anordnung

Rn. 5 m.w.N.). In isolierten Unterhaltsverfahren ist nach § 93d ZPO ebenfalls eine vom endgültigen Erfolg abweichende Kostenquote nach billigem Ermessen zulässig. Im Rahmen der Ermessensentscheidung ist auch zu berücksichtigen, ob der Antrag auf Erlass einer einstweiligen Anordnung unzulässig oder in vollem Umfang unbegründet war und in welchem Umfang durch diesen erfolglosen Antrag im Vergleich zur Hauptsache zusätzliche Kosten verursacht worden sind. Nur ausnahmsweise ist es deswegen geboten, über die Kosten des Anordnungsverfahrens nach §§ 620g 2. HS, 96 ZPO im Wege der Kostentrennung gesondert zu befinden (vgl. Rn 99).

Eine einheitliche Kostenentscheidung ist auch geboten, wenn die Parteien sich im Anordnungsverfahren verglichen haben (OLG Stuttgart MDR 1987, 63; KG MDR 1975, 763; Zöller/Philippi § 620g Rn. 6; a.A. OLG Karlsruhe MDR 1982, 1025). § 620g ZPO geht für das Anordnungsverfahren § 98 ZPO vor, weil darin nur auf § 96, nicht aber auf § 98 ZPO verwiesen wird. Gegen eine zwingende Anwendbarkeit des § 98 ZPO spricht auch, dass sich die außergerichtlichen Kosten nach § 18 Nr. 1 2. und 3. HS RVG nach den addierten Streitwerten aller einstweiligen Anordnungen berechnen und deswegen für mehrere Anordnungsverfahren eine einheitliche Kostenentscheidung auszusprechen ist. Nur dann, wenn der Vergleich im Anordnungsverfahren endgültiger Natur ist und damit über den Verfahrensgegenstand der einstweiligen Anordnung hinaus geht, gelten die Kosten des Anordnungsverfahrens und des Vergleichs nach § 98 ZPO als gegeneinander aufgehoben (OLG München AnwBl 1989, 233; Zöller/Philippi § 620g Rn. 6; Johannsen/Henrich/Sedemund-Treiber § 620g ZPO Rn. 5; Schwab/Maurer I Rn. 931; Gießler Rn. 241). Im übrigen bleibt es den Parteien unbenommen, im Rahmen des Vergleichs eine abweichende Kostenregelung zu treffen. In diesem Fall ist die vereinbarte Kostenentscheidung als Ausnahme vom Grundsatz der Kosteneinheit in das Scheidungsurteil zu übernehmen. 98

Eine vom Grundsatz der einheitlichen Kostenentscheidung abweichende eigenständige Entscheidung über die Kosten des Anordnungsverfahrens ist nur ausnahmsweise geboten. Wegen der Ermessensvorschriften in den §§ 93a, 93d ZPO bedarf es kaum noch eines Rückgriffs auf § 620g 2. Halbsatz i.V.m. § 96 ZPO, wonach in der Kostenentscheidung der Hauptsache die Kosten des Anordnungsverfahrens abweichend geregelt werden können. Das kann z.B. dann der Fall sein, wenn der Antragsteller der Ehesache die Kosten nach Rücknahme allein zu tragen hat (§ 269 Abs. 3 S. 2 ZPO), der Antragsgegner allerdings zuvor mit einem Antrag im Anordnungsverfahren unterlegen war. Grundsätzlich bleibt es aber auch dann bei einer einheitlichen Kostenentscheidung nach § 620g 99

ZPO, wenn Anordnungsanträge zurückgenommen (OLG Frankfurt FamRZ 1980, 387; OLG Düsseldorf FamRZ 1994, 1187; OLG Karlsruhe NJWE-FER 1997, 21) oder für erledigt erklärt worden sind (OLG Frankfurt FamRZ 1984, 720; OLG Brandenburg OLGR Brandenburg 1995, 186; a. A. OLG Bremen FamRZ 1978, 133; OLG Koblenz OLGR 1998, 39). In solchen Fällen ist weder § 269 Abs. 3 S. 2 ZPO noch § 91 a ZPO anwendbar, weil nichts dafür spricht, die Parteien anders zu behandeln als im Falle einer gerichtlichen Entscheidung über den Anordnungsantrag. Im übrigen würde eine Entscheidung über nur einen für erledigt erklärten Anordnungsantrag nach § 91 a ZPO dem Grundsatz widersprechen, dass über die Kosten mehrerer Anordnungsverfahren schon wegen der einheitlichen Gebühren einheitlich zu entscheiden ist.

Ist aber in entsprechender Anwendung des § 96 ZPO eine getrennte Kostenentscheidung zum Verfahren auf Erlass einer einstweiligen Anordnung geboten, erfordert dieses eine einheitliche Entscheidung über alle im Scheidungsverbund ergangenen Anordnungsverfahren. Auch dabei ist der Grundsatz der Kosteneinheit zu beachten, zumal sich sowohl die Gerichtskosten nach der Vorbemerkung zu Nr. 1700 des Kostenverzeichnisses als auch die außergerichtlichen Kosten nach § 18 Nr. 1 2. und 3. HS RVG nach den addierten Streitwerten aller einstweiligen Anordnungen berechnen.

100 Eine eigenständige Kostenentscheidung ist aber dann geboten, wenn in der Hauptsache eine Kostenentscheidung nicht oder nicht mehr ergehen wird (OLG Naumburg NJW-RR 2003, 1508; Schwab/Maurer I Rn. 931). Ist die Ehesache selbst zwar anhängig, aber nicht rechtshängig geworden, so bedarf es in dieser Hauptsache keiner Kostenentscheidung (KG NJW 1972, 1053; OLG Hamm FamRZ 1981, 189). In diesem Fall ist über die Kosten des Anordnungsverfahrens in der einstweiligen Anordnung zu entscheiden, weil es der einheitlichen Kostenentscheidung mit einer Hauptsache nicht bedarf. Gleiches gilt, wenn schon während eines Verfahrens auf Bewilligung von Prozesskostenhilfe, dem keine Ehesache folgt, über den Anordnungsantrag entschieden wurde (OLG Hamm FamRZ 1989, 189, 190). Wenn das Familiengericht nach Verkündung und vor Rechtskraft des Scheidungsurteils eine einstweilige Anordnung erlässt (vgl. Rn. 8), muss diese ebenfalls eine Kostenentscheidung enthalten, weil die erst später entstandenen Kosten des Anordnungsverfahrens nicht von der bereits verkündeten Kostenentscheidung des Eheverfahrens erfasst sind (OLG Frankfurt FamRZ 1990, 540). Wurde der Scheidungsantrag oder die Klage zurückgenommen und kein Kostenantrag nach § 269 Abs. 4 i. V. m. Abs. 3 S. 2 ZPO gestellt, bedarf es für die zuvor ergangene

Einstweilige Anordnung

einstweilige Anordnung ebenfalls der von Amts wegen gebotenen Kostenentscheidung.

Hat das Gericht unter Verstoß gegen den Grundsatz der einheitlichen Kostenentscheidung in der einstweiligen Anordnung über die Kosten des Anordnungsverfahrens entschieden, kann allein darauf keine sofortige Beschwerde nach § 620 c ZPO gestützt werden (OLG Brandenburg FamRZ 2002, 964; OLG Frankfurt FamRZ 1980, 387). Sie ist auch nicht mit dem Rechtsbehelf des § 620 b Abs. 2 ZPO anfechtbar (OLG Oldenburg FamRZ 2000, 759). Allerdings ist in diesem Fall eine Kostenfestsetzung solange unzulässig, bis über die Ehesache als Hauptsache entschieden und damit die einstweilige Anordnung nach § 620 f Abs. 1 S. 1 ZPO außer Kraft getreten ist (KG MDR 1982, 328). *101*

Ist im Beschwerdeverfahren über die einstweilige Anordnung zu entscheiden, bedarf es grundsätzlich zugleich einer Entscheidung über die Kosten des Beschwerdeverfahrens (Schwab/Maurer I Rn. 933). Bleibt die Beschwerde gegen eine einstweilige Anordnung ohne Erfolg, so sind die Kosten des Beschwerdeverfahrens nach § 97 ZPO dem Beschwerdeführer aufzuerlegen. Diese Vorschrift zu den Rechtsmittelkosten geht nach ständiger Rechtsprechung § 620 g ZPO vor (OLG Brandenburg FamRZ 2001, 1023; OLG Zweibrücken FamRZ 1998, 1379; OLG Bremen FamRZ 1978, 133; OLG Düsseldorf FamRZ 1980, 1047; OLG Karlsruhe FamRZ 1988, 855; Johannsen/Henrich/Sedemund-Treiber § 620 g ZPO Rn. 4 m.w.N.). Entgegen der wohl überwiegenden Auffassung ist eine Kostenentscheidung in der Beschwerdeinstanz auch dann erforderlich, wenn das Rechtsmittel in vollem Umfang Erfolg hat (a.A. wohl Johannsen/Henrich/Sedemund-Treiber § 620 g ZPO Rn. 2 und 4; Zöller/Philippi § 620 g Rn. 8; Schwab/Maurer I 933 f.). Schon die Streitwerte sind in beiden Instanzen unterschiedlich, weil in der Beschwerdeinstanz nur die einstweilige Anordnung anfällt, während in erster Instanz auch die Hauptsache rechtshängig ist. Auch die Gerichts- und Rechtsanwaltsgebühren sind für das Verfahren der einstweiligen Anordnung in erster und zweiter Instanz unterschiedlich. Während für den Rechtsanwalt in erster Instanz alle Gebühren nach Nr. 3100 ff. des Vergütungsverzeichnisses zu § 2 Abs. 2 RVG entstehen können, erhält er nach dessen Nr. 3500 und 3513 für das Beschwerdeverfahren nur eine halbe Verfahrens- und Terminsgebühr. Diese Unterschiede in einer einheitlichen Kostenentscheidung erster Instanz zu berücksichtigen, wäre sehr aufwändig und überaus unpraktisch. Wenn das erstinstanzliche Gericht dem über die §§ 620 g 2. HS, 96 ZPO durch gesonderte Entscheidung über die Kosten der sofortigen Beschwerde nachkommen will, spricht nichts dagegen, schon dem Beschwerdegericht (dann losgelöst von der Hauptsache und auf der Grundlage allgemeiner *102*

Vorschriften) diese Möglichkeit einzuräumen. Deswegen wirkt die Trennung der Instanzen m.E. stärker als der nach § 620g ZPO (für jede einzelne Instanz) angeordnete Grundsatz der Kosteneinheit.

Streitig ist auch, ob das gleiche gilt, wenn die Beschwerde gegen eine einstweilige Anordnung nur teilweise erfolgreich ist (Johannsen/Henrich/ Sedemund-Treiber § 620g ZPO Rn. 4 m.w.N.; Thomas/Putzo § 620g Rn. 4; a.A. OLG Karlsruhe FamRZ 1988, 855; Gießler Rn. 236). Auch dann ist m.E. eine Kostenentscheidung schon deswegen geboten, weil im Beschwerdeverfahren lediglich über die einstweilige Anordnung entschieden wird, während die Kostenentscheidung der Hauptsache in erster Instanz wegen des Grundsatzes der Kosteneinheit den Erfolg sämtlicher Folgesachen berücksichtigt (§ 93a Abs. 1 S. 2 ZPO). Bei teilweise erfolgreicher Beschwerde ist es auch nicht angebracht und verstieße seinerseits gegen den Grundsatz der einheitlichen Kostenentscheidung, wenn das Beschwerdegericht nur über die Kosten des erfolglosen Teils der Beschwerde entscheiden und den übrigen Teil der einheitlichen Entscheidung in erster Instanz überlassen würde (Johannsen/Henrich/Sedemund-Treiber § 620g ZPO Rn. 4 m.w.N.; Zöller/Philippi § 620g Rn. 8).

Hat die sofortige Beschwerde gegen eine einstweilige Anordnung nur auf Grund eines neuen Vorbringens Erfolg, das bereits in erster Instanz hätte geltend gemacht werden konnte, sind die Kosten des Beschwerdeverfahrens ebenfalls dem Beschwerdeführer aufzuerlegen (§ 97 Abs. 2 ZPO). Eine von der erstinstanzlichen Kostenentscheidung abweichende Entscheidung über die Kosten des Beschwerdeverfahrens kann auch nach § 620g 2. Halbsatz in Verbindung mit § 96 ZPO geboten sein. Wird die Beschwerde gegen eine einstweilige Anordnung zurückgenommen, sind die Kosten des Beschwerdeverfahrens entsprechend § 516 Abs. 3 ZPO dem Beschwerdeführer aufzuerlegen (OLG Frankfurt FamRZ 1984, 720; BayObLG FamRZ 1995, 184). Haben beide Parteien ein Verfahren auf Erlass einer einstweiligen Anordnung während der Beschwerdeinstanz in der Hauptsache für erledigt erklärt, hat das Beschwerdegericht nach § 91a ZPO ebenfalls über die Kosten des Beschwerdeverfahrens zu entscheiden. Auch in diesem Fall gelten die Kosten des Beschwerdeverfahrens nicht als Kosten der Hauptsache (OLG Bremen FamRZ 1978, 133; OLG Düsseldorf FamRZ 1980, 1047; OLG Koblenz OLGR 1998, 39; a.A. OLG Frankfurt FamRZ 1984, 720 und 1984, 1243; OLG Brandenburg OLGR 1995, 186; OLG Jena FamRZ 1996, 880). Wäre die sofortige Beschwerde ohne Eintritt des erledigenden Ereignisses erfolglos geblieben, sind die Kosten des Beschwerdeverfahrens nach § 97 Abs. 1 ZPO dem Beschwerdeführer aufzuerlegen. § 620g ZPO ist demnach unmittelbar

Einstweilige Anordnung

nur für die in erster Instanz entstandenen Kosten der einstweiligen Anordnung anwendbar.

1.2.1.11.3 Rechtsmittel

Gelten die Kosten des Anordnungsverfahrens nach § 620 g ZPO als Kosten der Hauptsache, ist gegen die Kostenentscheidung nach § 99 Abs. 1 ZPO nur dann ein Rechtsmittel zulässig, wenn die Hauptsache selbst angefochten wird (OLG Oldenburg FamRZ 2000, 759). Entsprechend muss die einstweilige Anordnung im Falle einer darin enthaltenen eigenständigen Kostenentscheidung angefochten werden (OLG Brandenburg FamRZ 2001, 965). Wurde im Urteil über die Kosten des Anordnungsverfahrens versehentlich nicht entschieden, ist dieses im Wege der Urteilsergänzung nach § 321 ZPO nachzuholen (Johannsen/Henrich/ Sedemund-Treiber, § 620 g Rn. 6). Gleiches gilt, wenn in der Anordnung keine Kostenentscheidung enthalten ist, obwohl dieses notwendig war (vgl. Rn. 100). Wegen der vom Gesetz gebotenen Kostenentscheidung gilt in diesem Fall die zweiwöchige Antragsfrist nach § 321 Abs. 2 ZPO nicht (anders OLG Hamm FamRZ 1981, 189, das § 321 ZPO schon nicht für anwendbar hält und stattdessen eine einfache Beschwerde nach § 567 ZPO a.F. für zulässig erachtet, die nicht nach § 99 Abs. 1 ZPO ausgeschlossen sei, weil sie erst die gesetzliche notwendige Kostenentscheidung begehrt und sich nicht gegen deren Inhalt richtet; vgl. Zöller/Philippi, ZPO, § 620 g Rn. 11; MünchKommZPO/Finger ZPO, § 620 g Rn. 14; Gießler Rn. 237).

103

1.2.2 Einstweilige Anordnung auf Zahlung eines Prozesskostenvorschusses

Einstweilige Anordnungen auf Zahlung eines Prozesskostenvorschusses sind nach § 620 Nr. 10 ZPO für die Ehesache und Folgesachen und nach § 127a ZPO für sonstige Unterhaltssachen zulässig (vgl. Johannsen/ Henrich/Sedemund-Treiber § 127a ZPO Rn. 4). § 621f Abs. 1 ZPO sieht dieses schließlich für selbstständige FGG-Familiensachen und für Güterrechtsstreitigkeiten vor.

1.2.2.1 Zulässigkeit

Die Zulässigkeit und das Verfahren der einstweiligen Anordnung auf Zahlung eines Prozesskostenvorschusses richtet sich aufgrund der ausdrücklichen Verweisung in den §§ 127a Abs. 2 S. 2, 621f Abs. 2 S. 2 ZPO nach den §§ 620a bis 620g ZPO. Grundsätzlich gelten deswegen auch hier die Ausführungen zum Scheidungsverbundverfahren (siehe

104

Rn. 18 ff.). Ebenso wie die einstweilige Anordnung auf Unterhalt (§ 620c S. 2 ZPO) ist auch die auf einen Prozesskostenvorschuss gerichtete Anordnung nicht mit der sofortigen Beschwerde anfechtbar (§§ 127a Abs. 2 S. 1, 621 f Abs. 2 S. 1 ZPO). Zur Zuständigkeit für einstweilige Anordnungen auf Zahlung eines Kostenvorschusses trifft § 620a Abs. 4 S. 3 ZPO eine Sonderregelung. Wird der Vorschuss für ein beim Rechtsmittelgericht anhängiges oder einzulegendes Verfahren begehrt, ist das Oberlandesgericht zuständig. Nur wenn sich der begehrte Vorschuss auch auf eine noch in der ersten Instanz anhängige Folgesache bezieht, bleibt insoweit das Amtsgericht zuständig (OLG Köln FamRZ 1990, 768). Im übrigen bleibt es auch hier bei den allgemeinen Regelungen (siehe Rn. 19 ff.).

1.2.2.2 Anspruchsberechtigte

105 Nach § 1360a Abs. 4 BGB sind verheiratete Ehegatten einander prozesskostenvorschusspflichtig. Der Anspruch ist nach überwiegender Auffassung unterhaltsrechtlicher Natur (BGHZ 110, 247). Durch die Verweisung in § 1361 Abs. 4 S. 4 BGB gilt die Vorschusspflicht auch für getrennt lebende Ehegatten. Eine entsprechende Vorschrift fehlt hingegen für den nachehelichen Unterhalt nach §§ 1569 ff. BGB und den Unterhalt für Verwandte nach §§ 1601 ff. BGB.

106 Nach heute einhelliger Auffassung schulden Eltern ihren minderjährigen, unverheirateten Kindern ebenfalls einen Prozesskostenvorschuss (BGH FamRZ 2004, 1633; Wendl/Scholz § 6 Rn. 23). Die Vorschusspflicht hat ihren Grund in der unterhaltsrechtlichen Beziehung zwischen Eltern und Kind und ergibt sich aus der besonderen Verantwortung des Unterhaltspflichtigen (Schwab/Borth IV Rn. 65 m.w.N.). Dieselbe Pflicht trifft deswegen auch Großeltern gegenüber ihren Enkeln, wenn die Eltern nicht leistungsfähig sind (OLG Koblenz FamRZ 1997, 681 m.w.N.; zur Unterhaltspflicht allgemein BGH FamRZ 2004, 800). Eine Vorschusspflicht des naturalunterhaltspflichtigen Elternteils kommt nach § 1606 Abs. 3 S. 2 BGB nur dann in Betracht, wenn dieser über Einkünfte verfügt, welche diejenigen des barunterhaltspflichtigen Elternteils deutlich übersteigen oder wenn dessen wirtschaftliche Verhältnisse beengt sind. Das kann auch dann der Fall sein, wenn die Voraussetzungen des § 1603 Abs. 2 S. 3 BGB noch nicht vorliegen und er weiterhin barunterhaltspflichtig bleibt.

107 Ob auch volljährigen Kindern ein Anspruch auf Prozesskostenvorschuss zusteht, ist streitig (vgl. OLG Hamm FamRZ 2000, 255; Schwab/Borth IV Rn. 66; jeweils m.w.N.). Der Anspruch folgt zwar nicht unmittelbar aus

Einstweilige Anordnung

§ 1610 Abs. 2 BGB, wonach der einem Verwandten geschuldete Unterhalt den gesamten Lebensbedarf umfasst, denn das ist auch beim Unterhalt des geschiedenen Ehegatten nach § 1578 BGB der Fall, für den der BGH (BGHZ 89, 33 ff. = FamRZ 1984, 148) gerade einen Anspruch auf Prozesskostenvorschuss abgelehnt hat (so die ablehnende Auffassung z.B. OLG Düsseldorf FamRZ 1986, 698; OLG Stuttgart FamRZ 1988, 759; OLG Hamburg FamRZ 1990, 1140; OLG Hamm FamRZ 1995, 1008 und FamRZ 1996, 1021). Dieses schließt allerdings eine entsprechende Anwendung des § 1360a Abs. 4 BGB für den Verwandtenunterhalt nicht aus, wie es für minderjährige Kinder nunmehr übereinstimmender Auffassung entspricht. Die Beschränkung des Prozesskostenvorschusses auf den Trennungsunterhalt (in Abgrenzung zum nachehelichen Ehegattenunterhalt) beruht auf der besonderen Verantwortung füreinander, die während der Trennungszeit aufgrund der ehelichen Verantwortung fortbesteht (BGH a.a.O.). Eine diesem Gesetzeszweck vergleichbare Lage ist zweifelsfrei bei minderjährigen Kindern gegeben, aber nicht auf diese beschränkt. So ändert sich der Unterhaltsanspruch mit Eintritt der Volljährigkeit nicht grundlegend sondern bleibt mit dem früheren Anspruch identisch (BGH FamRZ 1983, 582). Auch die gesteigerte Unterhaltspflicht der Eltern entfällt nicht zwingend mit dem Eintritt der Volljährigkeit (§ 1603 Abs. 2 S. 1 BGB) sondern gilt nach § 1603 Abs. 2 S. 2 BGB bis zum Wegfall der Voraussetzungen eines privilegierten Volljährigen fort. Der Eintritt der Volljährigkeit, kann deswegen auch für den Anspruch auf Zahlung eines Prozesskostenvorschusses nicht das entscheidende Kriterium sein. Wegen der vergleichbaren Interessenlage wird volljährigen Kindern deswegen überwiegend ein Prozesskostenvorschuss zugesprochen, wenn sie noch keine selbstständige Lebensstellung erreicht haben (KG KGR 2002, 184; OLG Bremen OLGR 2001, 321; OLG Köln FamRZ 2000, 757; OLG Hamm FamRZ 2000, 255; OLG Braunschweig OLGR 1999, 307; OLG Nürnberg FamRZ 1996, 814; OLG Zweibrücken FamRZ 1996, 891; OLG Celle OLGR 1994, 223; Wendl/Scholz § 6 Rn. 24; Kalthoener/Büttner Rn. 378 f.). Für die Kosten eines Scheidungsverfahrens ihrer Kinder haften die Eltern also nicht, weil dem stets eine eigene Lebensstellung vorausgegangen ist. Entsprechend steht auch den Eltern gegen ihre Kinder kein Anspruch auf Prozesskostenvorschuss zu (OLG München FamRZ 1993, 821).

108 Auf geschiedene Ehegatten ist die Vorschusspflicht nach den §§ 1360a Abs. 4, 1361 Abs. 4 S. 4 BGB hingegen nicht entsprechend anwendbar. Die gesetzliche Regelung ist insoweit vielmehr abschließend (BGH FamRZ 1964, 197), sodass die Vorschusspflicht mit Rechtskraft der Ehescheidung endet. Da der Prozesskostenvorschuss weder Teil des gesamten

Unterhaltsbedarfs nach den ehelichen Lebensverhältnissen noch Sonderbedarf (BGHZ 89, 33 = FamRZ 1984, 148) ist, lässt sich ein nachehelicher Anspruch auf Prozesskostenvorschuss auch nicht aus § 1578 Abs. 1 S. 4 BGB herleiten. Auch bei nichtehelichen Lebensgemeinschaften scheidet eine Prozesskostenvorschusspflicht aus, zumal § 1613 l BGB einen solchen Anspruch nicht vorsieht (Schwab/Borth IV 68; Kalthoener/ Büttner Rn. 375; a.A. OLG München OLGR 2002, 67; OLG Koblenz FamRZ 1987, 612).

1.2.2.3 Anspruchsvoraussetzungen

109 Ein Prozesskostenvorschuss wird nur geschuldet, wenn der Rechtsstreit eine persönliche Angelegenheit betrifft, hinreichende Aussicht auf Erfolg hat und die Vorschussleistung der Billigkeit entspricht.

1.2.2.3.1 Persönliche Angelegenheit

110 Der Rechtsstreit, für den der Prozesskostenvorschuss verlangt wird, muss eine persönliche Angelegenheit des Bedürftigen betreffen (BGH FamRZ 2001, 1363). Eine allgemein anerkannte Definition dieses unbestimmten Rechtsbegriffs ist noch nicht ersichtlich (siehe Knops/Knops FamRZ 1997, 209). Der BGH verlangt eine genügend enge Bindung zur Person des Vorschussberechtigten (BGHZ 31, 384 = FamRZ 1960, 130), wobei die Unterscheidung zwischen vermögensrechtlichen und nicht vermögensrechtlichen Ansprüchen nicht zur Abgrenzung geeignet ist. Umfasst sind damit Rechtsstreitigkeiten, bei denen eine Verbindung zu der Person besteht, ohne dass die Angelegenheit lebenswichtig sein muss. Erfasst sind damit jedenfalls familienrechtliche Streitigkeiten und vermögensrechtliche Ansprüche mit personenbezogener Funktion wie z.B. bei Unterhalt oder Schmerzensgeld (Johannsen/Henrich/Büttner § 1361 BGB Rn. 127). Die Vorschusspflicht beschränkt sich allerdings nicht auf Rechtsstreitigkeiten mit einem Dritten sondern kann auch für einen Prozess gegen den Vorschusspflichtigen selbst bestehen (BGHZ 41, 104, 111 = FamRZ 1964, 197, 199). Da die allgemeinen Definitionen wenig aussagekräftig sind, bietet sich eine Abgrenzung nach Fallgruppen an (vgl. insoweit Wendl/Scholz § 6, Rn. 28; Schwab/Borth IV Rn. 70ff.). Um persönliche Angelegenheiten handelt es sich jedenfalls in folgenden Fällen:

– Ehesachen einschließlich der Folgesachen nach § 621 ZPO, insbesondere der Unterhaltssachen (BGH FamRZ 1960, 130)

– Ansprüche aus der ehelichen Lebensgemeinschaft, insbesondere auf Vermögensauseinandersetzung zwischen Eheleuten, einschließlich des Auskunftsanspruches (BGH a.a.O.)

Einstweilige Anordnung

- Insolvenzverfahren mit dem Ziel der Restschuldbefreiung, wenn die Insolvenz nicht vorwiegend auf vorehelichen Schulden beruht (BGH FamRZ 2003, 1651)
- Vormundschafts-, Pflegschafts-, Betreuungs- und Unterbringungssachen (Palandt/Brudermüller § 1360 a Rn. 14)
- Statusverfahren, einschließlich der Verfahren auf Feststellung der Vaterschaft und Anfechtung der Ehelichkeit (OLG Hamburg FamRZ 1996, 224; OLG Karlsruhe FamRZ 1996, 872)
- Ansprüche auf Ersatz eines Körperschadens einschließlich Schmerzensgeld (LG Koblenz FamRZ 2000, 761; OLG Köln FamRZ 1994, 1109) und auf Schadensersatz nach §§ 844 Abs. 2 BGB, 10 Abs. 2 StVG)
- Strafverfahren, die in § 1360 a Abs. 4 S. 2 BGB ausdrücklich genannt sind
- Rechtsstreitigkeiten, die das Persönlichkeitsrecht betreffen (BGH FamRZ 1960, 130)
- Ansprüche auf Ausbildungsförderung nach dem BAFöG, nicht dagegen Ansprüche auf Rückforderung zu Unrecht bezogener Fördermittel (OVG Hamburg FamRZ 1991, 960)
- Kündigungsschutzprozesse, nicht hingegen Prozesse über die Höhe des Arbeitslohns (LAG Berlin MDR 1982, 436; siehe aber LAG Düsseldorf JurBüro 1986, 1415)
- Sozialgerichtsverfahren über die Zahlung einer Berufsunfähigkeits-, Erwerbsunfähigkeits- oder Altersrente (BSG NJW 1960, 502; 1970, 352)
- Rechtsstreitigkeiten über die Gewährung von Sozialhilfe (OVG Münster JurBüro 1992, 185)
- Anfechtung von Ausweisungs- und Abschiebungsverfügungen der Ausländerbehörde (HessVGH EzFamR § 1360 a BGB Nr. 9)
- Prozesse, in denen vor den Verwaltungsgerichten das Nichtbestehen der ersten Staatsprüfung, z.B. für das Lehramt, angefochten wird (OVG Münster FamRZ 2000, 21)

Wegen des weitreichenden Umfangs des Begriffs der persönlichen Angelegenheit bietet es sich an, diesen negativ abzugrenzen. Persönliche Angelegenheiten sind danach nicht Verfahren, die nur dem allgemeinen wirtschaftlichen Interesse dienen, also z.B. nicht die Geltendmachung erbrechtlicher Ansprüche (OLG Köln FamRZ 1979, 178; OLG Köln NJW-RR 1989, 967; MünchKommBGB/Wacke § 1360 a Rn. 28), gesellschaftsrechtlicher Ansprüche (BGHZ 41, 105, 112 = FamRZ 1964, 197, 198), sonstiger Ansprüche nicht persönlicher Natur (OLG Frankfurt

111

FamRZ 2001, 1148; OLG Köln OLGR 1999, 317); der Anspruch auf Mithaftung gegenüber Dritten (OLG Düsseldorf FamRZ 1984, 388) sowie Ansprüche auf Provisionszahlungen (LG Darmstadt FamRZ 1958, 331).

1.2.2.3.2 Hinreichende Erfolgsaussicht

112 Ein Prozesskostenvorschuss wird nur geschuldet, wenn die beabsichtigte Rechtsverfolgung hinreichende Aussicht auf Erfolg hat und nicht mutwillig ist. Hier gelten dieselben Voraussetzungen wie nach § 114 ZPO für die Bewilligung von Prozesskostenhilfe (BGH FamRZ 2001, 1363; Wendl/Scholz § 6 Rn. 29; Schwab/Borth IV Rn. 80; Palandt/Brudermüller § 1360a Rn. 15; MünchKommBGB/Wacke § 1360a Rn. 25). Es würde der Billigkeit widersprechen, wenn der Unterhaltspflichtige auch für solche Prozesse vorschusspflichtig wäre, die von vornherein keine hinreichende Aussicht auf Erfolg haben und die deswegen auch nicht durch die Prozesskostenhilfe als sozialstaatliche Leistung gefördert werden. Der Gleichlauf zur hinreichenden Erfolgsaussicht nach § 114 ZPO ist auch deswegen geboten, weil nur so das nach der Rechtsprechung des Bundesgerichtshofs gebotene Ineinandergreifen des Anspruchs auf Prozesskostenvorschuss als einsetzbares Vermögen i. S. von § 115 ZPO sichergestellt ist (vgl. Rn. 114).

1.2.2.3.3 Billigkeit

113 Die Verpflichtung zur Zahlung eines Prozesskostenvorschusses besteht nur, soweit dieses der Billigkeit entspricht. Dabei sind insbesondere die persönlichen Beziehungen und die wirtschaftlichen Verhältnisse der Parteien zu berücksichtigen (OLG Köln NJW-RR 2002, 1585). Der materiellrechtliche Anspruch auf Prozesskostenvorschuss setzt einerseits voraus, dass der Berechtigte nicht in der Lage ist, die Prozesskosten selbst zu tragen. Dieses folgt aus dem allgemeinen unterhaltsrechtlichen Grundsatz, wonach der Berechtigte zunächst selbst für seinen Bedarf aufkommen muss. Schon während der Trennungszeit kann deswegen in den Grenzen des § 1578 Abs. 3 BGB eine Obliegenheit zur Verwertung des eigenen Vermögensstammes bestehen (BGH FamRZ 1985, 360, 361), die über die unterhaltsrechtliche Verpflichtung hinausgeht (OLG Zweibrücken FamRZ 1999, 1149; OLG Köln FamRZ 1984, 1256; OLG München FamRZ 1976, 696; OLG Celle MDR 1967, 402). Der Anspruch entfällt deswegen, wenn sich die persönlichen Verhältnisse des Berechtigten wesentlich verbessert haben (OLG Nürnberg EzFamR aktuell 2003, 295).

114 Außerdem muss es der Billigkeit entsprechen, den Unterhaltsschuldner mit den Prozesskosten zu belasten. Dieses ist nicht der Fall, wenn der Unterhaltsschuldner nicht leistungsfähig ist. Dabei ist nach überwiegender Auffassung im Rahmen des in den §§ 1360 a Abs. 4, 1361 Abs. 4 S. 2 BGB unmittelbar geregelten Anspruchs gegenüber dem (getrennt lebenden) Ehegatten auf den angemessenen Selbstbehalt nach den §§ 1581 S. 1, 1603 Abs. 1 BGB abzustellen (OLG Köln FamRZ 1999, 792; OLG Zweibrücken JurBüro 1987, 448; OLG Koblenz FamRZ 1986, 284). Fraglich ist, ob dieses auch für Eltern gegenüber dem Anspruch minderjähriger Kinder auf Prozesskostenvorschuss gilt. Zwar ist auch dieser Anspruch nur im Rahmen der Billigkeit geschuldet. Dabei ist aber die gesteigerte Unterhaltspflicht der Eltern gegenüber ihren minderjährigen und denen gleichgestellten Kindern nach § 1603 Abs. 2 BGB zu berücksichtigen. Wegen dieser gesteigerte Unterhaltspflicht wird den Eltern im Mangelfall (vgl. insoweit BGH FamRZ 2003, 363) auch sonst nur der notwendige (und nicht der angemessene) Selbstbehalt belassen. Nichts anderes kann dann für den Anspruch auf Prozesskostenvorschuss gelten, der ebenfalls unterhaltsrechtlicher Natur ist. Entsprechend hat nunmehr auch der BGH entschieden, dass der Anspruch des Kindes nur dann entfällt, wenn der unterhaltspflichtige Elternteil nach Abzug der vorrangigen Verpflichtungen auf Elementarunterhalt unter Wahrung des notwendigen Selbstbehalts nicht zur Leistung eines Prozesskostenvorschusses in der Lage ist (BGH FamRZ 2004, 1633; vgl. auch BGHZ 110, 247, 249).

In Rechtsprechung und Literatur ist weiter streitig, ob ein Prozesskostenvorschusses auch dann geschuldet ist, wenn der Vorschusspflichtige den gesamten Betrag zwar nicht in einer Summe aber in Raten zahlen kann und ihm deswegen selbst Prozesskostenhilfe gegen Ratenzahlung zu bewilligen wäre. Teilweise wird es als unbillig angesehen, den Unterhaltspflichtigen zur Zahlung eines Prozesskostenvorschusses in Raten zu verpflichten. Eine Verpflichtung zur Zahlung eines Prozesskostenvorschusses in Raten, um gleichzeitig dem Unterhaltsberechtigten Prozesskostenhilfe gegen Raten in Höhe der erhaltenen Prozesskostenvorschussraten zu bewilligen, sei vielmehr verfehlt (OLG Brandenburg FamRZ 2002, 1414; OLG Naumburg FamRZ 2000, 1095; OLG Oldenburg FamRZ 1999, 1148; OLG Celle NdsRpfl 1995, 47; OLG München FamRZ 1993, 714; OLG Karlsruhe FamRZ 1992, 77; Wendl/Scholz a.a.O., Rn. 27; Gerhardt/Oelkers Kap. 16 Rn. 21 f.). Nach inzwischen überwiegender Auffassung ist bei eingeschränkter Leistungsfähigkeit des unterhaltspflichtigen Elternteils jedoch zu prüfen, ob er den Vorschuss ohne Gefährdung des eigenen Selbstbehalts in Raten leisten kann. Ist dieses der Fall, entfällt die Vorschusspflicht nicht vollständig (OLG Köln FamRZ 2003, 102; OLG Dresden FamRZ 2002, 1412; OLG Celle JurBüro 2002, 540; OLG Nürnberg FamRZ 2001, 233; OLG München

OLGR 1999, 321; OLG Zweibrücken FamRZ 1997, 757; OLG Bamberg JurBüro 1994, 45; OLG Koblenz FamRZ 1991, 346; KG FamRZ 1990, 183; Schwab/Borth IV Rn. 78; Johannsen/Henrich/Thalmann § 115 ZPO Rn. 67; Scholz/Stein/Kühner Teil K Rn. 124).

Der zuletzt genannten Auffassung hat sich jetzt der BGH angeschlossen (BGH FamRZ 2004, 1633). Denn nach seiner ständigen Rechtsprechung ist der Anspruch auf Prozesskostenvorschuss unterhaltsrechtlicher Natur (BGHZ 56, 92, 94; BGHZ 89, 33, 38 f.; BGHZ 110, 247, 248). Nach diesen unterhaltsrechtlichen Grundsätzen schuldet ein Elternteil nur dann keinen Prozesskostenvorschuss an sein minderjähriges Kind, wenn dadurch sein notwendiger Selbstbehalt verletzt würde (vgl. BGHZ 110, 247, 249). Ist der Elternteil hingegen in der Lage, ohne Verletzung seines Eigenbedarfs Raten auf den Prozesskostenvorschuss zu leisten, steht eine mangelnde Leistungsfähigkeit dem Anspruch nicht entgegen. Die unterhaltsrechtliche Natur und der Vergleich mit den wiederkehrenden monatlichen Unterhaltsleistungen sprechen sogar ausdrücklich für eine Vorschusspflicht auch in Form von Ratenzahlungen. Dem steht nicht entgegen, dass ein vorschussberechtigtes Kind seinerseits gegenüber seinem Prozessbevollmächtigten und der Staatskasse in vollem Umfang vorschusspflichtig ist. Denn diese Vorschusspflicht entfällt gerade, wenn ihm – sei es auch nur gegen Raten – Prozesskostenhilfe bewilligt wird (a.A. Gerhardt/Oelkers a.a.O. 16. Kap. Rn. 22 m.w.N.). Maßgeblich bleibt deswegen die Überlegung, dass der Prozesskostenvorschuss unterhaltsrechtlich zu beurteilen ist und eine Form des Sonderbedarfs darstellt (vgl. dazu Kalthoener/Büttner/Worbel-Sachs Rn. 371 ff.). Wenn also der unterhaltspflichtige Elternteil für ein von ihm selbst zu führendes Gerichtsverfahren Prozesskostenhilfe nur unter Anordnung von Raten erhalten würde und er weiterhin über ein den notwendigen Selbstbehalt deutlich übersteigendes Einkommen verfügt, das ihn unterhaltsrechtlich in die Lage versetzt, den Sonderbedarf Prozesskostenvorschuss zumindest in diesen Raten aufzubringen, erscheint es nicht gerechtfertigt, das prozessführende Kind von jeder Ratenzahlungspflicht freizustellen, obwohl es unterhaltsrechtlich über Vermögen in Form eines Anspruchs auf Prozesskostenvorschuss gegen einen Elternteil verfügt (OLG Köln FamRZ 2003, 102). Aus Gründen der Billigkeit ist lediglich eine weitergehende Ratenzahlungsbelastung, als sie nach § 115 Abs. 1 ZPO für den Vorschusspflichtigen selbst in Betracht käme, ausgeschlossen. Denn es würde dem unterhaltsrechtlichen Maßstab der Billigkeit widersprechen, wenn der Unterhaltspflichtige in stärkerem Maße in Anspruch genommen würde, als dieses bei eigener Prozessführung der Fall wäre (OLG Dresden FamRZ 2002, 1412). Mit den Raten auf seinen Anspruch auf Prozesskostenvorschuss erlangt

Einstweilige Anordnung

das unterhaltsberechtigte Kind Vermögen im Sinne von § 115 ZPO, das es für die Prozesskosten einsetzen muss (OLG München FamRZ 1996, 1021). Im Umfang der Raten auf den geschuldeten Prozesskostenvorschuss sind ihm deswegen Ratenzahlungen im Rahmen der zu bewilligenden Prozesskostenhilfe aufzuerlegen. Dabei ist es der Berechnung nach § 115 ZPO wegen der dort zu berücksichtigenden Freibeträge regelmäßig systemimmanent, dass auch der notwendige Selbstbehalt gewahrt bleibt. Eine zusätzliche unterhaltsrechtliche Kontrollberechnung ist deswegen nur in ganz besonders gelagerten Ausnahmefällen notwendig (BGH FamRZ 2004, 1633).

Schließlich wird die Billigkeitsentscheidung auch von den persönlichen Beziehungen der Parteien beeinflusst. So kann es unbillig sein, den zweiten Ehegatten mit Kosten eines Rechtsstreits zu belasten, in dem um vermögensrechtliche Ansprüche gegen einen früheren Ehegatten gestritten wird (str., vgl. Wendl/Scholz § 6 Rn. 30 m.w.N.). Unbillig ist auch die Inanspruchnahme des Scheinvaters (§ 1592 Nr. 1 BGB) im Ehelichkeitsanfechtungsverfahren nach § 1599 Abs. 1, 1600 ff. BGB, wenn einiges dafür spricht, dass die Anfechtung begründet ist. Zwar besteht die Unterhaltspflicht in diesen Fällen bis zur rechtskräftigen Feststellung der Nichtehelichkeit fort. Trotz fortbestehender Unterhaltspflicht wäre es aber unbillig, den Scheinvater auch noch mit den Kosten eines erfolgreichen Anfechtungsprozesses zu belasten, zumal ein Rückgriff auf den rechtskräftig festgestellten Vater häufig nicht realisierbar ist (OLG Koblenz FamRZ 1999, 241; OLG Hamburg 1996, 224; a.A. OLG Karlsruhe FamRZ 1996, 872 mit kritischer Anm. Gottwald).

115

1.2.2.4 Wegfall des Anspruchs

Solange der Rechtsstreit noch nicht abgeschlossen ist, besteht der Anspruch auf Zahlung eines Prozesskostenvorschusses fort, auch wenn die notwendige anwaltliche Tätigkeit, die der Vorschuss erst ermöglichen soll, bereits erbracht wurde (BGHZ 94, 316 = FamRZ 1985, 802; OLG Nürnberg EzFamR aktuell 2003, 295; OLG Zweibrücken OLGR 2002, 179). Da mit dem Anspruch lediglich ein Vorschuss auf die zu erwartenden Prozesskosten begehrt werden kann, entfällt er allerdings mit Beendigung des Rechtsstreits. Dem Unterhaltsberechtigten steht jedoch ein Schadensersatzanspruch in Höhe des Prozesskostenvorschusses zu, wenn er den Unterhaltsschuldner vor Beendigung des Prozesses oder der entsprechenden Instanz in Verzug gesetzt hatte (OLG Köln FamRZ 1991, 842).

116

Der Anspruch auf Zahlung eines Prozesskostenvorschusses entfällt auch dann, wenn ein Scheidungsverbundurteil nur hinsichtlich der Folge-

117

sachen angefochten und der Scheidungsausspruch während des Berufungs- oder Beschwerdeverfahrens rechtskräftig wird (OLG München FamRZ 1997, 1542; a. A. OLG Nürnberg FamRZ 1990, 421). Hat der Anspruchsberechtigte den Prozesskostenvorschuss allerdings vor Rechtskraft der Ehescheidung beantragt, ist darüber auch noch nach Rechtskraft der Ehescheidung zu entscheiden. Hatte der bedürftige Ehegatte den anderen im Zeitpunkt der Rechtskraft der Ehescheidung zwar in Verzug gesetzt, aber noch keine einstweilige Anordnung auf Prozesskostenvorschuss beantragt, steht ihm allenfalls ein Anspruch auf Schadensersatz nach §§ 286, 287 S. 2 BGB zu, der aber nicht Gegenstand einer einstweiligen Anordnung sein kann (vgl. Wendl/Scholz, § 6 Rn. 22 m.w.N.).

1.2.2.5 Umfang des Anspruchs

118 Die Vorschusspflicht umfasst alle zur sachdienlichen Prozessführung erforderlichen Aufwendungen, also im wesentlichen die dem Gericht und den Prozessbevollmächtigten bereits geschuldeten Gebühren, einschließlich derjenigen, die zur Erlangung des Kostenvorschusses erforderlich sind (BGH FamRZ 1981, 759, 760; OLG Zweibrücken OLGR 2002, 179). In bürgerlichen Rechtsstreitigkeiten werden nach Nr. 1210 des Kostenverzeichnisses zu § 3 Abs. 2 GKG vor der Zustellung drei Gerichtsgebühren geschuldet. Im Verbundverfahren schuldet der Antragsteller dagegen nach Nr. 1310 des Kostenverzeichnisses nur einen Vorschuss von zwei Gerichtsgebühren. Den Prozessbevollmächtigten steht nach § 9 RVG ein angemessener Vorschuss und somit ein Anspruch auf die voraussichtlich entstehenden Gebühren und Auslagen einschließlich der Mehrwertsteuer zu. Dabei handelt es sich jedenfalls um die Verfahrens- und die Terminsgebühr, die sich nach Nr. 3100 und 3104 des Vergütungsverzeichnisses zu § 2 Abs. 2 RVG auf 1,3 bzw. 1,2 Gebühren belaufen. Für das Berufungsverfahren entstehen nach Nr. 3200 und 3202 des Vergütungsverzeichnisses 1,6 Verfahrensgebühren und ebenfalls 1,2 Terminsgebühren. Eine Beweisgebühr ist in dem ab dem 1. Juli 2004 geltenden neuen Recht nicht mehr vorgesehen.

119 Nach dem Wortlaut des § 1360a Abs. 4 BGB ist die Vorschusspflicht auf die „Kosten eines Rechtsstreits" und somit auf gerichtliche Verfahren beschränkt (so OLG München FamRZ 1990, 312; Palandt/Brudermüller § 1360a Rn. 17). Die unterhaltsrechtliche Natur des Anspruchs legt es aber nahe, diesen auch auf sachdienliche Kosten außergerichtlicher Rechtsberatung zu erstrecken, die nunmehr ausdrücklich in Nr. 2100 des Vergütungsverzeichnisses zu § 2 Abs. 2 RVG geregelt sind. Dafür spricht, dass die vorgerichtlichen Gebühren des Rechtsanwalts auf die gericht-

lichen Gebühren in derselben Angelegenheit angerechnet werden. Beratungshilfe ist deswegen – wie Prozesskostenhilfe – zu versagen, wenn ein Anspruch auf Prozesskostenvorschuss besteht (Schwab/Borth IV Rn. 85 m.w.N.; Kleinwegener FamRZ 1992, 755).

1.2.2.6 Rückforderung

Aus der einstweiligen Anordnung zur Zahlung eines Prozesskostenvorschusses kann auch nach Beendigung des Prozesses und ungeachtet einer eventuell abweichenden Kostenentscheidung die Zwangsvollstreckung betrieben werden (BGH NJW 1985, 2263), weil die Forderung den begründeten Vorschussanspruch und nicht den endgültigen Anspruch auf Zahlung der Prozesskosten betrifft. Aus dem gleichen Grund ist gegen den Anspruch auf Prozesskostenvorschuss auch keine Aufrechnung mit dem Anspruch auf Kostenerstattung statthaft (BGHZ 56, 92; BGHZ 94, 316).

120

Der Prozesskostenvorschuss kann grundsätzlich nicht zurückgefordert werden. Allein der Umstand, dass der Antrag des Vorschussberechtigten erfolglos geblieben ist und ihm deswegen die Kosten des Anordnungsverfahrens auferlegt wurden, kann eine Rückzahlungsverpflichtung nicht begründen. Denn da der Anspruch auf einen Prozesskostenvorschuss erst die entsprechende Klage ermöglichen soll und deswegen lediglich hinreichende Aussicht auf Erfolg verlangt, kann dieser nicht durch die endgültige Kostenentscheidung wieder entfallen. Die Kostenentscheidung in der Hauptsache ist deswegen auch nicht als anderweitige Regelung im Sinne des § 620f Abs. 1 S. 1 ZPO, welche die einstweilige Anordnung außer Kraft setzen würde, anzusehen (Johannsen/Henrich/Sedemund-Treiber § 127a ZPO Rn. 19 m.w.N.). Über die Rückzahlung des Prozesskostenvorschusses kann somit auch nicht im Kostenfestsetzungsverfahren nach Abschluss der Hauptsache entschieden werden (OLG Düsseldorf FamRZ 1996, 1409).

Ein Rückzahlungsanspruch ist nur dann begründet, wenn sich die wirtschaftlichen Verhältnisse des vorschussberechtigten Ehegatten wesentlich geändert haben oder dieses aus sonstigen Gründen der Billigkeit entspricht, insbesondere weil keine Vorschusspflicht bestand (BGH NJW 1971, 1262; 1985, 2263; 1990, 491; Johannsen/Henrich/Sedemund-Treiber § 127a ZPO Rn. 19; Kalthoener/Büttner Rn. 373). Das kann dann der Fall sein, wenn sich nachträglich herausstellt, dass die Voraussetzungen für den Prozesskostenvorschuss von Beginn an nicht vorlagen (BGH FamRZ 1990, 491) oder wenn der berechtigte Ehegatte nach Erlass der einstweiligen Anordnung erhebliche finanzielle Mittel erhält, welche die

Zahlung eines Prozesskostenvorschusses nachträglich als unbillig darstellen. Da es sich bei dem Rückzahlungsanspruch um einen solchen eigener Art handelt, der nicht aus § 812 ff. BGB folgt, sind auch die §§ 814, 818 Abs. 3 BGB nicht entsprechend anwendbar (BGH FamRZ 1990, 491). In diesen Fällen kann der Anspruch auf Rückzahlung im Wege der Klage geltend gemacht werden. Ist der Vorschuss noch nicht gezahlt, bleibt auch die negative Feststellungsklage dahin, dass die Vorschusspflicht nicht besteht, zulässig (OLG Hamm FamRZ 1999, 728; KG FamRZ 1988, 167; OLG Düsseldorf FamRZ 1981, 295, 296; OLG Frankfurt FamRZ 1981, 65; OLG Zweibrücken FamRZ 1980, 1041.)

121 Ob ein gezahlter Prozesskostenvorschuss im Kostenfestsetzungsverfahren als (vorweggenommene) Erfüllung behandelt werden kann, ist umstritten. Dabei kommt es entscheidend darauf an, wie die Kostenentscheidung in der Hauptsache ausgefallen ist.

War die Klage in der Hauptsache erfolgreich und sind dem Vorschusspflichtigen auch die Kosten des Rechtsstreits in der Hauptsache auferlegt worden, kann der Vorschuss in voller Höhe auf den Kostenerstattungsanspruch des Empfängers angerechnet werden (Koblenz FamRZ 1996, 887; OLG München FamRZ 1994, 1605, 1606; OLG Karlsruhe 1986, 376, 377; OLG Celle FamRZ 1985, 731). Denn der Empfänger des Vorschusses kann dann keine weitergehende Kostenerstattung verlangen und soll durch die Leistung des Vorschusses auch keinen Gewinn erzielen. War der Vorschuss zur Höhe nicht ausreichend, muss der Gläubiger ohnehin ergänzend gegen den Kostenschuldner vorgehen.

Wurde die Klage in der Hauptsache hingegen abgewiesen, steht der Prozesskostenvorschuss gleichwohl dem Kläger als Empfänger des Vorschusses zu, weil er gezahlt wurde, um ihm überhaupt erst den Rechtsstreit zu ermöglichen (vgl. Rn 120). Nur soweit der Vorschuss die eigenen Kosten übersteigt, ist er mit dem Kostenerstattungsanspruch des Gegners zu verrechnen (Johannsen/Henrich/Sedemund-Treiber § 127a ZPO Rn. 11 m.w.N.).

Sehr streitig ist aber, wie verfahren werden soll, wenn es in der Hauptsache zu einer Kostenquotelung gekommen ist und deswegen der Vorschussempfänger auch einen Teil der Kosten des Gegners zu tragen hat. Teilweise wird für diesen Fall eine Verrechnung des Vorschusses von vornherein abgelehnt, weil dem Vorschussberechtigten dann nicht der volle Vorschuss verbleibt, der ihm den Prozess ermöglichen sollte (OLG Oldenburg FamRZ 1998, 445; OLG Düsseldorf FamRZ 1996, 1409, 1410; KG JurBüro 1981, 446; OLG Hamburg MDR 1973, 51). Nach einer anderen Auffassung soll der Vorschuss auch hier voll auf den Erstattungs-

Einstweilige Anordnung

anspruch angerechnet werden, mit der Folge, dass diese Verrechnung den Erstattungsanspruch des Vorschussempfängers voll aufzehren kann und der Vorschussempfänger im Gegenzug seinen Kostenanteil am Verfahren selbst zu tragen hat (OLG München FamRZ 1994, 1605, 1606; OLG Stuttgart FamRZ 1992, 1460 f.; 1987, 968; Zöller/Philippi § 621f Rn. 20; Zöller/Herget § 104 Rn. 21 Prozesskostenvorschuss). Beide Auffassungen überzeugen allerdings nicht, weil der Verpflichtete den Vorschuss nicht auf die spätere Kostenerstattung zahlt, sondern als Unterhalt schuldet, damit der Berechtigte den Prozess führen kann. Der Prozesskostenvorschuss deckt somit auch die Kosten ab, die der Berechtigte anderweitig nicht erstattet bekommt und die deswegen nicht vom Kostenerstattungsanspruch erfasst werden (OLG Karlsruhe JurBüro 1981, 1575). Dieses beinhaltet keine nachträgliche Erhöhung des geschuldeten Vorschusses, sondern trägt dem Umstand Rechnung, dass sich eine Rückzahlung des geleisteten Prozesskostenvorschusses vorrangig nach materiellem Unterhaltsrecht und nicht nach formellem Kostenrecht richtet (Stein/Jonas/Bork § 104 Rn. 19 a). Eine Anrechnung des geleisteten Prozesskostenvorschusses kann deswegen nur insoweit erfolgen, als dieser gemeinsam mit dem Kostenerstattungsanspruch des Berechtigten die diesem entstandenen Kosten übersteigen. Der Prozesskostenvorschuss ist deswegen zunächst mit den Kosten zu verrechnen, die dem Vorschussempfänger im gesamten Verfahren entstanden sind; nur ein verbleibender Überschuss ist sodann zugunsten des Vorschusspflichtigen von dem Kostenerstattungsanspruch gegen ihn abzuziehen. Nur so lässt sich das gewünschte Ziel erreichen, dass die dem Berechtigten entstandenen Kosten voll abgedeckt bleiben, er jedoch keinen zusätzlichen Gewinn aus dem Prozess zieht (so auch OLG Nürnberg FuR 2002, 287 und FamRZ 1999, 1217; OLG Hamm FamRZ 1999, 728; OLG Bamberg FamRZ 1999, 724 und 1997, 1417; OLG Frankfurt FamRZ 1991, 976, 977; KG FamRZ 1987, 1064, 1065; OLG Karlsruhe FamRZ 1986, 376, 377; Johannsen/Henrich/Sedemund-Treiber § 127 a ZPO Rn. 11).

1.2.2.7 Einstweilige Anordnung

Der Unterhaltsberechtigte kann den materiell-rechtlich geschuldeten Prozesskostenvorschuss wegen der Eilbedürftigkeit im Wege der einstweiligen Anordnung durchsetzen. § 620 Nr. 9 ZPO ermöglicht eine einstweilige Anordnung zur Leistung eines Kostenvorschusses für die Ehesache und Folgesachen, während § 127a ZPO dieses für selbstständige Unterhaltssachen und § 621f Abs. 1 ZPO gleiches für selbstständige FGG-Familiensachen und für Güterrechtsstreitigkeiten vorsieht. Auf das Verfahren zur Anordnung eines Prozesskostenvorschusses sind die allgemei-

122

nen Vorschriften für den Erlass einer einstweiligen Anordnung anwendbar (§§ 127a Abs. 2, 621 f Abs. 2 ZPO; vgl. Rn. 19 ff.). Eine einstweilige Anordnung auf Zahlung eines Prozesskostenvorschusses ist für die Ehesache und Folgesachen ab Anhängigkeit der Ehesache (§ 620a Abs. 2 S. 1 ZPO) und für die übrigen genannten Verfahren ab Anhängigkeit der Hauptsache zulässig. Ist die Ehesache als Hauptsache bereits in der Berufungsinstanz anhängig, ist dieses Gericht auch für den Erlass der einstweiligen Anordnung zuständig (Rn. 104). Wird die Ehe im Verbundverfahren geschieden und werden nur in Folgesachen Rechtsmittel eingelegt, so ist das Gericht zweiter Instanz nur im Rahmen des im Rechtsmittelverfahren anhängigen Verfahrensgegenstandes (vgl. Rn. 21) für den Erlass einer einstweilige Anordnung auf Zahlung eines Kostenvorschusses zuständig (BGH FamRZ 1981, 759).

123 Eine einstweilige Anordnung auf Prozesskostenvorschuss ist auch schon im Rahmen einer (isolierten) Auskunftsklage auf Unterhalt zulässig (OLG Zweibrücken FamRZ 1998, 490). Ein Auskunftsanspruch nach den §§ 1605, 1361 Abs. 4 S. 4, 1580 BGB dient seinem Wesen nach der Vorbereitung des Unterhaltsanspruchs und ist deswegen selbst bereits als ein Anspruch vermögensrechtlicher Art anzusehen. Dass der Unterhaltsanspruch noch nicht zugleich gerichtlich geltend gemacht wird, ist dem gegenüber rechtlich bedeutungslos (BGH FamRZ 1982, 787). Schon der Auskunftsantrag bezieht sich somit auf eine Unterhaltssache im Sinne des § 127a ZPO. Diese Auffassung entspricht der Neuregelung des § 1613 Abs. 1 BGB, wonach auch Unterhaltsrückstände bereits ab Rechtshängigkeit einer Auskunftsklage begehrt werden können.

124 Das Rechtsschutzinteresse für einen Anordnungsantrag auf Zahlung eines Prozesskostenvorschusses ist nicht deswegen ausgeschlossen, weil der Berechtigte daneben den Anspruch auf Zahlung eines Prozesskostenvorschusses auch durch Klage in der Hauptsache verfolgen und damit sogar einen der materiellen Rechtskraft fähigen Titel erwirken kann (OLG Hamm FamRZ 1978, 816). Mit dem Anordnungsverfahren erhält der Unterhaltsberechtigte nach dem Willen des Gesetzgebers gerade eine weniger schwerfällige und weniger langwierige Verfahrensmöglichkeit als die Klage auf Durchsetzung des Unterhaltsvorschusses (vgl. BT-Drucksache 7/4361 S. 62). Wenn die ausdrücklich geschaffene Möglichkeit der einstweiligen Anordnung umgekehrt auch nicht das Rechtsschutzbedürfnis einer Klage auf Zahlung eines Prozesskostenvorschusses entfallen lässt (OLG Hamm FamRZ 1978, 816), bildet sie doch wegen des schneller durchzusetzenden Anspruches den Regelfall der gerichtlichen Durchsetzung eines Prozesskostenvorschusses.

Einstweilige Anordnung

1.2.2.8 Einstweilige Verfügung

Die im Gesetz für die Ehesache und Folgesachen (§ 620 Nr. 9 ZPO), für sonstige Unterhaltssachen (§ 127a Abs. 1 ZPO) und für selbstständige FGG-Familiensachen sowie für Güterrechtsstreitigkeiten (§ 621f Abs. 1 ZPO) bei Anhängigkeit der Hauptsache zugelassenen einstweiligen Anordnungen gehen nach inzwischen einhelliger Auffassung (BGH FamRZ 1979, 472, 473) wegen des weiter gehenden Rechtsschutzes einer einstweiligen Verfügung vor (siehe Rn. 149 ff.). Damit ist eine einstweilige Verfügung über diese Anordnungsgegenstände grundsätzlich unzulässig. *125*

In Rechtsprechung und Literatur ist allerdings umstritten, ob der Vorrang der einstweiligen Anordnung auch dann gilt, wenn weder die Ehesache oder die Hauptsache nach §§ 127a Abs. 1 oder § 620f Abs. 1 ZPO noch ein Antrag auf Prozesskostenhilfe dafür anhängig ist (OLG Hamm FamRZ 2001, 1230 mit Anm. Huber FamRZ 2002, 1541; OLG Karlsruhe FamRZ 2000, 106 jeweils m.w.N.; OLG Düsseldorf FamRZ 1999, 1215; OLG Schleswig SchlHA 1991, 65). Denn nach der gesetzlichen Regelung der §§ 127a Abs. 2, 621f Abs. 2, 620a Abs. 2 S. 1 ZPO sind einstweilige Anordnungen erst ab Anhängigkeit der Hauptsache oder Eingang eines entsprechenden Antrags auf Bewilligung von Prozesskostenhilfe zulässig. Einstweilige Anordnungen sind deswegen jedenfalls dann noch nicht zulässig, wenn auch die Hauptsache noch nicht anhängig gemacht werden kann. Dieses ist z.B. der Fall, wenn das Trennungsjahr nach § 1565 Abs. 2 BGB noch nicht abgelaufen ist, die vorübergehende Fortsetzung der Ehe für den Antragsteller keine unbillige Härte bedeutet und der Scheidungsantrag deswegen als unbegründet abgewiesen werden müsste. *126*

Teilweise wird deswegen die Auffassung vertreten, der Rechtssuchende könne nicht generell und von vornherein darauf verwiesen werden, die Hauptsache anhängig zu machen, um im Eilverfahren einen Prozesskostenvorschuss zu erlangen. Wenn die Hauptsachen noch nicht einmal erfolgversprechend sei, könne die einstweilige Verfügung nicht durch die Möglichkeit einer einstweiligen Anordnung verdrängt werden und bleibe zunächst zulässig. Nur wenn eine einstweilige Anordnung im Rahmen einer erfolgversprechenden Hauptsache zulässig sei, könne sie deswegen die subsidiär zulässige einstweilige Verfügung verdrängen (OLG Düsseldorf FamRZ 1978, 526; OLG Karlsruhe FamRZ 2000, 106 und 1981, 982; MünchKommBGB/Wacke § 1360a Rn. 32; RGRK/Wenz § 1360a Rn. 46; Soergel/Lange § 1360a Rn. 29; zum früheren Recht vgl. BGH FamRZ 1989, 847). Diese Auffassung überzeugt aber deswegen nicht, weil der Gläubiger den Prozesskostenvorschusses ohnehin für die Hauptsache verwenden muss und kein Rechtsschutzbedürfnis dafür ersichtlich ist, diesen schon längere Zeit vor Anhängigkeit der Hauptsache zu erlangen. Hat die

Unterhaltsrecht

Ehesache oder die Hauptsache hinreichende Aussicht auf Erfolg, dann ist es dem Berechtigten auch zumutbar, diese wenigstens zeitgleich anhängig zu machen (OLG Düsseldorf FamRZ 1999, 1215; OLG Schleswig SchlHA 1991, 65; Schwab/Maurer I Rn. 862 m.w.N.; Zöller/Philippi § 620 Rn. 30 und § 621 f Rn. 2; MünchKommZPO/Wax § 127a Rn. 3). Fehlt es an der hinreichenden Erfolgsaussicht, kommt ein Prozesskostenvorschuss schon deswegen noch nicht in Betracht (siehe Rn. 112). Nur soweit sich der Anspruch auf einen Prozesskostenvorschuss gegen einen nicht an der Hauptsache beteiligten Dritten richtet, wird die subsidiär zulässige einstweilige Verfügung nicht durch die Möglichkeit einer einstweiligen Anordnung verdrängt. Denn die einstweilige Anordnung setzt grundsätzlich eine Hauptsache voraus und es bleibt dem Berechtigten unbenommen, statt einer zusätzlichen Klage auf Zahlung eines Prozesskostenvorschusses eine einstweilige Verfügung zu beantragen (vgl. MünchKommZPO/Wax § 127a Rn. 6; Zöller/Philippi § 621 f Rn. 6).

1.2.3 Einstweilige Anordnung im isolierten Unterhaltsverfahren (§ 644 ZPO)

127 Das zum 1. Juli 1998 in Kraft getretene Kindesunterhaltsgesetz hat mit § 644 ZPO die Möglichkeit geschaffen, einstweilige Anordnungen über den Unterhalt auch in allen isolierten Unterhaltsstreitigkeiten vor dem Familiengericht zu erlassen. Voraussetzung ist nach Satz 1, dass der Unterhaltsrechtsstreit anhängig oder ein entsprechender Prozesskostenhilfeantrag eingereicht ist. Für diese Fälle, in denen das Familiengericht ohnehin mit der Frage des Unterhalts befasst ist, bedarf es künftig nicht mehr der zeitlich befristeten und nur auf den Notbedarf gerichteten einstweiligen Verfügung. Damit folgt die Neuregelung den Empfehlungen der Praxis (z.B. des Familiengerichtstags 1995). Für die Durchführung des Verfahrens gelten nach § 644 S. 2 ZPO die §§ 620a bis 620g ZPO entsprechend. In seinem Anwendungsbereich ist die Vorschrift des § 644 ZPO an die Stelle der einstweiligen Verfügung getreten (BT-Drucksache 13/7338 Seite 36; vgl. Rn. 149 ff.). Die Voraussetzungen zum Erlass einer einstweiligen Anordnung entsprechen denen im Ehescheidungsverbund, mit dem Unterschied, dass nicht die Ehesache sondern der isolierte Unterhaltsrechtsstreit die erforderliche Hauptsache bildet. Insbesondere ist auch hier ein Regelungsbedürfnis (siehe Rn. 15 ff.) erforderlich.

1.2.3.1 Regelungsumfang

128 § 644 ZPO verweist auf § 621 Abs. 1 Nr. 4, 5 und 11 ZPO und erfasst damit alle Unterhaltsstreitigkeiten vor dem Familiengericht. Eine einstweilige Anordnung kann damit auch im isolierten Verfahren auf die durch

Einstweilige Anordnung

Verwandtschaft begründete gesetzliche Unterhaltspflicht (§ 621 Abs. 1 Nr. 4 ZPO) ergehen. Damit ermöglicht das Gesetz nunmehr auch eine einstweilige Anordnung über den Unterhalt minderjähriger Kinder vor Anhängigkeit des Scheidungsverfahrens. Gleiches gilt für Ansprüche auf Trennungsunterhalt, die vor Anhängigkeit der Ehesache innerhalb eines isolierten Unterhaltsverfahrens vorab durch einstweilige Anordnung geregelt werden können.

Der Elternteil, in dessen Obhut sich das Kind befindet (§ 1629 Abs. 2 S. 2 BGB), kann während der bestehenden Ehe Unterhaltsansprüche des Kindes gegen den anderen Elternteil nur im eigenen Namen geltend machen (§ 1629 Abs. 3 S. 1 BGB). Eine von ihm erwirkte gerichtliche Entscheidung und ein zwischen den Eltern geschlossener gerichtlicher Vergleich wirken allerdings auch für und gegen das Kind (§ 1629 Abs. 3 S. 2 BGB). Entsprechende Wirkung entfaltet auch eine im Unterhaltsverfahren auf Antrag erlassene einstweilige Anordnung. Diese Wirkung wird im Anordnungstenor am besten dadurch ausgedrückt, dass der Beklagte verpflichtet wird, monatlich Unterhalt „an sein Kind" zu zahlen (OLG Frankfurt FamRZ 1994, 1041; OLG Hamm FamRZ 1990, 1375). Materiell-rechtlich richtet sich der Anspruch minderjähriger Kinder wie der anderer Verwandter in gerader Linie nach den §§ 1601 ff. BGB oder, wenn der Unterhaltsberechtigte seinen gewöhnlichen Aufenthalt im Ausland hat, nach entsprechendem ausländischen Recht (Wendl/Dose § 7 Rn. 9, 36 ff.). Haben die Eltern wirksam bestimmt, dass einem Kind auf andere Weise als durch Geldrente Unterhalt gewährt werden soll (§ 1612 Abs. 2 BGB; vgl. insoweit BGH FamRZ 1996, 798 f.), ist auch für die danach geschuldeten Leistungen eine einstweilige Anordnung nach § 644 ZPO zulässig. Bei Eilbedürftigkeit kann die einstweilige Anordnung somit auch auf Aushändigung wichtiger Unterlagen, wie eines Krankenscheins für das Kind gerichtet sein (OLG Düsseldorf FamRZ 1986, 78).

Einstweilige Anordnungen sind nach § 644 i.V.m. § 621 Abs. 1 Nr. 5 ZPO auch hinsichtlich einer durch Ehe begründeten gesetzlichen Unterhaltspflicht zulässig. Über den Anspruch auf nachehelichen Ehegattenunterhalt ist grundsätzlich nach § 623 Abs. 1 S. 1 ZPO im Verbund mit dem Scheidungsverfahren und somit im Wege der einstweiligen Anordnung nach § 620 Nr. 6 ZPO zu entscheiden. Für dieses Verfahren sind folglich die §§ 620 ff. ZPO unmittelbar anwendbar. § 644 ZPO ergänzt diese Möglichkeit zum Erlass einstweiliger Anordnungen für den Familienunterhalt, den Trennungsunterhalt und den erst nach rechtskräftiger Ehescheidung zu regelnden nachehelichen Ehegattenunterhalt.

129

Unterhaltsrecht

130 Zu den durch Ehe begründeten gesetzliche Unterhaltspflichten zählt auch der Anspruch auf Familienunterhalt nach §§ 1360 f. BGB, insbesondere der Anspruch auf Taschengeld (BGH FamRZ 1998, 608) und der Anspruch auf Wirtschaftsgeld (OLG Celle FamRZ 1999, 162). § 644 ZPO hat außerdem die Möglichkeit geschaffen, eine einstweilige Anordnung schon im isolierten Rechtsstreit auf Trennungsunterhalt (§ 1361 BGB) vor Anhängigkeit der Ehesache zu erlassen (zum Umfang der einstweiligen Anordnung im Scheidungsverbund vgl. Rn. 31). Dieser Unterhaltsanspruch zielt grundsätzlich auf Zahlung einer Geldrente (§ 1361 Abs. 4 BGB). Gleichzeitig kann im Wege der einstweiligen Anordnung auch ein Anspruch auf Vorsorgeunterhalt nach §§ 1361 Abs. 1, S. 2, 1578 Abs. 2 und 3 BGB zugesprochen werden (BVerfG FRES 6, 66; Wendl/Pauling § 4 Rn. 7f.), aber nur wenn dieses ausnahmsweise erforderlich ist, um eine Notlage zu vermeiden (OLG Karlsruhe FamRZ 1980, 1139; OLG Saarbrücken FamRZ 1978, 501; OLG Stuttgart Justiz 1979, 19; Johannsen/Henrich/Sedemund-Treiber § 620 ZPO Rn. 21 m.w.N.). Nach § 1361 Abs. 1 S. 2 BGB steht dem Unterhaltsberechtigten ein Anspruch auf Altersvorsorgeunterhalt wegen des im übrigen durchzuführenden Versorgungsausgleichs allerdings erst ab dem Ende des Monats zu, der dem Eintritt der Rechtshängigkeit des Scheidungsantrages vorausgeht (§ 1587 Abs. 2 BGB; BGH FamRZ 1981, 442). Krankenvorsorgeunterhalt kann ein in der gesetzlichen Krankenversicherung versicherter Unterhaltsberechtigter wegen der Fortgeltung der Familienversicherung erst ab rechtskräftiger Ehescheidung begehren (vgl. Wendl/Pauling § 4 Rn. 8). Zu der durch Ehe begründeten Unterhaltspflicht zählt auch ein durch unvorhersehbare Bedürfnisse entstehender Anspruch auf Sonderbedarf (vgl. BGH FamRZ 1982, 145; Wendl/Scholz § 6 Rn. 1 ff.). Im Falle der Bedürftigkeit kann der Unterhaltsberechtigte somit durch einstweilige Anordnung auch einen Beitrag zu den Umzugskosten verlangen, die das Getrenntleben erst ermöglichen (BGH FamRZ 1983, 29; OLG Karlsruhe NJW-RR 1998, 1226; OLG München FamRZ 1996, 1411).

131 Einstweilige Anordnungen sind nach § 644 in Verbindung mit § 621 Abs. 1 Nr. 11 ZPO auch für Ansprüche infolge der Schwangerschaft nach den §§ 1615 l, 1615 m BGB zulässig. Nach § 1615 l Abs. 1 BGB schuldet der Kindesvater der nicht mit ihm verheirateten Kindesmutter Unterhalt für die Dauer des Mutterschutzes (sechs Wochen vor und acht Wochen nach der Geburt) und Ersatz der durch die Schwangerschaft und die Entbindung entstandenen Kosten. Kann die Kindesmutter infolge der Schwangerschaft keiner Erwerbstätigkeit nachgehen, schuldet der Vater ihr bis zum Ablauf von drei Jahren nach der Geburt Unterhalt (§ 1615 l Abs. 2 BGB). Ob diese Beschränkung im Vergleich zum Unterhaltsan-

spruch nach Ehescheidung aus § 1570 BGB verfassungsrechtlichen Vorgaben genügt, wird voraussichtlich in Kürze obergerichtlich geklärt. Allerdings kann der Anspruch schon nach der gegenwärtigen Rechtslage aus Billigkeitsgründen, insbesondere unter Berücksichtigung der Belange des Kindes, auch länger andauern (§ 1615 l Abs. 2 S. 3 BGB). Der Unterhaltsanspruch einer geschiedenen Ehefrau, die ihr vom früheren Ehemann abstammendes aber mehr als 302 Tage nach rechtskräftiger Scheidung geborenes Kind betreut, richtet sich nicht nach § 1570, 1576 BGB, sondern ebenfalls nach § 1615 l BGB, weil die Geburt die ehelichen Lebensverhältnisse nicht mehr geprägt hat (BGH FamRZ 1998, 426 f.). War die unterhaltsberechtigte Kindesmutter bereits wegen der Betreuung ehelich geborener minderjähriger Kinder nicht zu einer Erwerbstätigkeit in der Lage, schuldet der Vater eines nach rechtskräftiger Ehescheidung geborenen weiteren Kindes neben dem früheren Ehemann anteilig nach § 1606 Abs. 3 S. 1 BGB Unterhalt für die Kindesmutter (BGH FamRZ 1998, 541, 543 f.). Das zum 1. Juli 1998 in Kraft getretene Kindesunterhaltsgesetz hat an dieser unterschiedlichen Behandlung des Unterhaltsanspruchs einer Mutter, die ein eheliches Kind betreut und derjenigen Mutter, deren Kind nicht während einer Ehe geboren wurde, festgehalten.

1.2.3.2 Konkurrenzen

132 Soweit § 644 ZPO einstweilige Anordnungen im isolierten Verfahren zum Trennungsunterhalt ermöglicht, überschneidet sich die Vorschrift mit § 620 Nr. 6 ZPO, der im Scheidungsverbund einstweilige Anordnungen zum Trennungsunterhalt und zum nachehelichen Ehegattenunterhalt ermöglicht (siehe Rn. 35 f.). Der im Wege der isolierten Unterhaltsklage geltend zu machende Anspruch auf Trennungsunterhalt ist allerdings weder identisch mit dem Anspruch auf Familienunterhalt (OLG München FamRZ 1982, 801; OLG Hamm FamRZ 1988, 947) noch mit dem nachehelichen Ehegattenunterhalt (BGH FamRZ 1981, 242; FamRZ 1982, 465). Der Anspruch beschränkt sich materiell-rechtlich somit auf den Unterhalt bis zur rechtskräftigen Scheidung. Deswegen tritt auch die im isolierten Unterhaltsrechtsstreit nach § 644 ZPO ergangene einstweilige Anordnung spätestens mit Rechtskraft der Ehescheidung außer Kraft. Durch ein in der Hauptsache des isolierten Unterhaltsverfahrens ergangenes Urteil als anderweitige Regelung im Sinne von § 620 f ZPO tritt die einstweilige Anordnung allerdings schon früher außer Kraft. Ist eine einstweilige Anordnung nach § 644 ZPO in dem Verfahren auf Trennungsunterhalt ergangen, schließt dieses eine weitere einstweilige Anordnung im Scheidungsverbund nach § 620 Nr. 6 ZPO jedenfalls für den

Unterhaltsrecht

Zeitraum bis zur rechtskräftigen Ehescheidung aus. Bei veränderten Umständen sind die Parteien darauf verwiesen, eine Abänderung des ursprünglichen Beschlusses nach § 620 b ZPO zu erwirken. Ist über den Anspruch auf Trennungsunterhalt schon in der Hauptsache entschieden, steht dessen Rechtskraft einer neuen einstweiligen Anordnung ohne neue Hauptsache nach § 323 ZPO (die aber nicht Verbundsache ist) entgegen. Wird das Verbundurteil nur hinsichtlich des nachehelichen Ehegattenunterhalts angefochten, kann der Scheidungsausspruch vor einer Unterhaltsentscheidung rechtskräftig werden. In diesem Fall oder bei sonstigem dringenden Unterhaltsbedarf ist neben der bis zur rechtskräftigen Scheidung befristeten einstweiligen Anordnung nach § 644 ZPO eine solche nach § 620 Nr. 6 ZPO zulässig, die sich dann allerdings auf die Zeit ab Rechtskraft der Ehescheidung beschränken muss.

133 Die Ansprüche der nicht mit dem Kindesvater verheirateten Kindesmutter und des nicht während der Ehe geborenen Kindes sind im Gesetz auf mehrfache Weise durch einstweiligen Rechtsschutz gesichert. Nach § 1615 o BGB kann der Mann, der die Vaterschaft anerkannt hat oder der nach § 1600 d Abs. 2 BGB als Vater vermutet wird, bereits ab diesem Zeitpunkt durch einstweilige Verfügung zur Zahlung von Unterhalt verpflichtet werden. Der Umfang ist allerdings für das Kind auf Unterhalt für die ersten drei Monate nach der Geburt und die unverheiratete Mutter auf die infolge der Schwangerschaft und der Entbindung entstandenen Kosten sowie auf Unterhalt für die Zeit des Mutterschutzes (§ 1615 l Abs. 1 BGB) beschränkt. Zur Höhe sichert der Anspruch allerdings nur den Notbedarf, beim Kindesunterhalt – vorbehaltlich einer vom Unterhaltsschuldner zu beweisenden eingeschränkten Leistungsfähigkeit – den Regelbetrag abzüglich des halben Kindergeldes (vgl. insoweit Wendl/Scholz § 2 Rn. 127ff., BGH FamRZ 2003, 363; Johannsen/Henrich/Graba § 1615 o BGB Rn. 1). Durch den im Interesse einer unverzüglichen Unterhaltszahlung normierten frühen Einsatzzeitraum bildet die Vorschrift eine Ausnahme von § 1600 d Abs. 4 BGB, wonach Rechtswirkungen der Vaterschaft erst vom Zeitpunkt ihrer Feststellung an geltend gemacht werden können. Wird der als Vater nur vermutete Mann in Anspruch genommen, sind die Voraussetzungen der Vermutung glaubhaft zu machen (§§ 936, 920 Abs. 2, 294 ZPO); eine Gefährdung des Anspruchs braucht aber ausdrücklich nicht glaubhaft gemacht werden (§ 1615 o Abs. 3 ZPO). Im Unterschied zu § 641 d ZPO kann der Anspruch bereits vor der Geburt des Kindes und vor Beginn des Mutterschutzes nach § 1615 l BGB geltend gemacht werden. Dann kann zunächst die Hinterlegung des geschuldeten Betrages angeordnet werden (§ 1615 o Abs. 1 S. 2, Abs. 2, 2. Hs. BGB).

Einstweilige Anordnung

Sobald der Rechtsstreit auf Feststellung der Vaterschaft nach § 1600 d BGB anhängig oder ein Prozesskostenhilfegesuch hierfür eingereicht ist, kann nach § 641 d ZPO auf Antrag der Unterhaltsanspruch des Kindes und der Kindesmutter durch einstweilige Anordnung geregelt werden. Damit kann, anders als mit der einstweiligen Verfügung, Unterhalt verlangt werden, der weder nach der zeitlichen Dauer noch nach der Höhe auf den Notunterhalt beschränkt ist (Schwab/Borth IV Rn. 1397; Zöller/Philippi § 641 d Rn. 18; vgl. BT-Drucks. 13/4899 S. 90). Ab diesem Zeitpunkt ist § 641 d ZPO lex specialis und verdrängt die Möglichkeit der einstweiligen Verfügung nach § 1615 o BGB. Auch hier gilt wegen des weiter gehenden Regelungsumfangs der allgemeine Grundsatz der Subsidiarität einstweiliger Verfügungen gegenüber gesetzlich vorgesehenen einstweiligen Anordnungen (vgl. Rn. 125, 149). War allerdings bereits eine rechtskräftige Entscheidung im Verfahren der einstweiligen Verfügung nach § 1615 o BGB ergangen, steht dies für die Dauer ihrer Geltung wegen fehlenden Rechtsschutzbedürfnisses einer zusätzlichen einstweiligen Anordnung nach § 641 d ZPO entgegen. Umgekehrt steht die rechtskräftige Abweisung einer einstweiligen Verfügung als unbegründet wegen der eingeschränkten materiellen Rechtskraft für die Zukunft einem Antrag auf Erlass einer einstweiligen Anordnung nach Anhängigkeit des Vaterschaftsfeststellungsverfahrens nicht entgegen. § 641 d ZPO ist deswegen immer dann anwendbar, wenn Unterhalt während des anhängigen Vaterschaftsfeststellungsverfahrens begehrt wird.

Ob § 641 d ZPO auch für (negative) Klagen auf Anfechtung der Vaterschaft angewendet werden kann, ist streitig (vgl. Zöller/Philippi § 641 d Rn. 4 m.w.N.). Nach dem Wortlaut ist die Vorschrift auf Klagen nach den §§ 1599 ff. BGB nicht anwendbar (vgl. insoweit BGH FamRZ 1999, 778). Einer entsprechenden Anwendung bedarf es ebenfalls nicht, weil dann eine einstweilige Anordnung im Unterhaltsprozess nach § 644 ZPO in Verbindung mit § 621 Abs. 1 Nr. 11 ZPO, §§ 1615 l, 1615 m BGB zulässig ist. Den Unterhaltsberechtigten ist es zumutbar, wenigstens gleichzeitig die Hauptsacheklage anhängig zu machen (Zöller/Philippi § 641 d Rn. 4; siehe auch Rn. 149 ff.).

1.2.3.3 Verfahren

Für das Verfahren der einstweiligen Anordnung im isolierten Unterhaltsverfahren gelten nach § 644 S. 2 ZPO die Vorschriften der §§ 620 a bis 620 g ZPO entsprechend. Zulässigkeit und Verfahren entsprechen somit dem der einstweiligen Anordnung im Scheidungsverbund nach § 620 ff. ZPO (siehe Rn. 6 ff., 18 ff.). Zuständig für den Erlass der einstweiligen

134

Anordnung ist das Gericht der Hauptsache, also das Familiengericht und, sofern die Hauptsache in zweiter Instanz anhängig ist, das Oberlandesgericht (Rn. 20). Wird die einstweilige Anordnung nach Verkündung der Entscheidung in der Hauptsache aber vor Eingang der Berufung beantragt, bleibt nach dem Grundsatz der perpetuatio fori (§ 261 Abs. 3 Nr. 2 ZPO) das Amtsgericht weiterhin zuständig (BGH FamRZ 1980, 670 f.). Das Berufungsgericht ist erst zuständig, wenn der Antrag nach Eingang der Berufung gestellt wird. Nach § 620 c S. 2 ZPO findet eine Beschwerde gegen die Anordnung nicht statt (Rn. 52 ff.). Stattdessen ist das Verfahren nach § 620 b ZPO eröffnet, das auf Antrag der unterlegenen Partei sowohl bei stattgebenden wie auch bei ablehnenden Entscheidungen möglich ist (siehe Rn. 44 f., 46 ff.).

1.2.3.4 Kosten des Anordnungsverfahrens

135 Für die Entscheidung über einen Anordnungsantrag nach § 644 ZPO entsteht gemäß Nr. 1424 des Kostenverzeichnisses zu § 3 Abs. 2 GKG eine halbe Gerichtsgebühr, die nach dem sechsmonatigen Wert der Unterhaltsrente zu berechnen ist (§ 53 Abs. 2 S. 1 GKG). Ergehen im Anordnungsverfahren mehrere Entscheidungen innerhalb eines Rechtszuges, so sind diese kostenrechtlich als eine Entscheidung zu behandeln. Für die Anwaltsgebühren gilt das Anordnungsverfahren nach § 18 Nr. 1f RVG als besondere Angelegenheit, in dem der Rechtsanwalt alle Gebühren nach Nr. 3100 ff. des Vergütungsverzeichnisses zu § 2 Abs. 2 RVG verdienen kann. Innerhalb einer Instanz erhält der Rechtsanwalt für mehrere Anträge nach den §§ 644 S. 2, 620 b Abs. 1 und 2 ZPO die Gebühren nur einmal (§ 18 Nr. 1 2. HS RVG). Waren allerdings sowohl in erster als auch in zweiter Instanz Anordnungsverfahren anhängig, berechnen sich die Anwaltsgebühren für jede Instanz getrennt; für die zweite Instanz erhöht sich die Verfahrensgebühr nach Nr. 3200 des Vergütungsverzeichnisses zu § 2 Abs. 2 RVG von 1,3 auf 1,6 um 3/10 Gebühren. Die Terminsgebühr (1,2) entsteht nach Nr. 3104 Abs. 3 des Vergütungsverzeichnisses nicht, soweit lediglich beantragt ist, eine Einigung der Parteien oder mit Dritten über nicht rechtshängige Ansprüche zu Protokoll zu nehmen. Das ist z.B. der Fall, wenn ein Antrag nach § 644 ZPO nicht gestellt war, die Parteien sich aber vorläufig auf eine bis zur Entscheidung in der Hauptsache befristete Regelung geeinigt haben. Die Anwaltsgebühren werden unabhängig von der Hauptsache mit Entscheidung über den Anordnungsantrag fällig. Auch die Abänderungsmöglichkeit nach § 620 b ZPO schiebt die Fälligkeit nicht hinaus (KG JurBüro 1986, 724) vgl. auch Rn. 95 f.

Einstweilige Anordnung

1.2.4 Einstweilige Anordnungen im Statusprozess nach § 641d ZPO

Nach § 1600d Abs. 4 BGB können die Rechtswirkungen der Vaterschaft, soweit sich aus dem Gesetz nichts anderes ergibt, erst vom Zeitpunkt ihrer Faststellung an geltend gemacht werden. Auch vor dem Erlass eines endgültigen, der materiellen Rechtskraft fähigen Unterhaltstitels muss deswegen grundsätzlich zunächst die Vaterschaft geklärt sein. Entsprechend wird die Verurteilung zum Unterhalt nach § 653 Abs. 2 ZPO nicht wirksam, bevor die Vaterschaft nicht rechtskräftig festgestellt worden ist. Liegt ein Regelungsbedürfnis vor, lässt § 644 ZPO aber bereits ab Anhängigkeit der Unterhaltsklage oder eines Antrags auf Bewilligung von Prozesskostenhilfe eine der formellen Rechtskraft fähige einstweilige Anordnung zu. § 641d ZPO verlegt diesen Zeitpunkt noch weiter nach vorn und ermöglicht eine einstweilige Anordnung bereits ab Anhängigkeit eines Rechtsstreits auf Feststellung der Vaterschaft oder eines Antrags auf Bewilligung von Prozesskostenhilfe dafür (zur einstweiligen Verfügung nach § 1615o BGB vgl. auch Rn. 133 und 167ff.).

136

1.2.4.1 Konkurrenz zu anderen Formen einstweiligen Rechtsschutzes

Leistungsverfügungen auf laufenden Unterhalt nach §§ 935, 940 ZPO sind wegen ihrer materiellen Rechtskraft erst zulässig, wenn die Vaterschaft bereits festgestellt ist. Dieses folgt aus dem Grundsatz, dass Rechtswirkungen der Vaterschaft vorbehaltlich abweichender gesetzlicher Regelungen erst vom Zeitpunkt ihrer Feststellung an geltend gemacht werden können (§ 1600d Abs. 4 BGB; vgl. Rn 133). Davon abweichend lässt § 1615o BGB einstweilige Verfügungen auf Kindesunterhalt in Höhe des Regelbetrages und auf Unterhalt der Kindesmutter in Höhe des Notbedarfs (vgl. zur Höhe Wendl/Scholz § 2 Rn. 127ff. und BGH FamRZ 2003, 1471; 2003, 363;) schon vor der Vaterschaftsfeststellung zu, wenn diese anerkannt wurde oder nach § 1600d Abs. 2 BGB vermutet wird. Die Voraussetzungen dieser Vermutung sind glaubhaft zu machen (§§ 936, 920 Abs. 2, 294 BGB), nicht hingegen eine Gefährdung des Anspruchs (§ 1615o Abs. 3 BGB). Die einstweilige Verfügung kann bereits vor der Geburt des Kindes beantragt werden; der Unterhalt ist dann zunächst zu hinterlegen (§ 1615o Abs. 1 S. 2, Abs. 2 BGB).

137

Demgegenüber lässt § 644 ZPO zwar eine einstweilige Anordnung zu, die sich nicht lediglich auf den Notbedarf des Kindes und der Kindesmutter beschränkt, sondern den vollen Unterhaltsanspruch erfasst und zudem nicht befristet ist. Diese Anordnung setzt aber eine Hauptsacheklage auf Unterhalt voraus, die wegen § 1600d Abs. 4 BGB erst nach Feststellung der Vaterschaft zulässig ist. Um dem Unterhaltsberechtigten seinen Unterhaltsanspruch möglichst umgehend zu sichern, ermöglicht § 641d ZPO eine einstweilige Anordnung bereits ab Anhängigkeit des Rechtsstreits auf Feststellung der Vaterschaft (als Hauptsache) oder eines entsprechenden Antrags auf Bewilligung von Prozesskostenhilfe. Ab diesem Zeitpunkt geht die einstweilige Anordnung nach § 641d ZPO der allgemein subsidiären einstweiligen Verfügung nach § 1615o BGB als lex specialis vor (Zöller/Philippi, § 641d Rn. 3 m.w.N.). Auch insoweit gilt der Grundsatz, dass die einstweilige Anordnung wegen des weitergehenden Regelungsumfangs die lediglich auf Notunterhalt gerichtete einstweilige Verfügung verdrängt. Selbst in einem bereits anhängigen Verfahren darf ab diesem Zeitpunkt keine einstweilige Verfügung mehr erlassen werden. Ist der Antrag auf Erlass einer einstweiligen Verfügung nach § 1615o BGB als unbegründet abgewiesen worden, steht dessen materielle Rechtskraft einem weiteren Anordnungsverfahren allerdings entgegen. Entsprechend ist eine zuvor ergangene einstweilige Verfügung auf Zahlung von Unterhalt weiterhin vollstreckbar und schließt ein Anordnungsverfahren über den selben Gegenstand aus. Dem steht nicht entgegen, dass die einstweilige Anordnung grundsätzlich auf den vollen Unterhalt gerichtet ist, während im Wege des einstweiligen Verfügungsverfahrens lediglich Notunterhalt begehrt werden kann. Auch die einstweilige Anordnung nach § 641d ZPO beinhaltet eine Form des einstweiligen Rechtsschutzes, für den kein Bedarf besteht, wenn bereits ein Unterhaltstitel vorliegt (vgl. Rn. 15ff.). Nach Ablauf der zeitlich befristeten einstweiligen Verfügung ist eine einstweiligen Anordnung allerdings wieder zulässig, weil die Rechtskraft des Verfügungsverfahrens nach § 1615o BGB nur den zeitlich eingeschränkten Streitgegenstand umfasst. Da Unterhalt in der Hauptsache und somit eine einstweilige Anordnung nach § 644 ZPO erst verlangt werden kann, wenn die Vaterschaft rechtskräftig festgestellt ist (§ 1600d Abs. 4 BGB; § 653 Abs. 2 ZPO; Schwab/Borth IV Rn. 1397), ist eine einstweilige Anordnung im Verfahren auf Feststellung der Vaterschaft auch noch zwischen der Entscheidung und deren Rechtskraft zulässig (OLG Koblenz FamRZ 1975, 51).

1.2.4.2 Anwendungsbereich

138 Die einstweilige Anordnung nach § 641d ZPO setzt einen „Rechtsstreit auf Feststellung des Bestehens der Vaterschaft nach § 1600d" BGB voraus. Sie ist also nur zulässig, wenn die Vaterschaft positiv festgestellt werden soll. Im Rahmen einer Klage auf Anfechtung der Vaterschaft nach §§ 1600, 1592 Nr. 1 und 2 BGB ist § 641d ZPO nicht anwendbar (vgl. OLG Düsseldorf NJW 1973, 1331; OLG Koblenz FamRZ 1974, 383; OLG Stuttgart DAVorm. 1978, 217; Zöller/Philippi, § 641d Rn. 4). Dafür

Einstweilige Anordnung

besteht seit der Einführung des § 644 ZPO auch kein Bedarf mehr, zumal Kind und Kindesmutter einstweiligen Rechtsschutz im isolierten Unterhaltsverfahren begehren können, weil die Vaterschaft bis zur Rechtskraft des Anfechtungsverfahrens feststeht. Einstweilige Anordnungen nach § 641d ZPO sind sowohl in erster Instanz als auch in der Berufungsinstanz zulässig (§ 641d Abs. 2 S. 5). Im Rahmen eines Vaterschaftsfeststellungsprozesses kann gegen den Beklagten auch eine einstweilige Anordnung nach § 641d ZPO auf Zahlung eines Prozesskostenvorschusses ergehen (OLG Düsseldorf FamRZ 1995, 1426; OLG Frankfurt EzFamR aktuell 2001, 184).

1.2.4.3 Zulässigkeit

Das Verfahren richtet sich zwar nicht, wie bei den einstweiligen Anordnungen nach den §§ 621g, 644 ZPO, über eine Verweisung nach den §§ 620a bis 620g ZPO. Allerdings enthalten die §§ 641d ff. ZPO weitgehend gleichlautende Regelungen, die nur wegen der noch nicht feststehenden Vaterschaft von den allgemeinen Regelungen abweichen. Auch eine einstweilige Anordnung nach § 641d ZPO setzt einen Antrag des Kindes oder der Kindesmutter voraus, der zu Protokoll der Geschäftsstelle des zuständigen Gerichts (§ 641d Abs. 2 S. 5 ZPO) oder eines anderen Amtsgerichts (§ 129a ZPO) erklärt werden kann (§ 641d Abs. 2 S. 2 ZPO). Der Antrag ist mit Anhängigkeit der Klage auf Feststellung der Vaterschaft oder eines darauf gerichteten Antrags auf Prozesskostenhilfe und spätestens bis zur Rechtskraft des Urteils in dieser Hauptsache zulässig (§ 641d Abs. 1 S. 1 ZPO). Auch hier sind der Anspruch und die Notwendigkeit einer einstweiligen Anordnung glaubhaft zu machen (§ 641d Abs. 2 S. 3 ZPO). Da ein Antrag auf Feststellung der Vaterschaft erst ab der Geburt des Kindes möglich ist, kann eine einstweilige Anordnung ebenfalls erst ab diesem Zeitpunkt beantragt werden. Zuständig für den Erlass einer einstweiligen Anordnung ist das Familiengericht, ab Eingang einer Berufung das Oberlandesgericht (§ 641d Abs. 2 S. 5 ZPO). War das Amtsgericht für den Erlass der einstweiligen Anordnung zuständig, verbleibt es nach dem Grundsatz der perpetuatio fori bei dieser Zuständigkeit auch, wenn zwischenzeitlich Berufung eingelegt worden ist. Wird die Entscheidung über die Vaterschaftsfeststellung rechtskräftig, bevor über einen anhängigen Antrag auf Erlass einer einstweiligen Anordnung entschieden wurde, ist eine einstweilige Anordnung in diesem Verfahren nicht mehr zulässig (vgl. Rn. 8; a.A. Zöller/Philippi, § 641d Rn. 6; Stein/Jonas/Schlosser § 641d Rn. 19). Denn der Unterhaltsberechtigte ist ab Rechtskraft der Vaterschaftsfeststellung auf einen Unterhaltsprozess

139

in der Hauptsache verwiesen, in deren Rahmen er eine einstweilige Anordnung nach § 644 ZPO beantragen kann.

140 Das unterhaltsberechtigte Kind oder die Kindesmutter müssen einen bezifferten Antrag stellen und ausdrücklich erklären, ob Unterhaltszahlung oder lediglich Sicherheitsleistung (§ 641d Abs. 1 S. 2 ZPO) begehrt wird. Mit dem Antrag ist der Anspruchsgrund glaubhaft zu machen. Da der Antrag bereits zulässig ist, bevor die Vaterschaft festgestellt wurde, erstreckt sich die Glaubhaftmachung auf die Voraussetzungen der Vermutung des § 1600d Abs. 2 BGB. Kind bzw. Mutter haben somit glaubhaft zu machen, dass der Beklagte der Mutter in der gesetzlichen Empfängniszeit beigewohnt hat (§ 1600d Abs. 2, 3 BGB; vgl. OLG Düsseldorf NJW-RR 1993, 1289; FamRZ 1994, 840). Dann obliegt es dem Beklagten glaubhaft zu machen, dass schwer wiegende Zweifel an der Vaterschaft bestehen (§ 1600d Abs. 2 S. 2 BGB), was die Vaterschaftsvermutung entkräftet. Die Kläger wiederum können versuchen, diese Zweifel zu entkräften, wobei sie sich auch auf ein bisheriges Ergebnis im Statusprozess beziehen können. Für den Erlass einer einstweiligen Anordnung auf Unterhalt muss die Vaterschaft des Beklagten jedenfalls wahrscheinlicher sein als deren Gegenteil (KG DAVorm. 1973, 378; OLG Düsseldorf FamRZ 1971, 380; OLG Celle FamRZ 1971, 197; OLG Stuttgart Justiz 1974, 16; OLG München DAVorm. 1975, 51). Nach dem Grad der Wahrscheinlichkeit kann der Anspruch auf Zahlung von Unterhalt im einstweiligen Anordnungsverfahren zwar unbegründet, der Anspruch auf Sicherheitsleistung allerdings begründet sein. Neben der Vaterschaft ist auch die Bedürftigkeit des Kindes oder der Mutter glaubhaft zu machen. Glaubhaft zu machen ist weiterhin die Höhe des Bedarfs der Kindesmutter und des Kindes, sofern es mehr als den Regelbedarf nach der Regelbedarfsverordnung begehrt. Eine Leistungsunfähigkeit muss der Unterhaltsgläubiger weder darlegen noch glaubhaft machen; dieses obliegt nach allgemeinen Grundsätzen dem Unterhaltsschuldner, wenn er sich darauf beruft.

1.2.4.4 Zahlung oder Sicherheitsleistung

141 Grundsätzlich steht sowohl dem Kind als auch der Kindesmutter im Rahmen der einstweiligen Anordnung nach § 641d Abs. 1 S. 2 ZPO bei genügend glaubhaft gemachten Anspruchsvoraussetzungen ein Anspruch auf Unterhaltszahlung zu. Bezieht der Unterhaltsberechtigte Sozialleistungen, Leistungen der Unterhaltsvorschusskasse oder freiwillige Leistungen Dritter, liegt unabhängig von der (zu verneinenden; zur einstweiligen Verfügung vgl. Rn. 157) Frage ob überhaupt ein Regelungsbedürfnis

Einstweilige Anordnung

vorliegt, jedenfalls kein zwingendes Bedürfnis auf Unterhaltszahlung vor, sodass allenfalls eine einstweilige Anordnung auf Sicherheitsleistung in Betracht kommt. Die einstweilige Anordnung setzt nicht voraus, dass ohne ihren Erlass eine Vollstreckung künftiger Unterhaltsansprüche insgesamt ausgeschlossen wäre (OLG Frankfurt FamRZ 1971, 380; OLG Koblenz FamRZ 1975, 230). Ein Regelungsbedürfnis besteht vielmehr schon dann, wenn die Gefahr besteht, dass die während des Rechtsstreits aufgelaufenen Unterhaltsbeträge vom Beklagten bei Rechtskraft nicht unverzüglich gezahlt werden können (KG NJW 1991, 1945; OLG Köln FamRZ 1974, 263; OLG Düsseldorf FamRZ 1994, 840): Der Unterhaltsberechtigte muss sich also nicht auf einen langwierigen Abtrag durch Raten verweisen lassen (OLG Düsseldorf DAVorm. 1974, 263, 691).

1.2.4.5 Gerichtliches Verfahren

Das Verfahren der einstweiligen Anordnung nach § 641d ZPO ist zwar Teil des Kindschaftsprozesses und folgt im wesentlichen den Vorschriften der §§ 640 ff. ZPO. Hinsichtlich der Bedürftigkeit und einer eventuellen Leistungsunfähigkeit gilt allerdings wie allgemein im Unterhaltsrecht der Beibringungsgrundsatz und nicht der Amtsermittlungsgrundsatz. Nach § 641d Abs. 2 S. 4 ZPO entscheidet das Gericht auf Grund mündlicher Verhandlung. Die Entscheidung ergeht durch zu verkündenden Beschluss (§§ 641d Abs. 2 S. 4, 329 Abs. 1 S. 1 ZPO). Dabei ist das Gericht an die Anträge der Parteien gebunden (§ 308 Abs. 1 ZPO). Entsprechend darf der Beklagte nicht zur Zahlung von Unterhalt verurteilt werden, wenn sich der Antrag auf Erlass einer einstweiligen Anordnung lediglich auf Sicherheitsleistung richtete. Umgekehrt ist es allerdings zulässig, dem Antrag auf Zahlung von Unterhalt nur teilweise stattzugeben und Sicherheitsleistung anzuordnen. Die Sicherheitsleistung stellt kein aliud sondern ein minus gegenüber dem Antrag auf Zahlung dar. Für die Art der Sicherheitsleistung ist § 108 ZPO nicht anwendbar, zumal dieser sich auf prozessuale Sicherheiten bezieht. Vielmehr obliegt es dem Unterhaltsschuldner, eine Sicherheitsleistung im Sinne der §§ 232 ff. BGB anzubieten (a. A. Zöller/Philippi, § 641d Rn. 18 m. w. N.). Um den mit einer Hinterlegung eintretenden Zinsverlust zu vermeiden, kann auch eine Einzahlung auf ein Sperrkonto des Kindes (OLG Celle FamRZ 1971, 197) oder des Jugendamtes (OLG Koblenz FamRZ 1975, 230) angeordnet oder eine Bankbürgschaft zugelassen werden (OLG Stuttgart Justiz 1975, 436). Die Vorschriften über das Außerkrafttreten der einstweiligen Anordnung in § 641e und f ZPO sind durch das Kindesunterhaltsgesetz (BT-Drucksache 13/7338 S. 34) der Regelung für einstweilige Anordnungen in Ehesachen angeglichen worden. Danach ist eine einstweilige An-

142

Unterhaltsrecht

ordnung bei veränderten Verhältnissen bis zur Rechtskraft der Entscheidung in der Hauptsache (vgl. Rn. 48) abänderbar. Sie kann bei erhöhtem Bedarf erhöht und bei geringerer Leistungsfähigkeit herabgesetzt werden. Eine Aufhebung der einstweiligen Anordnung kommt insbesondere dann in Betracht, wenn durch die weitere Beweisaufnahme die Vaterschaft des Beklagten unwahrscheinlicher geworden ist.

143 Gegen eine einstweilige Anordnung nach § 641d ZPO ist ausnahmsweise das Rechtsmittel der sofortigen Beschwerde (§ 641d Abs. 3 ZPO) an das Oberlandesgericht zulässig. Die Beschwerde ist beim Familiengericht (§ 569 ZPO) und, falls der Rechtsstreit bereits in der Berufungsinstanz anhängig ist, dort (§ 641d Abs. 3 S. 2 ZPO) einzulegen. Sie kann durch Erklärung zu Protokoll der Geschäftsstelle eingelegt werden, weil der Rechtsstreit im ersten Rechtszug nicht als Anwaltsprozess zu führen ist (§§ 569 Abs. 3 Nr. 1, 78 Abs. 2 ZPO). Entscheidet das Oberlandesgericht als Beschwerdegericht, kann die Beschwerde ohne mündliche Verhandlung ergehen (§ 572 Abs. 4 i.V.m. § 128 IV ZPO). Dann besteht kein Anwaltszwang. Bestimmt das Beschwerdegericht hingegen einen Termin zur mündlichen Verhandlung, müssen sich die Parteien durch einen beim Oberlandesgericht zugelassenen Rechtsanwalt vertreten lassen. Hat das Oberlandesgericht über den Antrag auf Erlass einer einstweiligen Anordnung in erster Instanz entschieden, ist gegen diese Entscheidung eine Beschwerde nicht zulässig (§ 567 Abs. 1 ZPO). Die Beschwerde gegen die einstweilige Anordnung hat keine aufschiebende Wirkung. Allerdings kann schon das Familiengericht die Vollziehung der angefochtenen Entscheidung aussetzen (§ 570 Abs. 2 ZPO). Auch das Beschwerdegericht ist befugt, vor seiner Entscheidung eine einstweilige Anordnung zu erlassen, insbesondere die Vollziehung der angefochtenen Entscheidung aussetzen (§ 570 Abs. 3 ZPO).

1.2.4.6 Kosten

144 Die Kosten eines beantragten Verfahrens der einstweiligen Anordnung gelten als Kosten der Hauptsache (§ 641d Abs. 4 ZPO). Auch die einstweilige Anordnung nach § 641d ZPO bedarf deswegen grundsätzlich keiner Kostenentscheidung. Tritt die Kindesmutter im Statusverfahren dem Kind als Nebenintervenient bei, kann sie als solche die einstweilige Anordnung beantragen. Die hierdurch entstehenden Kosten gelten als Kosten der Nebenintervention (§ 641d Abs. 4 ZPO). Eine eigenständige Kostenentscheidung ist nur dann erforderlich, wenn – was ebenfalls zulässig ist – die Kindesmutter oder das Kind eine einstweilige Anordnung beantragt, ohne selbst Partei oder Nebenintervenient des Statusverfahrens zu sein (vgl. BT-Drucksache 13/4899 S. 127).

Die Entscheidung über einen Antrag nach § 641d ZPO kostet eine halbe Gerichtsgebühr (Kostenverzeichnis Nr. 1423), die sich aus der Höhe des beantragten Unterhalts für die Zeit von sechs Monaten ab Eingang des Antrags ergibt (§ 53 Abs. 2 S. 1 GKG). Die Gebühr entsteht erst mit der Entscheidung des Gerichts und entfällt, falls der Antrag sich zuvor anderweit erledigt, selbst wenn über den Antrag mündlich verhandelt worden ist. Hinsichtlich der Anwaltsgebühren gilt das Anordnungsverfahren gegenüber der Hauptsache als besondere Angelegenheit (§ 18 Nr. 1c RVG), für die der Rechtsanwalt eine eigenständige Vergütung erhält. Es entstehen sämtliche Gebühren nach Nr. 3100ff. des Vergütungsverzeichnisses zu § 2 Abs. 2 RVG. Für das „Verfahren" über Beschwerden nach § 641d Abs. 3 S. 1 ZPO wird eine gerichtliche Gebühr (Kostenverzeichnis Nr. 1425) erhoben, für die bereits mit Einlegung der Beschwerde nach §§ 10, 12 Abs. 1 GKG ein Vorschuss erhoben werden soll und die somit vom Ausgang des Verfahrens unabhängig ist. Der Rechtsanwalt erhält im Beschwerdeverfahren nach Nr. 3500 des Vergütungsverzeichnisses zu § 2 Abs. 2 RVG eine halbe Verfahrensgebühr und ggf. nach Nr. 3513 des Vergütungsverzeichnisses eine weitere halbe Terminsgebühr.

145

1.2.5 *Einstweilige Anordnung in Lebenspartnerschaftssachen*

Nach § 661 Abs. 2 ZPO gelten in Lebenspartnerschaftssachen die für Scheidungsverfahren geltenden Vorschriften entsprechend. Damit sind auch die Vorschriften für den Erlass einstweiliger Anordnungen im Scheidungsverbund (§§ 620 bis 620g ZPO) entsprechend anwendbar. Gleiches gilt auch für die Verfahrensvorschriften für Familiensachen nach § 621 Abs. 1 Nr. 5 und 7 bis 9 ZPO. Anwendbar ist deswegen auch § 644 ZPO für selbstständige Unterhaltsverfahren und § 621g ZPO für die Regelung der Ehewohnung und des Hausrats. Wegen der Einzelheiten weise ich auf die Ausführungen zu den in Bezug genommenen Vorschriften hin.

145a

1.3 Einstweilige Verfügung/Arrest

Die Zivilprozessordnung unterscheidet zwischen einer Sicherungs- (§ 935 ZPO) und einer Regelungsverfügung (§ 940 ZPO). Über diese gesetzlich geregelten Verfügungstatbestände hinaus ist die Leistungsverfügung, die unmittelbar auf Erfüllung gerichtet ist, dann zulässig, wenn dies zur Abwendung wesentlicher Nachteile, insbesondere einer dringenden Notlage unumgänglich ist (vgl. OLG Naumburg FamRZ 2004, 478). Die auf

146

Unterhaltsrecht

Unterhaltsleistungen gerichtete Leistungsverfügung ist allgemein anerkannt (OLG Köln FamRZ 1983, 410, 411; BVerfG FamRZ 1980, 872; Zöller/Vollkommer, § 940 Rn. 8, Unterhaltsrecht), sodass es hier auf die theoretische Frage, ob die Leistungsverfügung ihre gesetzliche Grundlage in §§ 935, 940 ZPO oder in richterlicher Rechtsfortbildung findet, nicht ankommt (vgl. zur historischen Entwicklung Gaul, FamRZ 2003, 1137, 1141 ff.).

147 Ein Arrest (§§ 916 ff. ZPO) ist im Unterhaltsrecht praktisch kaum von Bedeutung, weil er nur der Sicherung dient (BGH Rpfl 1993, 292) und dem Unterhaltsberechtigten nicht die dringend benötigten monatlichen Unterhaltsleistungen verschafft. Bedarf es im Einzelfall vornehmlich der Sicherung künftiger Unterhaltsansprüche, ist diese allerdings durch Arrest für einen Zeitraum von bis zu 5 Jahren möglich (vgl. allgemein zum Arrest Wendl/Thalmann § 8 Rn. 262 ff.; Bernreuter FamRZ 1999, 69, 72).

1.3.1 Leistungsverfügung auf Unterhalt

148 Die einstweilige Verfügung unterscheidet sich in wesentlichen Punkten von der einstweiligen Anordnung. Während die einstweilige Anordnung eine beide Seiten befriedigende Regelung des angemessenen Unterhalts verfolgt, soll durch die Leistungsverfügung kurzfristig eine Notlage beseitigt werden (vgl. OLG Naumburg FamRZ 2004, 478). Sie setzt somit als Verfügungsgrund eine Notlage voraus und kann, im Unterschied zur einstweiligen Anordnung, nicht den gesamten gesetzlich geschuldeten Unterhalt sondern lediglich den Notbedarf zusprechen. Zeitlich kann die Leistungsverfügung nicht wie die einstweilige Anordnung auf Dauer bis zum Inkrafttreten einer anderweitigen Regelung ergehen, sondern ist auf Unterhalt für sechs Monate ab Antragstellung beschränkt. Andererseits ist das Verfahren der einstweiligen Verfügung unabhängig von einem Hauptsacheverfahren. Wegen dieser Unabhängigkeit ist in der einstweiligen Verfügung zugleich über die Kosten des Verfahrens zu entscheiden. Die einstweilige Verfügung ist nach § 929 Abs. 1 ZPO ohne Vollstreckungsklausel vollstreckbar, muss allerdings nach § 929 Abs. 2 ZPO innerhalb eines Monats seit Bekanntgabe vollzogen werden (vgl. zur einstweiligen Anordnung Rn. 57). Die einstweilige Verfügung im Unterhaltsrecht hat erheblich an Bedeutung verloren, weil sie nach einhelliger Auffassung gegenüber der einstweiligen Anordnung (§§ 620 ff. ZPO) subsidiär ist und der Gesetzgeber mit § 944 die Möglichkeiten zum Erlass einer einstweiligen Anordnung auf Unterhalt erheblich ausgeweitet hat.

1.3.1.1 Konkurrenz zur einstweiligen Anordnung

149 Nach inzwischen einhelliger Auffassung ist eine einstweilige Verfügung gegenüber einer einstweiligen Anordnung subsidiär und somit unzulässig, wenn über den Unterhaltsanspruch durch einstweilige Anordnung entschieden werden kann (OLG Hamm FamRZ 2001, 358; vgl. auch Kessler/Klages FamRZ 2001, 1191; vgl. Rn. 126). Die Vorschriften der §§ 620 ff., 644 ZPO enthalten eine geschlossene Sonderregelung des einstweiligen Rechtsschutzes in Ehe- und Familiensachen, die weitergehenden Rechtsschutz bietet als die einstweilige Verfügung. Denn die einstweilige Anordnung ist weder auf den Notunterhalt noch zeitlich auf 6 Monate beschränkt. Sie verdrängen deswegen in seinem Anwendungsbereich die einstweilige Verfügung (BGH FamRZ 1979, 472; 1984, 767). Ist eine Ehesache oder ein entsprechendes Prozesskostenhilfegesuch bereits anhängig, kann der Unterhaltsberechtigte eine einstweiligen Anordnung beantragen (§§ 644 S. 2, 620a Abs. 2 S. 1 BGB). Geht erst danach ein Antrag auf Erlass einer einstweiligen Verfügung ein, so ist dieser Antrag zweifelsfrei unzulässig (OLG Düsseldorf FamRZ 1985, 298; Wendl/Thalmann, § 8 Rn. 242) und zwar unabhängig von der Kenntnis der Anhängigkeit (OLG Düsseldorf FamRZ 1985, 298). Gleiches gilt seit der Neuregelung des § 644 ZPO auch dann, wenn eine isolierte Unterhaltssache hinsichtlich des Kindesunterhalts, des Ehegattenunterhalts oder des Unterhalts der nicht mit dem Vater verheirateten Kindesmutter anhängig ist (OLG FamRZ 2001, 358; Schwab/Maurer I Rn. 577 und 860).

150 Wie für den Prozesskostenvorschuss ist auch allgemein umstritten, ob der Vorrang der einstweiligen Anordnung auch dann gilt, wenn die Ehesache oder die Hauptsache nach § 644 ZPO noch nicht anhängig ist (OLG Düsseldorf FamRZ 1999, 1215; OLG Karlsruhe FamRZ 2000, 106 jeweils m.w.N.). Denn nach der gesetzlichen Regelung der §§ 644 S. 2, 620a Abs. 2 S. 1 ZPO sind einstweilige Anordnungen erst ab Anhängigkeit der Hauptsache oder eines Antrags auf Prozesskostenhilfe dafür zulässig. Einstweilige Anordnungen sind deswegen jedenfalls dann noch nicht zulässig, wenn auch die Hauptsache noch nicht anhängig gemacht werden kann, z.B. wenn das Trennungsjahr nach § 1565 Abs. 2 BGB noch nicht abgelaufen ist und der Scheidungsantrag deswegen als unbegründet abgewiesen werden müsste. In solchen Fällen kann der Unterhaltsberechtigte aber schon eine isolierte Klage auf Unterhalt erheben und in dessen Rahmen nach § 644 ZPO eine einstweilige Anordnung beantragen (so auch Zöller/Philippi § 620 Rn. 23).

151 Hoch umstritten ist deswegen in Rechtsprechung und Literatur, ob eine einstweilige Verfügung bereits dann unzulässig ist, wenn die Hauptsache zwar noch nicht anhängig ist, aber wenigstens zeitgleich anhängig ge-

macht werden könnte. Teilweise wird die Auffassung vertreten, die einstweilige Verfügung sei auch dann noch zulässig, weil eine einstweilige Anordnung (noch) wegen fehlender Hauptsache ausscheide und der Rechtssuchende nicht darauf verwiesen werden könne, die Hauptsache anhängig zu machen. Bis zur Anhängigkeit der Hauptsache sei deswegen sowohl die einstweilige Verfügung als auch (mit der Hauptsache) die einstweilige Anordnung zulässig (OLG Karlsruhe FamRZ 2000, 106; OLG Düsseldorf FamRZ 1978, 526; OLG Karlsruhe FamRZ 1981, 982 und FamRZ 2000, 106; RGRK/Wenz § 1360a Rn. 46; Soergel/Lange § 1360a Rn. 29; Gaul FamRZ 2003, 1137; 1151 ff.). Auf die weitergehende Rechtsschutzmöglichkeit der einstweiligen Anordnung als einzigem Mittel einstweiligen Rechtsschutzes könne der Unterhaltsberechtigte nur verwiesen werden, wenn bereits beide Rechtsbehelfe nebeneinander zulässig seien. Der Rechtssuchende könne nicht von vornherein darauf verwiesen werden, die Zulässigkeitsvoraussetzung der einstweiligen Anordnung herbeizuführen. Das Gesetz lasse dem Rechtssuchenden auch sonst die Wahl zwischen mehreren prozessualen Möglichkeiten.

Die für diese Auffassung angeführten Gründe überzeugen nicht. Zwar ist in Fällen, in denen das Gesetz für eine Rechtsverfolgung mehrere prozessuale Möglichkeiten bietet, grundsätzlich davon auszugehen, dass dieses „Nebeneinander der Rechtsbehelfe" gewollt ist und der Rechtssuchende die Wahl hat, welchen Rechtsschutz er in Anspruch nimmt (BGH FamRZ 1979, 472, 473). Gleichzeitig hat der BGH aber ausgeführt, dass Einschränkungen dann in Betracht kommen, wenn sich die verschiedenen Verfahren nach Einfachheit, Schnelligkeit und Kostenaufwand unterscheiden, während die Verfahrensergebnisse im wesentlichen gleichwertig sind. Dieses ist bei der einstweiligen Anordnung jedenfalls gegenüber der einstweiligen Verfügung der Fall, sodass letztere stets subsidiär ist (OLG Düsseldorf FamRZ 1999, 1215; OLG Oldenburg FamRZ 1978, 526; OLG Hamm NJW 1978, 2515; OLG Düsseldorf FamRZ 1980, 175; Johannsen/Henrich/Sedemund-Treiber § 127a ZPO Rn. 3). Dem Unterhaltsberechtigten ist es auch zumutbar, zugleich mit dem Antrag auf Erlass einer einstweiligen Anordnung die Hauptsache anhängig zu machen, weil er auch mit einer sonst beantragten einstweiligen Verfügung eine Hauptsache anhängig machen würde, die zudem nur auf den Notunterhalt gerichtet ist. Erforderlich ist deswegen allein, dass die Klage in der Hauptsache hinreichende Aussicht auf Erfolg hat (Schwab/Maurer I Rn. 862; MünchKommZPO/Wax § 127a Rn. 3). Fehlt es an der hinreichenden Erfolgsaussicht, kommt einstweiliger Rechtsschutz ohnehin nicht in Betracht. Diese Auffassung vermeidet in weiten Bereichen auch die missliche Situation, dass eine ursprünglich zulässige einstweilige Verfügung nach Anhängigkeit der Hauptsache unzulässig wird.

Aufgrund der Neuregelung in § 644 ZPO ist die Leistungsverfügung nach §§ 935, 940 ZPO somit generell auf Fälle beschränkt, in denen das gleichzeitige Anhängigmachen der Hauptsache nicht möglich oder zumutbar ist (OLG Hamm FamRZ 2001, 358; AG Bergisch Gladbach FamRZ 1999, 659; OLG Köln FamRZ 1999, 661; OLG Düsseldorf FamRZ 1999, 1215, 1216; OLG Nürnberg FamRZ 1990, 30). Der Antrag auf einstweilige Verfügung muss daher Ausführungen dazu enthalten, warum die Hauptsache noch nicht geltend gemacht werden kann (OLG Koblenz FamRZ 2000, 362; OLG München OLGR 2000, 141 = FamRZ 2000, 965; OLG Nürnberg FamRZ 1999, 30; Heiß/Born II Kap. 25 Rn. 12). Damit hat die einstweilige Verfügung im Unterhaltsrecht erheblich an Bedeutung verloren und wird nur noch in den seltensten Fällen zur Anwendung kommen (Zöller/Philippi § 620 Rn. 3). Entsprechend lehnt die Rechtsprechung regelmäßig auch die Bewilligung von Prozesskostenhilfe für eine auf Notunterhalt gerichtete einstweilige Verfügung wegen Mutwilligkeit ab (OLG Zweibrücken FamRZ 1999, 662).

Streitig bleibt allein die Frage, ob der weitgehende Ausschluss der Leistungsverfügung auch für den Unterhalt minderjähriger Kinder gilt (vgl. Zöller/Philippi § 644 Rn. 4). Diese können ihre Unterhaltsansprüche nämlich im Wege des vereinfachten Verfahrens nach den §§ 645 ff. ZPO durchsetzen und dieses Verfahren sieht den Erlass einer einstweiligen Anordnung nicht vor (vgl. Gießler FamRZ 2001, 1269, 1270). Das Verfahren nach § 645 ZPO lässt sich aber nicht so sehr beschleunigen, dass im Hinblick darauf anderen Möglichkeiten einstweiligen Rechtsschutzes das Rechtsschutzbedürfnis fehlen würde. Insbesondere ist dem Antragsgegner nach § 647 Abs. 1 S. 2 Nr. 3 ZPO eine Frist von einem Monat für etwaige Einwendungen einzuräumen. Wählt das Kind nun diesen Weg, muss ihm die Möglichkeit verbleiben, in besonders gelagerten Einzelfällen seinen Unterhaltsanspruch sofort durchzusetzen (OLG München FamRZ 2000, 1580, für dreimonatige Verfahrensdauer; Gaul FamRZ 2003, 1137, 1152). Weil dem Kind auch die Entscheidung verbleiben muss, ob es im Wege der Zahlungsklage oder des vereinfachten Verfahrens nach §§ 645 ff. ZPO vorgehen will, steht vor Eingang eines Antrags noch nicht fest, welchen Weg es wählen will. Dann ist aber auch schon in diesem Zeitpunkt die (ggf. notwendige) einstweilige Verfügung zulässig (so auch Gießler Rn. 520; Zöller/Philippi § 644 Rn. 4).

152 War der Antrag auf Erlass einer einstweiligen Verfügung ursprünglich ausnahmsweise zulässig, weil die Hauptsache noch nicht anhängig gemacht werden konnte oder weil sie sich auf Kindesunterhalt richtet, stellt sich die Frage, wie zu verfahren ist, wenn die Hauptsache nun doch rechtshängig geworden ist. Hat das erstinstanzliche Gericht über den Antrag entschieden und ist gegen dessen Entscheidung schon ein Rechtsmittel anhängig, entscheidet wegen des (zunächst) zulässigen Rechtsmittels auch die zweite Instanz im Verfügungsverfahren (OLG Karlsruhe FamRZ 1995, 1424; Gießler Rn. 383; Stein/Jonas/Schlosser § 620 a Rn. 15; Schwab/Maurer I Rn. 867; Thomas/Putzo § 620 Rn. 6). Entsprechend kann auch nach Einleitung der Hauptsache weiterhin aus der einstweiligen Verfügung vollstreckt werden.

Streitig ist, wie Verfahren auf Erlass einer einstweiligen Verfügung zu behandeln sind, die bei Anhängigkeit der Ehesache bzw. der Unterhaltsklage noch in erster Instanz rechtshängig sind (vgl. Wieczorek/Schütze/Klicka § 620 Rn. 12 m.w.N.). Teilweise wird vertreten, die einstweilige Verfügung werde durch Rechtshängigkeit einer Hauptsache und die dadurch gegebene Möglichkeit auf Erlass einer einstweiligen Anordnung unzulässig (OLG Düsseldorf FamRZ 1985, 298). Andere (OLG Koblenz FamRZ 1989, 196 mit Anm. Gottwald; MünchKommZPO/Finger § 620 Rn. 58) sehen hingegen keine Auswirkungen auf das ursprünglich zulässige Verfügungsverfahren. Zutreffend wird überwiegend vertreten, dass in diesen Fällen das Verfügungsverfahren in ein Verfahren der einstweiligen Anordnung übergeht und zwar entweder von Amts wegen oder auf Antrag (OLG Karlsruhe FamRZ 1989, 523; Schwab/Maurer I Rn. 865 f. m.w.N.). Nach dem Rechtsgedanken des § 621 Abs. 3 ZPO ist einer Überleitung von Amts wegen der Vorzug zu geben. Dafür spricht auch, dass in diesem Fall das Anordnungsverfahren als mit dem Verfügungsverfahren anhängig geworden gilt und die einstweilige Anordnung ab diesem Zeitpunkt eine Unterhaltspflicht aussprechen darf (Wieczorek/Schütze/Klicka § 620 Rn. 14 m.w.N.; Gießler Rn. 386; a.A. OLG Düsseldorf FamRZ 1987, 287, 499; Schwab/Maurer I Rn. 865). Vor der Überleitung ist den Parteien allerdings rechtliches Gehör zu gewähren (Gießler Rn. 385).

Liegt über den Ehegatten- oder Kindesunterhalt bereits eine rechtskräftige Hauptsacheentscheidung vor, so steht auch deren Rechtskraft dem Erlass einer nur den Notunterhalt sichernden einstweiligen Verfügung entgegen. Ist die Unterhaltsklage abgewiesen worden, so steht die Rechtskraft dieser Entscheidung für den gleichen Zeitraum bei unveränderten Umständen auch einem Verfahren auf Erlass einer einstweiligen Verfügung entgegen. War die Unterhaltsklage (teilweise) erfolgreich, kann der Titel nur im Wege der Abänderungsklage nach § 323 ZPO beseitigt werden. Da auch in diesem Verfahren nach § 644 ZPO nunmehr eine einstweilige Anordnung zulässig ist, scheidet auch hier eine Leistungsverfügung aus.

1.3.1.2 Zulässigkeit

Der Erlass einer Leistungsverfügung setzt einen zahlenmäßig bestimmten Antrag im Sinne von § 253 Abs. 2 Nr. 2 ZPO voraus. Eine Angabe, für welchen Zeitraum Unterhalt begehrt wird, ist überflüssig, zumal mit der einstweiligen Verfügung ohnehin nur Unterhalt ab Antragstellung begehrt werden kann. Hat der Verfügungskläger seinen Antrag zeitlich nicht begrenzt, ist dieser im Zweifel so auszulegen, dass der gesetzlich zulässige Unterhalt für sechs Monate ab Antragstellung begehrt wird. Anwaltszwang besteht für das einstweilige Verfügungsverfahren in erster Instanz grundsätzlich nicht (§ 78 Abs. 2 ZPO). Vor dem Oberlandesgericht müssen sich die Parteien allerdings nach § 78 Abs. 1 S. 2 ZPO grundsätzlich durch einen dort zugelassenen Rechtsanwalt vertreten lassen. Das gilt nach § 569 Abs. 3 Nr. 1 ZPO nicht im schriftlichen Beschwerdeverfahren außerhalb einer mündlichen Verhandlung, wenn der Rechtsstreit im ersten Rechtszug nicht als Anwaltsprozess zu führen war (Zöller/Vollkommer § 78 Rn. 46).

153

Für das Verfahren auf Erlass einer Leistungsverfügung ist das Hauptsachegericht zuständig (§§ 937 Abs. 1, 943 Abs. 1 ZPO). Ist eine Hauptsache bereits rechtshängig, ist das mit ihr befasste Gericht (perpetuatio fori) auch für den Erlass einer einstweiligen Verfügung zuständig. Bis zur Rechtshängigkeit eines Hauptsacheverfahrens richtet sich die Zuständigkeit nach den allgemeinen für diesen Unterhaltsanspruch geltenden Zuständigkeitsregeln. Insbesondere ist auch das Verfahren auf Erlass einer einstweiligen Verfügung Familiensache (BGH FamRZ 1980, 46). Entsprechend ist auch für einstweilige Verfügungen auf Zahlung eines Prozesskostenvorschusses das Familiengericht und nicht das Gericht des zu bevorschussenden Prozesses zuständig (OLG Hamm FamRZ 2001, 1230). Für die gesetzliche Unterhaltspflicht gegenüber minderjährigen Kindern ist ausschließlich das Gericht zuständig, bei dem das Kind oder sein gesetzlicher Vertreter ihren allgemeinen Gerichtsstand haben (§ 642 Abs. 1 ZPO). Auf volljährige unverheiratete Kinder im Sinne des § 1603 Abs. 2 S. 2 ZPO erstreckt sich diese ausschließliche Zuständigkeit nicht, weil die Qualifizierung lediglich den materiellen Unterhaltsanspruch betrifft und der Sinn dieser Qualifizierung nicht entsprechend auf prozessuale Zuständigkeitsregeln übertragbar ist.

154

1.3.1.3 Verfügungsanspruch

Eine Leistungsverfügung auf Unterhalt setzt voraus, dass tatsächlich ein Unterhaltsanspruch besteht. Soweit Barunterhalt geltend gemacht wird, sind dessen Voraussetzungen schlüssig vorzutragen und glaubhaft zu

155

Unterhaltsrecht

machen. Dieses schließt Vortrag zur Bedürftigkeit und zur Höhe des Unterhaltsbedarfs ein. Außerdem ist Vortrag zur Unterhaltspflicht des Verfügungsbeklagten (z.B. nach den §§ 1601ff. BGB) erforderlich. Wie im Hauptsacheprozess ist für mangelnde Leistungsfähigkeit hingegen der Verfügungsbeklagte darlegungs- und beweispflichtig (Wendl/Dose § 6 Rn. 700ff., 710ff. m.w.N.). Beim Kindesunterhalt kann sich der Verfügungsanspruch sowohl auf Naturalunterhalt als auch auf Barunterhalt beziehen. Gleiches gilt für den Ehegattenunterhalt, und zwar sowohl hinsichtlich des Trennungs- als auch des nachehelichen Ehegattenunterhalts. Auch hinsichtlich des Anspruchs auf Wirtschaftsgeld (OLG Düsseldorf FamRZ 1983, 1121; OLG Celle FamRZ 1999, 162) ist eine Leistungsverfügung zulässig. Hinsichtlich des Verfügungsanspruchs ist eine umfassende Schlüssigkeitsprüfung erforderlich (Zöller/Vollkommer, § 935 Rn. 7; MünchKommZPO/Heinze § 935 Rn. 13ff.). Besonderheiten des Eilverfahrens sind nur insoweit zu beachten, als sich das Gericht der (eventuell schwer wiegenden) wirtschaftlichen Folgen bewusst sein muss und dieses in seine Interessenabwägung einbeziehen kann.

1.3.1.4 Verfügungsgrund

156 Nach § 940 ZPO ist eine einstweilige Verfügung nur dann zulässig, wenn diese „zur Abwendung wesentlicher Nachteile oder zur Verhinderung drohender Gewalt oder aus anderen Gründen nötig erscheint". Nach überwiegender Auffassung ist an diesen Verfügungsgrund ein strenger Maßstab anzulegen (OLG Celle FamRZ 1994, 386; Gießler Rn. 531). Der Unterhaltsgläubiger muss sich in einer Notlage befinden, die sich dadurch ausdrückt, dass ihm die Mittel zur Bestreitung des notwendigen Lebensbedarfs fehlen (BVerfG FamRZ 1980, 872; OLG Köln FamRZ 1983, 413; OLG Düsseldorf FamRZ 1992, 1321). An einer solchen Notlage fehlt es immer dann, wenn der Unterhaltsgläubiger selbst über den notwendigen Lebensbedarf verfügt oder wenn er in der Lage ist, sich solche Mittel in zumutbarer Weise zu verschaffen (OLG Köln FamRZ 1999, 245). Das ist nicht der Fall, wenn der Antragsteller für einen nicht beruflich benötigten PKW monatlich 508 DM zahlt und den Wagen gleichwohl behält, statt ihn zu verkaufen (OLG Hamm FamRZ 1999, 1214). Eine Notlage scheidet insbesondere dann aus, wenn der Unterhaltsberechtigte über eigene Einkünfte verfügt, die seinen notwendigsten Lebensbedarf decken. Eine einstweilige Verfügung auf höheren Unterhalt nach den ehelichen Lebensverhältnissen ist dann nicht zulässig. Gleiches gilt, wenn der Unterhaltsschuldner freiwillig Unterhaltsleistungen erbringt, die den notwendigen Lebensbedarf abdecken, oder wenn der Unterhaltsberechtigte mit einem neuen Lebensgefährten zusammen lebt und sein Mindestbedarf entweder durch seinen Vergütungsanspruch für Versorgungsleistungen (vgl. insoweit BGH FamRZ 2004, 1170 und 1173) oder durch die bestehende Unterhaltsgemeinschaft (BGH FamRZ 1983, 569, 572; 1987, 1011, 1013; 1989, 487) gedeckt ist.

Eine Notlage entfällt auch dann, wenn der Unterhaltsberechtigte subsidiäre oder freiwilligen Leistungen Dritter erhalten hat. Insbesondere fehlt es an einem Verfügungsgrund, wenn die wirtschaftliche Lebensnot dadurch abgewendet ist, dass der Verfügungskläger Sozialhilfeleistungen bezieht (OLG Hamm OLGR 2001, 70; KG FamRZ 1998, 690; OLG Frankfurt FamRZ 1997, 1090; OLG Karlsruhe FamRZ 1996, 1432; OLG Nürnberg NJW-RR 1995, 264; OLG Celle NJW-RR 1991, 137 m.w.N.; OLG Düsseldorf FamRZ 1992, 1321; OLG Oldenburg NJW 1991, 2029; a.A. OLG Köln FamRZ 1996, 1430; OLG Stuttgart FamRZ 1988, 305; OLG Koblenz FamRZ 1988, 189; Zöller/Vollkommer § 940 Rn. 8 „Unterhaltsrecht"; Gaul FamRZ 2003, 1137, 1149 ff.). Dem steht die Subsidiarität der Sozialhilfe nicht entgegen. Denn für die Zeit ab Antragstellung bis zum Erlass der einstweiligen Verfügung entfällt die Notlage durch die geleistete Sozialhilfe und den dadurch bedingten Übergang der Unterhaltsansprüche nach § 91 Abs. 1 S. 1 BSHG (KG FamRZ 1998, 690). Bis zu diesem Zeitpunkt hat sich die Hauptsache des einstweiligen Verfügungsverfahrens durch die gezahlte Sozialhilfe somit erledigt. Allerdings verbleibt es bei der Notlage für den künftigen Unterhaltsanspruch, der auch durch einstweilige Verfügung zugesprochen werden kann. Wegen der Subsidiarität der Sozialhilfe ist es nicht zulässig, den Unterhaltsgläubiger auch für die Zukunft auf den Bezug von Sozialhilfe zur Abwendung seiner Notlage zu verweisen (vgl. Gießler Rn. 534 m.w.N.). Eine Notlage entfällt hingegen auch für die Zukunft, wenn der Berechtigte Sozialleistungen bezieht, die gegenüber dem Unterhaltsanspruch nicht subsidiär sind (Zöller/Vollkommer § 940 Rn. 8 „Unterhaltsrecht"; zu Leistungen nach dem Grundsicherungsgesetz vgl. Wendl/Dose § 1 Rn. 467a ff.). Da sich die für einen Verfügungsgrund erforderliche Notlage des Unterhaltsberechtigten nach seiner tatsächlichen Situation richtet, entfällt ein Anspruch auf Notunterhalt auch für die Zeit, in welcher der notwendige Lebensbedarf durch Leistungen oder Darlehen Dritter abgedeckt ist (OLG Karlsruhe FamRZ 1999, 244 m.w.N.). Zwar lassen die freiwilligen Leistungen Dritter den Unterhaltsanspruch grundsätzlich unberührt, die für den Erlass einer einstweiligen Verfügung erforderliche Notlage entfällt dadurch gleichwohl (Wendl/Thalmann, § 8 Rn. 253; OLG Hamm FamRZ 1999, 1214). Umgekehrt entfällt ein Verfügungsgrund für eine einstweilige Anordnung auf Gewährung von Leistungen nach dem UVG im verwaltungsgerichtlichen Verfahren auch dann, wenn der An-

157

tragsteller in dem fraglichen Zeitraum tatsächlich Unterhaltsleistungen erhalten hat (VerwG München FamRZ 2002, 619).

158 Nach § 938 ZPO bestimmt das Gericht nach freiem Ermessen, welche Anordnung zur Erreichung des Zwecks der einstweiligen Verfügung erforderlich ist. Die Leistungsverfügung soll nur den Notbedarf sichern, darf dabei aber nicht über den materiellen Unterhaltsanspruch hinausgehen. Die Beseitigung einer Notlage erfordert es nach allgemeiner Auffassung nicht, in der Leistungsverfügung auch Unterhaltsrückstände zuzusprechen (OLG Köln FamRZ 1983, 410, 413; OLG Celle FamRZ 1983, 622; OLG Köln FamRZ 1998, 1384). Ihrem Zweck entsprechend ist die Leistungsverfügung auch auf den Endzeitpunkt zu befristen. Nach überwiegender Auffassung wird eine Dauer von sechs Monaten für ausreichend und zulässig erachtet (OLG Köln FamRZ 1980, 349; 1983, 410, 413; OLG Karlsruhe FamRZ 1980, 1117, 1118; OLG Düsseldorf FamRZ 1987, 1057, 1058). Das gilt schon deswegen, weil der Unterhaltsberechtigte sich in dieser Zeit um einen Hauptsachetitel bemühen soll (OLG Hamm FamRZ 1987, 1188; Zöller/Vollkommer § 940 Rn. 8 „Unterhaltsrecht" m.w.N.). Nach zeitlichem Ablauf der Geltungsdauer ist eine zweite Leistungsverfügung nur dann zulässig, wenn trotz einer zwischenzeitlich erhobenen Hauptsacheklage noch keine Entscheidung zur Hauptsache und keine einstweilige Anordnung ergangen ist (OLG Zweibrücken FamRZ 1986, 921; OLG Düsseldorf FamRZ 1991, 365). Erhebt der Unterhaltsberechtigte nach Erlass der einstweiligen Verfügung keine Unterhaltsklage im Hauptsacheverfahren, hat der Unterhaltspflichtige die Möglichkeit des Abänderungsverfahrens nach § 926 ZPO.

1.3.1.5 Glaubhaftmachung

159 Mit dem Antrag auf Erlass einer Leistungsverfügung sind die Anspruchsvoraussetzungen glaubhaft zu machen (§§ 920 Abs. 2, 936 ZPO). Dabei kann sich der Verfügungskläger aller Beweismittel, einschließlich der Versicherung an Eides statt bedienen (§ 294 Abs. 1 ZPO). Eine Beweisaufnahme, die nicht sofort erfolgen kann, ist unstatthaft (§ 294 Abs. 2 ZPO). Sofern eine mündliche Verhandlung über den Antrag erfolgt (§§ 921 Abs. 1, 936 ZPO), können deswegen lediglich sistierte Zeugen vernommen werden. Auch ein Beweis für die Prozessfähigkeit des Verfügungsbeklagten ist nur durch sofortige Beweisaufnahme möglich und erfordert deswegen ebenfalls eine Glaubhaftmachung (OLG Hamm FamRZ 1998, 687).

Einstweilige Verfügung/Arrest

1.3.1.6 Vollstreckung

Einstweilige Verfügungen sind unmittelbar mit Erlass des Beschlusses oder Verkündung des Urteils vollstreckbar, ohne dass es einer weiteren Entscheidung darüber bedarf. Hat das Gericht allerdings unter Verletzung der gesetzlichen Vorschriften zur vorläufigen Vollstreckbarkeit entschieden und dem Schuldner gestattet, die Zwangsvollstreckung gemäß §§ 709, 711 ZPO durch Sicherheitsleistung abzuwenden, so sind die Vollstreckungsorgane hieran gebunden (OLG Karlsruhe MDR 1983, 677). Wie bei der nach § 794 Abs. 1 Nr. 3a ZPO vollstreckbaren einstweiligen Anordnung (vgl. Rn. 57) setzt auch die Vollstreckung einer einstweiligen Verfügung nach der ausdrücklichen Regelung in den §§ 929 Abs. 1, 936 ZPO keine Vollstreckungsklausel nach §§ 724, 725 ZPO voraus.

160

Nach §§ 929 Abs. 2, 936 ZPO ist die Vollziehung einer einstweiligen Verfügung allerdings dann unstatthaft, wenn seit dem Tage, an dem diese verkündet oder der Partei zugestellt wurde, ein Monat verstrichen ist. Diese Vorschrift ist nach überwiegender Auffassung auch auf Leistungsverfügungen zum Unterhaltsrecht anzuwenden (OLG Celle FamRZ 1988, 524; OLG Koblenz FamRZ 1991, 589; OLG Hamm FamRZ 1991, 583; OLG Köln FamRZ 1992, 75, 77). Die gesetzliche Vollziehungsfrist soll verhindern, dass eine einstweilige Verfügung auch noch unter wesentlich veränderten Umständen vollzogen wird. Auf die Frist kann nicht verzichtet werden (OLG Hamm NJW 1978, 839); sie kann durch Parteivereinbarung verkürzt, nicht aber verlängert werden (§ 224 Abs. 1 ZPO). Bei der Frist handelt es sich nicht um eine Notfrist (§ 224 Abs. 1 Satz 2 ZPO), sodass eine Wiedereinsetzung nicht in Betracht kommt (§§ 230, 233 ZPO) und die Fristversäumnis somit unheilbar ist. Der Lauf der Vollziehungsfrist wird weder durch einen Widerspruch, noch durch eine Berufung nach Entscheidung durch Urteil gehemmt (§ 924 Abs. 3 Satz 1 ZPO). Der Gläubiger ist deswegen gehalten, die Vollziehung der Unterhaltsverfügung auch während des Widerspruchs- oder des Berufungsverfahrens fortzusetzen. Allerdings kann das Gericht auf Antrag sowohl im Widerspruchsverfahren (§§ 924 Abs. 3 Satz 2, 707 ZPO) als auch im Berufungsverfahren (§ 717 Abs. 1 ZPO) die einstweilige Einstellung der Zwangsvollstreckung anordnen. Durch diese Entscheidung wird die Vollziehungsfrist unterbrochen (OLG Frankfurt AfP 1980, 225). Die fristwahrende Vollziehung der Unterhaltsverfügung muss durch Zustellung im Parteibetrieb (§§ 936, 922 Abs. 2 ZPO) erfolgen; eine Zustellung von Amts wegen ist dafür nicht ausreichend (BGHZ 120, 73, 79 = NJW 1993, 1076). Ist eine Vollstrekkung nur gegen Sicherheitsleistung zulässig, muss der Gläubiger innerhalb der Vollziehungsfrist außerdem die angeordnete

161

Sicherheit geleistet haben (OLG Hamm OLGR Hamm 1994, 59; OLG Oldenburg OLGR Oldenburg 2000, 44).

162 Hat das Gericht eine durch Beschluss ergangene einstweilige Verfügung durch Urteil bestätigt und dieses erstmals von einer Sicherheitsleistung abhängig gemacht (§ 925 Abs. 2 ZPO), handelt es sich wegen der wesentliche Änderung um eine neue einstweilige Verfügung (OLG Frankfurt OLGZ 1980, 259; OLG Hamm OLGZ 1994, 243 ff.; OLG Düsseldorf OLGR Düsseldorf 1994, 261; KG ZMR 1998, 276), die eine neue Vollziehungsfrist in Gang setzt (OLG Zweibrücken NJW-RR 2002, 1657; OLG Oldenburg OLGR 2000, 44; OLG Hamm OLGR 1994, 59). Der Gläubiger kann nach Ablauf der Vollziehungsfrist jedoch eine neue Unterhaltsverfügung beantragen, wenn deren Voraussetzungen noch vorliegen und glaubhaft gemacht sind. Dabei ist unerheblich, ob die ursprüngliche Entscheidung noch besteht oder aufgehoben worden ist, weil wegen der fehlenden Vollstreckbarkeit ein Rechtsschutzbedürfnis nicht ausgeschlossen ist. Eine erneute Unterhaltsverfügung kann nach überwiegender Auffassung aber nur in einem neuen Verfahren und nicht im Widerspruchsverfahren oder in der Berufungsinstanz beantragt werden (OLG Frankfurt WRP 1983, 212; OLG Koblenz GRUR 1981, 91 m.w.N.).

1.3.1.7 Gerichtliches Verfahren

163 Die Entscheidung im einstweiligen Verfügungsverfahren ergeht im Falle einer mündlichen Verhandlung durch Endurteil (§ 922 Abs. 1 ZPO), anderenfalls durch Beschluss. Gegen den Beschluss, mit dem die einstweilige Verfügung erlassen wurde, ist Widerspruch zulässig (§§ 936, 924 Abs. 1 ZPO). In dem Widerspruch sind die Gründe für die Aufhebung der einstweiligen Verfügung anzugeben. Auf den Widerspruch hat das Gericht (vgl. Rn. 154) Termin zur mündlichen Verhandlung zu bestimmen. Über die Rechtmäßigkeit der einstweiligen Verfügung ist durch Endurteil zu entscheiden. Das Gericht kann die einstweilige Verfügung ganz oder teilweise bestätigen, abändern oder aufheben (§§ 936, 925 ZPO). Ist ein Unterhaltsverfahren in der Hauptsache nicht anhängig, so hat das Gericht der einstweiligen Verfügung auf Antrag ohne mündliche Verhandlung anzuordnen, dass die Partei, welche die einstweilige Verfügung erwirkt hat, binnen einer zu bestimmenden Frist Klage zu erheben hat (§§ 936, 926 Abs. 1 ZPO). Zuständig für diese Anordnung ist der Rechtspfleger (§ 20 Nr. 14 RPflG). Das Gericht kann die einstweilige Verfügung auch nach ihrer Bestätigung bei veränderten Umständen aufheben (§§ 936, 927 ZPO).

1.3.1.8 Prozesskostenhilfe

Prozesskostenhilfe kann dem Unterhaltsgläubiger für das Verfahren der einstweiligen Verfügung nur dann bewilligt werden, wenn eine einstweilige Anordnung nach §§ 620, 644 ZPO noch nicht möglich und die Erhebung der Hauptsacheklage noch nicht zumutbar ist (OLG Zweibrücken FamRZ 1999, 662). In diesen Fällen kann der Verfügungskläger wegen der Eilbedürftigkeit allerdings weder auf einen Prozesskostenvorschuss (OLG Düsseldorf FamRZ 1982, 513; vgl. Rn. 104 ff.) noch darauf verwiesen werden, eventuell vorhandenes unbares Vermögen zu verwerten (vgl. Gießler Rn. 561).

164

1.3.1.9 Kosten

Im einstweiligen Verfügungsverfahren ist gemäß §§ 91 ff. ZPO über dessen Kosten zu entscheiden. Im Unterschied zum einstweiligen Anordnungsverfahren handelt es sich um ein eigenständiges Verfahren mit eigenständig anfallenden Kosten und eigener Kostenentscheidung.

165

1.3.1.10 Außerkrafttreten

Die Leistungsverfügung tritt entweder nach Zeitablauf oder mit Rechtskraft einer Hauptsacheentscheidung außer Kraft. § 926 ZPO gibt dem Unterhaltsschuldner die Möglichkeit, den Erlass der einstweiligen Anordnung mit der Auflage zur Erhebung einer Hauptsacheklage zu verbinden. Der Unterhaltsschuldner ist allerdings nicht auf diese Möglichkeit beschränkt sondern kann selbst als Hauptsache eine negative Feststellungsklage erheben. Hat der Unterhaltsgläubiger die einstweilige Verfügung vollzogen und wird später festgestellt, dass diese nicht begründet war, ist er nach § 945 ZPO schadensersatzpflichtig.

166

1.3.2 Einstweilige Verfügung gegen den Kindesvater nach § 1615 o BGB

Neben den allgemeinen Vorschriften über den Erlass einer Leistungsverfügung in Unterhaltssachen (§§ 935, 940 ZPO) sieht § 1615 o BGB ausdrücklich die Möglichkeit einer einstweiligen Verfügung über den Unterhaltsanspruch der nicht mit dem Kindesvater verheirateten Mutter und ihres Kindes vor (vgl. Büttner FamRZ 2000, 781). Für diese Unterhaltsberechtigten regelt das Gesetz somit eine weitere Möglichkeit einstweiligen Rechtsschutzes neben der nach § 641 d ZPO zulässigen einstweiligen Anordnung (siehe Rn. 136 ff.).

167

1.3.2.1 Abgrenzung zur einstweiligen Anordnung

168 Leistungsverfügungen auf laufenden Unterhalt nach §§ 935, 940 ZPO sind wegen ihrer materiellen Rechtskraft erst zulässig, wenn die Vaterschaft bereits festgestellt ist, denn die Rechtswirkungen der Vaterschaft können nach § 1600d Abs. 4 BGB vorbehaltlich abweichender gesetzlicher Regelungen erst vom Zeitpunkt ihrer Feststellung an geltend gemacht werden. Eine abweichende Regelung trifft § 1615o BGB, die eine einstweilige Verfügungen schon zulässt, wenn die Vaterschaft anerkannt wurde oder nach § 1600d Abs. 2 BGB vermutet wird. Die einstweilige Verfügung kann damit bereits vor der Geburt des Kindes beantragt werden; der Unterhalt ist dann zunächst zu hinterlegen (§ 1615o Abs. 1 S. 2, Abs. 2 BGB). Dafür ist die einstweilige Verfügung nach § 1615o BGB auf einen Unterhaltsanspruch des Kindes für die ersten drei Monate nach der Geburt und der Kindesmutter für die Zeit des Mutterschutzes (sechs Wochen vor und acht Wochen nach der Geburt; § 1615o Abs. 1, 2 BGB) beschränkt. Inhaltlich beschränkt sich die einstweilige Verfügung nach § 1615o BGB auf den mit der Geburt des Kindes verbundenen dringendsten Unterhaltsbedarf, also auf Kindesunterhalt in Höhe des Regelbetrages abzüglich halben Kindergeldes und auf Unterhalt der Kindesmutter in Höhe des Notbedarfs sowie auf Ersatz der durch die Schwangerschaft oder die Entbindung entstehenden Kosten (§§ 1615o Abs. 1, 2; 1615l Abs. 1 BGB; vgl. insoweit Wendl/Scholz § 2 Rn. 127ff.).

169 Demgegenüber sind nach § 644 ZPO in der Hauptsache einstweilige Anordnungen zulässig, die sich nicht lediglich auf den Notbedarf des Kindes und der Kindesmutter beschränken, sondern den vollen Unterhaltsanspruch erfassen und zudem nicht befristet sind. Wegen § 1600d Abs. 4 BGB sind diese allerdings erst nach Feststellung der Vaterschaft zulässig. Um den Unterhaltsberechtigten ihren Unterhaltsanspruch möglichst frühzeitig zu sichern, ermöglicht § 641d ZPO eine einstweilige Anordnung bereits ab Anhängigkeit des Rechtsstreits auf Feststellung der Vaterschaft oder eines entsprechenden Antrags auf Bewilligung von Prozesskostenhilfe. Ab diesem Zeitpunkt stellt die einstweilige Anordnung nach § 641d ZPO den laufenden Unterhalt des Kindes oder der Mutter gegen den Kindesvater in vollem Umfang sicher, bis die Unterhaltsberechtigten entweder einen materiell rechtskräftigen Unterhaltstitel erwirkt haben oder die einstweilige Anordnung entweder aufgehoben wird (§ 641e 1. HS. ZPO) oder nach § 641f ZPO außer Kraft tritt. Ab Zulässigkeit geht die einstweilige Anordnung nach § 641d ZPO der einstweiligen Verfügung nach § 1615o BGB als lex specialis vor (Zöller/Philippi, § 641d Rn. 3 m.w.N.; Büttner FamRZ 2000, 781, 785; Bernreuther FamRZ 1999, 69, 73). Auch insoweit gilt der Grundsatz, dass die einstweilige Anordnung wegen des weiter gehenden Regelungsumfangs die lediglich auf Notunterhalt gerichtete einstweilige Verfügung verdrängt. Selbst in einem bereits anhängigen Verfahren darf ab diesem Zeitpunkt keine einstweilige Verfügung mehr erlassen werden (siehe Rn. 137). Im Wege der einstweiligen Anordnung nach § 641d ZPO können die Berechtigten auch zusätzlichen Sonderbedarf (§§ 1615a, 1601, 1610 Abs. 2 BGB), insbesondere die Kosten der Säuglings-Erstausstattung oder einen Prozesskostenvorschuss verlangen. Auch insoweit schließt sie eine einstweilige Verfügung aus (OLG Frankfurt EzFamR aktuell 2001, 184 und OLG Düsseldorf FamRZ 1995, 1426 jeweils für einen Prozesskostenvorschuss; vgl. auch LG Düsseldorf FamRZ 1975, 279 mit ablehnender Anmerkung Büdenbänder; Zöller/Philippi § 641d Rn. 10a).

1.3.2.2 Unterhaltsanspruch des Kindes

Um die Zahlung des Unterhaltsanspruches unmittelbar mit der Geburt sicherzustellen, setzt § 1615o Abs. 1 BGB nicht voraus, dass die Vaterschaft bereits rechtskräftig feststeht. Der Erlass einer einstweiligen Verfügung ist bereits dann möglich, wenn der Beklagte die Vaterschaft anerkannt hat oder diese nach § 1600d Abs. 2 BGB vermutet wird, weil er der Mutter während der Empfängniszeit beigewohnt hat und keine schwer wiegenden Zweifel an der Vaterschaft bestehen. Mit der einstweiligen Verfügung kann der Kindesunterhalt für die ersten drei Monate ab der Geburt verlangt werden, nicht zulässig ist sie hingegen für Unterhaltsrückstände oder für die Zeit nach Vollendung des dritten Lebensmonats. Der Unterhaltsanspruch muss im Zeitpunkt der einstweiligen Verfügung noch nicht fällig sein. Vielmehr kann der Antrag zur unmittelbaren Sicherung des Kindesunterhalts bereits vor der Geburt des Kindes durch die Mutter oder einen für die Leibesfrucht bestellten Pfleger gestellt werden (§ 1615o Abs. 1 S. 2 BGB). In diesem Fall kann angeordnet werden, dass der erforderliche Gesamtbetrag angemessene Zeit vor der Geburt zu hinterlegen ist (vgl. Rn 136 ff.). Die Höhe des mit einstweiliger Verfügung nach § 1615o BGB geschuldeten Kindesunterhalts ergibt sich aus den Regelbeträgen der Regelbetragsverordnung (vgl. insoweit Wendl/Scholz § 2 Rn. 127 ff).

170

Mit dem Antrag auf Erlass einer einstweiligen Verfügung ist die bestehende Schwangerschaft sowie das Anerkenntnis bzw. die Vaterschaftsvermutung glaubhaft zu machen (Rn. 173). Eine Glaubhaftmachung hinsichtlich der Gefährdung des Anspruchs ist ausdrücklich nicht erforderlich (§ 1615o Abs. 3 BGB), weil die einstweilige Verfügung die Sicherung des Unterhaltsanspruchs unmittelbar ab der Geburt bezweckt. Die

171

Höhe des Unterhaltsanspruchs für die ersten drei Monate muss ebenfalls nicht glaubhaft gemacht werden, zumal der Unterhaltsbedarf sich aus dem Regelbetrag ergibt. Wird allerdings zusätzlich Sonderbedarf begehrt, sind dessen Notwendigkeit und Kosten glaubhaft zu machen.

1.3.2.3 Unterhaltsanspruch der Kindesmutter

172 Die Kindesmutter kann mit der einstweiligen Verfügung nach § 1615o Abs. 2 BGB Unterhalt für die Zeit des Mutterschutzes (§ 1615l Abs. 1 BGB), also schon für die Zeit ab sechs Wochen vor Geburt begehren. Jedenfalls ab diesem Zeitpunkt ist die einstweilige Verfügung somit zulässig. Der zeitlich bis acht Wochen nach der Geburt befristete Unterhalt kann der Kindesmutter lediglich in Höhe des Notbedarfs zugesprochen werden, der dem notwendigen Selbstbehalt nach § 1603 Abs. 2 BGB entspricht (vgl. BGH FamRZ 2003, 363). Der Unterhalt darf den sich aus den ehelichen Lebensverhältnissen ergebenden allgemeinen Unterhaltsbedarf allerdings nicht überschreiten. Daneben kann die Kindesmutter mit der einstweiligen Verfügung auch die infolge der Schwangerschaft oder der Entbindung außerhalb dieses Zeitraums entstehenden Kosten verlangen (§§ 1615o Abs. 2, 1615l Abs. 1 BGB), wenn nicht dafür schon die vorrangige einstweilige Anordnung nach § 641d ZPO zulässig ist (vgl. Rn. 169). Mit dem Antrag auf Erlass der einstweiligen Verfügung ist auch der Unterhaltsbedarf, insbesondere das Fehlen anderweitiger Einkünfte der Kindesmutter glaubhaft zu machen. Eine Gefährdung des Anspruchs braucht hingegen ausdrücklich nicht glaubhaft gemacht zu werden (§ 1615o Abs. 3 BGB).

1.3.2.4 Verfahren

173 In dem Antrag auf Erlass einer einstweiligen Verfügung sind deren Voraussetzungen, einschließlich der Vermutung nach 1600d Abs. 2 BGB glaubhaft zu machen (§§ 936, 920 Abs. 2, 294 BGB). Die Gefährdung des Anspruchs muss hingegen ausdrücklich nicht glaubhaft gemacht werden (§ 1615o Abs. 3 BGB). Für die einstweilige Verfügung nach § 1615o BGB ist das Gericht der Hauptsache zuständig. Hauptsache im Sinne des § 937 ZPO ist weder die Kindschaftssache noch der damit nach § 653 ZPO verbundene Unterhaltsantrag sondern allein der Unterhaltsprozess nach § 642f ZPO. Ausschließlich zuständig ist damit nach § 642 Abs. 1 ZPO das Gericht, bei dem das Kind oder der Elternteil, der es gesetzlich vertritt, seinen allgemeinen Gerichtsstand hat (OLG Frankfurt FamRZ 1984, 512; OLG Celle, OLGR Celle 1999, 158). Ist die einstweilige Verfügung ergangen, kann dem Unterhaltsberechtigten auf Antrag von dem insoweit

zuständigen Rechtspfleger (§ 20 Nr. 14 RPflG) nach §§ 936, 926 Abs. 1 ZPO eine Frist zur Erhebung der Hauptsacheklage gesetzt werden.

1.3.3 Arrest

Ein Arrest (§§ 916 ff. ZPO) ist im Unterhaltsrecht praktisch kaum von Bedeutung, weil er nur der Sicherung von Unterhaltsansprüchen dient (BGH Rpfl 1993, 292) und dem Unterhaltsberechtigten nicht unmittelbar die dringend benötigten monatlichen Unterhaltsleistungen verschafft. Bedarf es im Einzelfall vornehmlich der Sicherung künftiger Unterhaltsansprüche, ist diese allerdings durch Arrest für einen Zeitraum von bis zu 5 Jahren möglich (vgl. allgemein zum Arrest Wendl/Thalmann § 8 Rn. 262 ff.). Ein Sicherungsbedürfnis für den Erlass eines Arrestes kann bestehen, wenn die begründete Gefahr besteht, dass der Unterhaltsschuldner in Zukunft seiner Unterhaltspflicht nicht nachkommen wird (OLG München FamRZ 2000, 965). Ein Arrest ist allerdings dann ausgeschlossen, wenn schon ein Titel in der Hauptsache besteht und die Privilegierung des Unterhaltsschuldners gegenüber anderen Gläubigern durch eine Vorratspfändung gesichert ist (OLG Zweibrücken FamRZ 2000, 966 m.w.N.).

173a

2. Sorgerecht

Durch das zum 1. Juli 1998 in Kraft getretene Gesetz zur Reform des Kindschaftsrechts (KindRG; BGBl. I 1997, S. 2942) sind die materiellen Grundlagen gerichtlicher Entscheidungen zum Sorgerecht wesentlich geändert worden. § 1671 BGB hat die bisherigen §§ 1671, 1672 BGB ersetzt und damit die zeitliche Befristung einer Sorgerechtsentscheidung auf die Trennungszeit oder die nacheheliche Zeit abgeschafft. In einem Verfahren zur elterlichen Sorge wird, unabhängig davon, ob dieses während der Trennungszeit, im Scheidungsverbund oder später beantragt wurde, eine dauerhafte Regelung getroffen, die bis zu einer eventuellen Abänderung in einem weiteren Verfahren gilt. § 1671 BGB knüpft in seiner nunmehr geltenden Fassung also lediglich an eine (nicht nur vorübergehende) Trennung der Eltern an (BT-Drucksache 13/4899 S. 61f., 98). Außerdem gilt § 1671 BGB nunmehr auch für nicht miteinander verheiratete Kindeseltern, soweit ihnen die elterliche Sorge gemeinsam zusteht (§ 1626a Abs. 1 BGB). Verfahrensrechtlich entspricht dem die erweiterte Zuständigkeit der Familiengerichte auch für nicht während einer Ehe geborene Kinder durch Änderung des § 23b Abs. 1 Nr. 2, 3 GVG. Entsprechend ist das Familiengericht durch die Neufassung des § 1666 BGB durch das KindRG nunmehr auch für Entscheidungen bei Gefährdung des Kindeswohls zuständig (vgl. Rn. 179). Auch die materielle Grundlage des Umgangsrechts eines Kindes mit seinen Eltern ist durch das KindRG geändert und neu in § 1684 BGB geregelt worden. Macht ein Elternteil geltend, dass der andere Elternteil die Durchführung einer gerichtlichen Verfügung über den Umgang mit dem gemeinschaftlichen Kind vereitelt oder erschwert, so hat das Familiengericht auf Antrag eines Elternteils zwischen den Eltern zu vermitteln (§ 52a FGG). Ziel dieser Vermittlung ist eine einvernehmliche Lösung, die, soweit sie von der gerichtlichen Verfügung abweicht und dem Kindeswohl nicht widerspricht, als Vergleich zu protokollieren ist und an die Stelle der gerichtlichen Verfügung tritt (§ 52a Abs. 4 FGG).

174

Sind die Eltern während der Geburt des Kindes nicht miteinander verheiratet, steht die elterliche Sorge grundsätzlich der Kindesmutter zu (§ 1626a Abs. 2 BGB; zu verfassungsrechtlichen Bedenken vgl. Schwab/ Motzer III Rn. 209 m.w.N.). Die Kindeseltern können allerdings die gemeinsame elterliche Sorge begründen, indem sie einander heiraten (§ 1626a Abs. 1 Nr. 2 BGB) oder eine gemeinsame Sorgerechtserklärung

175

Sorgerecht

abgeben (§§ 1626a Abs. 1 Nr. 1, 1626b BGB). Die Sorgerechtserklärung kann schon vor der Geburt des Kindes (§ 1626b Abs. 2 BGB; vgl. BGH FamRZ 2004, 802), aber nicht mehr nach einer Sorgerechtsentscheidung gemäß §§ 1671, 1672, 1696 Abs. 1 BGB wirksam abgegeben werden (§ 1626b Abs. 3 BGB). Die nach § 1626d BGB erforderliche Beurkundung erfolgt durch den Notar (§ 128 BGB), die Urkundsperson des Jugendamts (§ 59 Abs. 1 Nr. 8 SGB VIII) oder gerichtlichen Vergleich (§ 127a BGB). Wegen der erheblichen Bedeutung muss der Beurkundung eine ausreichende Belehrung über die Folgen der Sorgerechtserklärung vorausgehen (BT-Drucksache 13/4899 S. 95). Erfolgt die Beurkundung durch den Notar oder das Familiengericht, ist hiervon das Jugendamt zu unterrichten (§ 1626d Abs. 2 BGB), weil es die Kenntnis wegen der Zuständigkeit für die Erteilung von Negativattesten (§ 58a SGB VIII) benötigt. Leben die Eltern nicht nur vorübergehend getrennt und steht die elterliche Sorge nach § 1626a Abs. 2 BGB allein der Kindesmutter zu, kann der Vater mit Zustimmung der Kindesmutter beantragen, dass ihm das Familiengericht die elterliche Sorge allein überträgt.

175a Ein Bedarf für einstweilige Regelungen kann auch für folgende Entscheidungen des Familiengerichts bestehen:

– Übertragung des Sorgerechts auf den nicht mit der Kindesmutter verheirateten und bislang nicht sorgeberechtigten Kindesvater nach § 1672 Abs. 1 BGB,

– Übertragung der elterlichen Sorge bei Ruhen der elterlichen Sorge des allein sorgeberechtigten Elternteils nach § 1678 Abs. 2 BGB,

– Übertragung der elterlichen Sorge beim Tod des allein sorgeberechtigten Elternteils nach § 1680 Abs. 2 BGB,

– Übertragung der elterlichen Sorge bei Entziehung der elterlichen Sorge des allein sorgeberechtigten Elternteils nach § 1680 Abs. 3 BGB,

– Abänderung der Entscheidung zum Sorge- und Umgangsrecht nach § 1696 BGB,

– vorläufige Unterbringung Minderjähriger nach § 1631b BGB i.V.m. §§ 70h, 69f FGG,

– Verbleibensanordnung zugunsten der Pflegeperson nach § 1632 Abs. 4 BGB (vgl. BVerfG FamRZ 2004, 771),

– Verbleibensanordnung zugunsten der Bezugsperson nach § 1682 BGB,

– Einschränkung der sorgerechtlichen Befugnisse gemeinsam sorgeberechtigter aber getrennt lebender Eltern nach § 1687 Abs. 2 BGB,

Einstweilige Anordnung im Scheidungsverbundverfahren (§ 620 Nr. 1 bis 3 ZPO)

– Einschränkung der sorgerechtlichen Befugnisse des allein sorgeberechtigten oder des umgangsberechtigten Elternteils nach § 1687a i. V. m § 1687 Abs. 2 BGB,
– gerichtliche Entscheidung bei Pflegschaft allein zur Personen- oder Vermögenssorge und Eingriff in den übrigen Sorgerechtsbereich nach § 1630 Abs. 2 BGB,
– Übertragung von Teilen der elterlichen Sorge auf eine Pflegeperson nach § 1630 Abs. 3 BGB,
– Einschränkung der Entscheidungsbefugnisse der Pflegeperson nach § 1688 Abs. 3 S. 2 BGB,
– Entziehung der Vertretungsmacht der Eltern für einzelne Angelegenheiten nach § 1629 Abs. 2 S. 3 BGB,
– Entziehung der Vertretungsmacht des Vormunds für einzelne Angelegenheiten nach § 1796 BGB,
– Auskunft über die persönlichen Verhältnisse des Kindes nach § 1686 S. 2 BGB,
– gerichtliche Änderung der Bestimmung zur Art der Unterhaltsgewährung nach § 1612 Abs. 2 S. 2 BGB,
– vorläufige Regelung des Elternstreits nach § 1628 BGB,
– gerichtliche Maßnahmen bei Verhinderung der Eltern nach § 1693 BGB,
– gerichtliche Unterstützung bei der Ausübung der Personensorge nach § 1631 Abs. 3 BGB und
– familiengerichtliche Genehmigungen nach den §§ 1643 bis 1645 BGB.

2.1 Einstweilige Anordnung im Scheidungsverbundverfahren (§ 620 Nr. 1 bis 3 ZPO)

Gleichzeitig mit der Neuregelung des § 1671 BGB ist durch eine Änderung des § 623 Abs. 3 ZPO der Zwangsverbund zum Sorgerecht abgeschafft worden. Nunmehr ist eine Entscheidung zum Sorgerecht, Umgangsrecht oder zur Kindesherausgabe im Scheidungsverbundverfahren nur dann notwendig, wenn dieses von einem Ehegatten ausdrücklich beantragt ist (§ 623 Abs. 2 BGB). Wird eine Ehesache rechtshängig, während eine Familiensache zur elterlichen Sorge (§ 1671 Abs. 1 BGB), zum Umgangsrecht (§ 1684 BGB) für ein gemeinschaftliches Kind oder zur Kindesherausgabe (§ 1632 Abs. 1 BGB) anhängig ist, so sind jene Verfahren von Amts wegen an das Gericht der Ehesache zu verweisen oder abzugeben (§ 621 Abs. 2 S. 1, Abs. 3 ZPO). Über die Anträge ist im Ver-

176

Sorgerecht

bund mit dem Scheidungsverfahren zu entscheiden (§ 623 Abs. 2 ZPO). In diesen Fällen kann das Gericht im Wege der einstweiligen Anordnung auf Antrag die elterliche Sorge für gemeinschaftliche Kinder, den Umgang eines Elternteils mit dem Kind und die Herausgabe des Kindes an den anderen Elternteil regeln (§ 620 Nr. 1 bis 3 ZPO). Die frühere Regelung in § 620 S. 2 ZPO, wonach das Gericht eine einstweilige Anordnung zum Sorgerecht auch von Amts wegen erlassen durfte, ist durch das KindRG gestrichen worden.

2.1.1 Voraussetzung für den Erlass einer einstweiligen Anordnung

177 Grundsätzlich richten sich Voraussetzungen und das Verfahren einer im Scheidungsverbund beantragten einstweiligen Anordnung zum Sorgerecht, Umgangsrecht und zur Kindesherausgabe nach den oben (Rn. 6 ff.) dargestellten Grundsätzen für den Erlass einer einstweiligen Anordnung zum Kindes- und Ehegattenunterhalt. Ausnahmen sind nur dort geboten, wo die Besonderheiten des Verfahrens der freiwilligen Gerichtsbarkeit (§ 621 a Abs. 1 S. 1 ZPO), insbesondere der Ermittlungsgrundsatz dieses erfordern. Eine einstweilige Anordnung zum Sorgerecht setzt im Scheidungsverbund jetzt ebenfalls einen Antrag eines Ehegatten voraus, zumal § 620 S. 2 ZPO a. F., der diese auch von Amts wegen zuließ, durch das KindRG gestrichen wurde. Auch einstweilige Anordnungen im isolierten Sorgerechtsverfahren sind nach dem eindeutigen Wortlaut des § 621 g S. 1 BGB nur auf Antrag zulässig (siehe Rn. 192 b; a. A. OLG Frankfurt OLGR 2003, 153).

2.1.2 Regelungsbedürfnis

178 Das für eine einstweilige Anordnung nach § 620 Nr. 1 ZPO erforderliche Regelungsbedürfnis (siehe Rn. 15 ff.) setzt nicht voraus, dass die erstrebte Anordnung besonders eilbedürftig ist (OLG Zweibrücken FamRZ 1986, 1229, 1230) oder ein dringendes Bedürfnis für ein sofortiges Einschreiten noch vor der Hauptsacheentscheidung besteht (vgl. van Els Rn. 110 f.; Schwab/Maurer I Rn. 896). Es reicht schon aus, wenn ein Abwarten bis zur Entscheidung in der Ehesache Nachteile für das Kindeswohl befürchten lässt (OLG Köln FamRZ 2000, 1240; van Els Rn. 111; Johannsen/Henrich/Sedemund-Treiber § 620 ZPO Rn. 11). Dabei legt die Trennung und der Streit der Eltern über das Sorgerecht für die Kinder im Allgemeinen bereits die Befürchtung nahe, das Wohl der Kinder werde hierdurch in Mitleidenschaft gezogen (OLG Jena FamRZ 1997, 573). Ein Regelungsbedürfnis für die einstweilige Anordnung über die elterliche Sorge

fehlt allerdings dann, wenn das Kindeswohl durch die beabsichtigte Regelung nur unwesentlich berührt würde. Das kann dann der Fall sein, wenn an der bisherigen Aufteilung der Betreuungszeiten auf die Eltern nichts geändert werden soll und es dem Antragsteller nur darum geht, den Einfluss des anderen Elternteils auf Erziehungsentscheidungen zurückzudrängen (OLG Karlsruhe FamRZ 1987, 78).

Auch im Hauptsacheverfahren auf Übertragung der elterlichen Sorge besteht ein Regelungsbedürfnis für den Erlass einer einstweiligen Anordnung üblicherweise nur hinsichtlich des Aufenthaltsbestimmungsrechts (OLG München FamRZ 1999, 111). Eine Vereinbarung der Parteien zum Sorgerecht, Umgangsrecht oder zur Kindesherausgabe ist nur dann vollstreckbar und steht einem Regelungsbedürfnis nur dann entgegen, wenn das Gericht sich diese, zum Beispiel durch familiengerichtliche Genehmigung, ausdrücklich zu Eigen gemacht hat (OLG Bamberg FamRZ 1995, 428; OLG Koblenz FamRZ 1996, 560). Eine einstweilige Anordnung zur Kindesherausgabe nach § 620 Nr. 3 ZPO ist nur zulässig, wenn der allein sorgeberechtigte Ehegatte die Herausgabe des Kindes verlangt; sie dient nicht der Sicherstellung des Umgangsrechts (Johannsen/Henrich/Sedemund-Treiber § 620 ZPO Rn. 14; Zöller/Philippi § 620 Rn. 46; Schwab/Maurer I Rn. 877).

2.1.3 Verfahren

Richtet sich die einstweilige Anordnung auf einen Teilaspekt der Folgesache, bestimmt sich die Zuständigkeit nach diesem Teil. Das Oberlandesgericht ist aber auch für den Erlass einer einstweiligen Anordnung zum Umgangsrecht zuständig, wenn es im Beschwerdeverfahren mit der Folgesache der elterlichen Sorge befasst ist und die Entscheidung zum Umgangsrecht der Hauptsacheentscheidung zum Sorgerecht dient (OLG Rostock FamRZ 2004, 476; van Els Rn. 294; vgl. auch Rn. 192 c). Demgegenüber entsprechen sich die Umgangsregelung einerseits und die Kindesherausgabe andererseits nicht (OLG Frankfurt FamRZ 1992, 579, 580; Schwab/Maurer I Rn. 906 m.w.N.; vgl. BT-Drucksache 10/2888 S. 27).

Vor Erlass einer einstweiligen Anordnung nach § 620 Nr. 1 bis 3 ZPO soll das Kind (vgl. § 50b FGG) und das Jugendamt angehört werden (§ 620 a Abs. 3 S. 1 ZPO). Ist dieses wegen besonderer Eilbedürftigkeit nicht möglich gewesen, muss die Anhörung unverzüglich nachgeholt werden (§ 620 a Abs. 3 ZPO). Das Anhörungsgebot ist zwar keine Ausprägung des Grundsatzes des rechtlichen Gehörs (Art. 103 Abs. 1 GG), es ist aber durch das Elternrecht geboten und dient einem Mindestmaß an Sachaufklärung, die das Gericht von Amts wegen zu leisten hat.

179

Sorgerecht

Dadurch werden die anzuhörenden Personen jedoch nicht zu Verfahrensbeteiligten. Die vorgeschriebene Anhörung begründet weder eine formelle Beteiligung noch ein materielles Recht im Sinne des § 20 Abs. 1 FGG (KG FamRZ 1979, 740). Entsprechend folgt das Gebot zur vorherigen oder (bei Eilbedürftigkeit) nachträglichen Anhörung aus dem Ermittlungsgrundsatz (OLG München JurBüro 1985, 79) und ergibt sich nicht aus dem Grundsatz des rechtlichen Gehörs nach Art. 103 Abs. 1 GG (vgl. Rn 25).

Nach Art. 6 Abs. 2 S. 1 GG sind Pflege und Erziehung der Kinder das natürliche Recht der Eltern. In dieses Recht darf der Staat grundsätzlich nur im Rahmen des staatlichen Wächteramtes (Art. 6 Abs. 2 S. 2 GG) eingreifen. Eingriffe in das Elternrecht sind insbesondere dann verfassungsrechtlich gerechtfertigt, wenn das Wohl der Kinder durch die Sorgerechtsausübung der Eltern gefährdet wird. Jede zum Zwecke der Abwendung einer Gefährdung des Kindeswohls getroffene staatliche Maßnahme muss allerdings den Grundsatz der Verhältnismäßigkeit beachten (BVerfG FamRZ 1988, 36; 1986, 871). Art. 6 Abs. 3 GG begrenzt die in Betracht kommenden staatlichen Eingriffe zusätzlich. Danach ist eine Trennung des Kindes von seinen erziehungsberechtigten Eltern gegen den Willen nur aufgrund eines Gesetzes und nur dann möglich, wenn diese versagen oder wenn die Kinder aus anderen Gründen zu verwahrlosen drohen (BVerfG FamRZ 1968, 578). Diese verfassungsrechtliche Dimension von Art. 6 Abs. 2 und 3 GG beeinflusst auch das Prozessrecht und seine Handhabung im Sorgerechtsverfahren (BVerfG FamRZ 1981, 124). Das gerichtliche Verfahren muss in seiner Ausgestaltung dem Gebot effektiven Grundrechtsschutzes entsprechen, damit nicht die Gefahr einer Entwertung materieller Grundrechtspositionen entsteht (BVerfGE 63, 131, 143). Das gilt auch und gerade im kindschaftsrechtlichen Eilverfahren. Im Bereich des Sorgerechts sind bereits vorläufige Maßnahmen in der Regel mit einem erheblichen Eingriff in das Grundrecht der Eltern verbunden. Sie können Tatsachen schaffen, die – insbesondere aufgrund der Dauer des Hauptsacheverfahrens – später nicht oder nur schwer rückgängig zu machen sind (BVerfG FamRZ 1994, 223, 224). Soweit der Erlass einer Eilentscheidung erforderlich ist, müssen daher jedenfalls die im Eilverfahren zur Verfügung stehenden Aufklärungs- und Prüfungsmöglichkeiten ausgeschöpft werden (BVerfGE 67, 43, 60; 69, 315, 363 f.). Jedenfalls vor einem Eingriff in das Elternrecht mit besonders hoher Intensität, wozu immer die Entziehung des Sorgerechts zu rechnen ist, hat das Gericht deswegen auch im Verfahren der einstweiligen Anordnung stets die Verfahrensbeteiligten anzuhören (BVerfG FamRZ 2002, 1021, 1023).

Einstweilige Anordnung im Scheidungsverbundverfahren (§ 620 Nr. 1 bis 3 ZPO)

Ist die Anhörung des Kindes und des Jugendamtes wegen besonderer Eilbedürftigkeit ausnahmsweise nicht möglich, so ist diese jedenfalls unverzüglich nachzuholen (§ 620a Abs. 3 S. 2 ZPO; OLG Naumburg FamRZ 2002, 615). Eine Anhörung der Eltern ist nach § 50a FGG veranlasst (Johannsen/Henrich/Sedemund-Treiber § 620a ZPO Rn. 13). Dem Antragsgegner ist vor Erlass der einstweiligen Anordnung rechtliches Gehör (Art. 103 Abs. 1 GG) zu gewähren. Beabsichtigt das Gericht eine Entscheidung ohne mündliche Verhandlung (§ 620a Abs. 1 ZPO), ist ihm sogleich eine Frist zur Stellungnahme auf die Antragsschrift zu setzen. Kann auch der Antragsgegner wegen dringenden Entscheidungsbedarfs vor Erlass der einstweiligen Anordnung nicht angehört werden, ist ihm sogleich, in der Regel mit Zustellung der Entscheidung, rechtliches Gehör zu gewähren. Ein solches Vorgehen kann zum Beispiel geboten sein, wenn zu befürchten ist, dass der Antragsgegner mit dem Kind dauerhaft ins Ausland reisen wird (vgl. aber OLG Hamburg FamRZ 2003, 946). Bestimmt das Gericht Termin zur mündlichen Verhandlung, ist – abhängig von der Eilbedürftigkeit des Falles – ein möglichst naher Termin anzuberaumen. Ein Richter, der auf den Antrag zum Erlass einer einstweiligen Anordnung auf Mitteilung des Aufenthaltsorts eines Kindes lediglich den nächsten regulären Termin (in mehr als sieben Wochen) zur mündlichen Verhandlung anberaumt, kann wegen Besorgnis der Befangenheit abgelehnt werden (OLG Hamm FamRZ 1999, 936 mit Anm. van Els FamRZ 2000, 295).

Einstweilige Anordnungen über die elterliche Sorge, den persönliche Umgang mit dem Kind und die Herausgabe des Kindes sind ihrem Gegenstand nach Angelegenheiten der freiwilligen Gerichtsbarkeit (§§ 621 Abs. 1 Nr. 1 bis 3, 621a Abs. 1 S. 1 ZPO). Für das Verfahren in diesen Angelegenheiten gilt deswegen der Grundsatz der Amtsermittlung nach § 12 FGG (OLG Düsseldorf FamRZ 1994, 973; OLG München FamRZ 1978, 54, 55; Zöller/Philippi § 620a Rn. 29; Johannsen/Henrich/Sedemund-Treiber § 620a ZPO Rn. 14). Das Gericht muss von Amts wegen die zur Feststellung der Tatsachen erforderlichen Ermittlungen veranlassen und die geeignet erscheinenden Beweise erheben. Im Termin zur mündlichen Verhandlung ist es nicht auf präsente Beweismittel beschränkt. Da die Voraussetzungen zum Erlass einer einstweiligen Anordnung lediglich glaubhaft zu machen sind, müssen nicht alle entscheidungserheblichen Tatsachen abschließend geklärt werden. Insbesondere ist im Anordnungsverfahren nicht die Einholung eines schriftlichen Sachverständigengutachtens mit der dadurch bedingten erheblichen Verzögerung der Entscheidung erforderlich (OLG München FamRZ 1978, 54).

180

In der einstweiligen Anordnung zur Herausgabe eines Kindes muss das Gericht zugleich regeln, wozu die Vollstreckungsorgane befugt sind und was der Wohnungsinhaber dulden muss, wenn das Kind nicht freiwillig herausgegeben wird. Denn das Betreten einer Wohnung durch Vollstreckungsbeamte, um dort dem Inhaber der Wohnung ein Kind wegzunehmen, stellt eine Durchsuchung i.S. von Art. 13 Abs. 2 GG dar. Diese bedarf aber – außer bei Vorliegen von Gefahr im Verzuge – stets einer richterlichen Anordnung (BVerfG FamRZ 2000, 411).

2.1.4 Änderung von Anordnungen

181 Das Gericht ist nach § 620b ZPO berechtigt, seine einstweilige Anordnung auf Antrag abzuändern (OLG Hamm OLGR 1999, 358; vgl. Rn. 43ff.). Ausnahmsweise ist die Abänderung einer einstweiligen Anordnung auch von Amts wegen zulässig, wenn eine Regelung der elterlichen Sorge oder des Umgangsrechts getroffen oder die Herausgabe eines Kindes angeordnet wurde. Zwar ist das Gericht seit Aufhebung des § 620 S. 2 a.F. ZPO nicht mehr befugt, eine erstmalige Anordnung von Amts wegen zu treffen. Ist eine solche Anordnung aber auf Antrag einer Partei ergangen, entspricht es dem öffentlichen Interesse an einer zutreffenden Gestaltung, diese Anordnung auch ohne Antrag der Parteien veränderten Umständen anpassen zu können. Dieses ist insbesondere der Fall, wenn die Anhörung des Kindes oder des Jugendamts wegen besonderer Eilbedürftigkeit erst nachträglich erfolgte (§ 620a Abs. 3 S. 2 ZPO) und neue Erkenntnisse hervorgebracht hat. Auch die von Amts wegen verfügte Änderung einer einstweiligen Anordnungen ist allerdings auf die Dauer der Anhängigkeit der Ehesache beschränkt (BGH FamRZ 1983, 355). Ist eine einstweilige Anordnung zum Aufenthaltsbestimmungsrecht schon vollzogen, dient es wegen des damit verbundenen häufigen Aufenthaltswechsels regelmäßig nicht dem Kindeswohl, diese Entscheidung noch vor einer Entscheidung zur Hauptsache im Verfahren der einstweiligen Anordnung nach §§ 620b, 620c ZPO abzuändern (OLG Brandenburg FamRZ 2004, 210; OLG Dresden FamRZ 2003, 1306; OLG Köln FamRZ 1999, 181).

2.1.5 Sofortige Beschwerde

182 Einstweilige Anordnungen im Scheidungsverbund sind grundsätzlich unanfechtbar (§ 620c S. 2 ZPO; vgl. Rn. 52ff.), was eine zügige Erledigung des Ehescheidungsverfahrens gewährleisten soll und keinen durchgreifenden verfassungsrechtlichen Bedenken unterliegt (BVerfG NJW 1980, 386). Das Gericht kann seine Entscheidung allerdings auf Antrag oder

von Amts wegen (vgl. Rn. 181) nach § 620b Abs. 1 ZPO selbst abändern. Ist der Beschluss ohne mündliche Verhandlung ergangen, ist auf Antrag einer Partei auf Grund mündlicher Verhandlung neu zu beschließen (§ 620b Abs. 2 ZPO; OLG Hamm OLGR 1999, 358; siehe auch Rn. 43 ff.). Nur gegen eine aufgrund mündlicher Verhandlung ergangene Anordnung ist in besonders schwer wiegenden Fällen, die in § 620c S. 1 ZPO ausdrücklich aufgeführt sind, eine sofortige Beschwerde zulässig (OLG Dresden FamRZ 2002, 1498). Dieses ist dann der Fall, wenn das Gericht die elterliche Sorge für ein gemeinschaftliches Kind geregelt oder die Herausgabe des Kindes an den anderen Elternteil angeordnet hat. Hat die einstweilige Anordnung nur Teilbereiche der elterlichen Sorge geregelt, ist die sofortige Beschwerde nach dem Schutzzweck der Norm nur dann eröffnet, wenn der Kernbereich der elterlichen Sorge betroffen ist (OLG Karlsruhe FamRZ 1998, 501, 502; Gießler Rn. 179; Johannsen/Henrich/Sedemund-Treiber, § 620c ZPO Rn. 2 m.w.N.). Dieses ist bei einer bloßen Regelung des Umgangsrechts nicht der Fall (OLG Dresden FamRZ 2003, 1306; OLG Köln FamRZ 2003, 548; OLG Saarbrücken FamRZ 1986, 192; OLG Hamburg FamRZ 1987, 497), kann aber bei einer Regelung des Aufenthaltsbestimmungsrechts gegeben sein (OLG Hamm FamRZ 1979, 157; OLG Köln FamRZ 1979, 320, 321; OLG Saarbrücken FamRZ 1982, 186; OLG Bamberg FamRZ 1983, 82, 83; OLG Düsseldorf FamRZ 1985, 300). Ein Antrag auf Zustimmung zur Erteilung eines Reisepasses für die Kinder betrifft nicht nur das Umgangsrecht nach § 620 Nr. 2 ZPO sondern das Sorgerecht i.S. von § 620 Nr. 1 ZPO, wenn zu befürchten ist, dass der Antragsteller die Kinder gegen den Willen der Antragsgegnerin ins Ausland verbringen will. Dann ist auch gegen diese Entscheidung die sofortige Beschwerde statthaft (OLG Köln FamRZ 2002, 404).

Wurde der Antrag auf Erlass einer einstweiligen Anordnung hingegen abgewiesen, liegt darin kein besonders schwerer Eingriff, weil gerade keine Regelung über die in § 620c S. 1 ZPO aufgeführten Verfahrensgegenstände getroffen wurde. Gegen diese Entscheidung ist deswegen auch keine sofortige Beschwerde zulässig (OLG Naumburg FamRZ 2003, 548; OLG Frankfurt OLGR 2003, 325; KG FamRZ 1993, 720; Zöller/Philippi § 620c Rn. 3; Johannsen/Henrich/Sedemund-Treiber § 620c Rn. 2 m.w.N.; Gießler Rn. 177; a.A. OLG Düsseldorf FamRZ 1985, 300; AK/Derleder § 620c Rn. 3). Ist eine sofortige Beschwerde gegen die einstweilige Anordnung nicht zulässig, gilt dieses auch für Zwischen- und Nebenentscheidungen (OLG Schleswig OLGR 2001, 95 zur Streitwertfestsetzung; OLG Naumburg EzFamR aktuell 2000, 217 zur Prozesskostenhilfe) sowie für eine Kostenentscheidung nach Erledigung der Hauptsache (OLG Karlsruhe FamRZ 2002, 147).

Sorgerecht

183   Ist gegen die Entscheidung des Amtsgerichts die sofortige Beschwerde statthaft, muss sich die Partei entscheiden, ob sie die Aufhebung oder Änderung der einstweiligen Anordnung nach § 620 b Abs. 1 ZPO beantragt oder sofortige Beschwerde zum Oberlandesgericht nach § 620 c ZPO einlegt. Beide Verfahren können wegen der Gefahr widerstreitender Entscheidungen nicht nebeneinander betrieben werden. Stellt eine Partei gegen die ergangene einstweilige Anordnung einen Abänderungsantrag, während der Verfahrensgegner sofortige Beschwerde einlegt, so ist zunächst über die sofortige Beschwerde durch das Oberlandesgericht zu entscheiden. Ein Antrag nach § 620 b Abs. 2 ZPO kann mit der sofortigen Beschwerde hingegen nicht konkurrieren, weil er eine Entscheidung ohne mündliche Verhandlung voraussetzt, während die sofortige Beschwerde nur gegen einstweilige Anordnungen zulässig ist, die aufgrund mündlicher Verhandlung ergangen sind (§ 620 c S. 1 ZPO).

184   Die überwiegende Auffassung erkennt für das Scheidungsverbundverfahren nur eine Beschwerdeberechtigung der Ehegatten an (van Els Rn. 190; Zöller/Philippi § 620 c Rn. 15; MünchKommZPO/Finger § 620 c Rn. 18 m.w.N.; Stein/Jonas/Schlosser § 620 c Rn. 12; Rolland/Roth § 620 c Rn. 12; Thomas/Putzo/Hüßtege § 620 c Rn. 1; so auch die Vorauflage). Diese Auffassung wird damit begründet, dass die §§ 620 ff. BGB unmittelbar nur für das Scheidungsverbundverfahren gelten und an dem Anordnungsverfahren nur die Ehegatten beteiligt sind. Allerdings ist § 620 c BGB inzwischen auch auf diverse ZPO- (§§ 127a Abs. 2 S. 2, 644 S. 2 BGB) und FGG-Verfahren (§§ 621g S. 2, 621a Abs. 1 S. 1 BGB) entsprechend anwendbar. Weil die Vorschrift deswegen auch keine eigene Regelung der Beschwerdeberechtigung enthält, ist insoweit auf die maßgeblichen allgemeinen Verfahrensrechte zurückzugreifen (Johannsen/Henrich/Sedemund-Treiber § 620 c ZPO Rn. 4; Schwab/Maurer I Rn. 963). In Anordnungsverfahren mit zivilprozessualem Gegenstand richtet sich (wenn eine sofortige Beschwerde überhaupt zulässig ist; vgl. Rn. 52 ff.) das Beschwerderecht deswegen nach der Beschwer im formalen Sinne. Demgegenüber ergibt sich die Beschwer im Verfahren der freiwilligen Gerichtsbarkeit nach den §§ 20, 57 FGG und richtet sich danach, wessen Rechte durch die gerichtliche Verfügung beeinträchtigt wurden. Für Entscheidungen über das Sorgerecht und die Kindesherausgabe sind deswegen stets die Ehegatten als sorgeberechtigte Kindeseltern beschwerdeberechtigt (so auch die h.M.). Daneben ist nach der ausdrücklichen gesetzlichen Regelung in § 59 Abs. 1 und 3 FGG auch das Kind nach Vollendung des 14. Lebensjahres beschwerdeberechtigt. Das ist auch deswegen geboten, weil mit solchen Entscheidungen stets auch in grundlegende Persönlichkeitsrechte des Kindes eingegriffen wird (so auch Jo-

Einstweilige Anordnung im Scheidungsverbundverfahren (§ 620 Nr. 1 bis 3 ZPO)

hannsen/Henrich/Sedemund-Treiber § 620c ZPO Rn. 4; Schwab/Maurer I Rn. 963; MünchKommZPO/Finger § 620c Rn. 18; Keidel/Kahl § 20 Rn. 109). Aus den gleichen Gründen ist auch das Jugendamt beschwerdeberechtigt gegen Sorgerechtsanordnungen im Scheidungsverbund. Für Vormundschaftssachen folgt diese Berechtigung aus § 57 Abs. 1 Nr. 9 FGG, die das Beschwerderecht aus dem berechtigten Interesse zur Wahrnehmung dieser Angelegenheiten herleitet (vgl. Keidel/Engelhardt § 57 Rn. 38ff.). Für das Jugendamt folgt es damit, vorbehaltlich der in § 57 Abs. 2 FGG ausgenommenen sofortigen Beschwerde, aus dem allgemeinen staatlichen Wächteramt in Sorgerechtsangelegenheiten. Diese Regelung gilt nach § 64 FGG für Familiensachen entsprechend; in § 64 Abs. 3 S. 3 FGG ist sogar ausdrücklich ausgeführt, dass die Vorschrift des § 57 Abs. 2 FGG mit seiner Geltung nur für unbefristete Beschwerden dem Beschwerderecht des Jugendamts nicht entgegensteht. Wie sonst im Verbundverfahren ist das Jugendamt deswegen auch im Anordnungsverfahren beschwerdeberechtigt (Johannsen/Henrich/Sedemund-Treiber § 620c ZPO Rn. 4; Schwab/Maurer I Rn. 963; Keidel/Weber § 64 Rn. 37d; a.A. KG FamRZ 1979, 740, 741f.). Allerdings sind Pflegeeltern nicht berechtigt, Beschwerde gegen eine die elterliche Sorge des Pflegekindes betreffende Entscheidung einzulegen (BGH FamRZ 2004, 102 und 2000, 219 f.).

Die Beschwerdefrist beträgt zwei Wochen ab Zustellung des angefochtenen Beschlusses (§ 569 Abs. 1 S. 1 ZPO). Sie ist beim Familiengericht oder beim Oberlandesgericht als Beschwerdegericht durch einen bei einem Amts- oder Landgericht zugelassenen Rechtsanwalt einzulegen (§§ 571 Abs. 4 S. 1 ZPO; vgl. Rn 55 a). Auch für das Beschwerdeverfahren gilt Anwaltszwang (Johannsen/Henrich/Sedemund-Treiber, § 620c ZPO Rn. 5). Die sofortige Beschwerde hat nur dann aufschiebende Wirkung, wenn sie die Festsetzung eines Ordnungs- oder Zwangsmittels zum Gegenstand hat (§ 570 Abs. 1 ZPO). Bis zum Erlass der Beschwerdeentscheidung kann sie auch ohne Zustimmung des Gegners zurückgenommen werden. Das Familiengericht darf seiner Entscheidung im Verfahren der sofortigen Beschwerde nicht abhelfen; sowohl das Ausgangsgericht als auch das Beschwerdegericht können die Vollziehung der Anordnung aber bis zur Beschwerdeentscheidung aussetzen (§§ 620e, 570 Abs. 2 und 3 ZPO). Über die sofortige Beschwerde entscheidet das Oberlandesgericht durch begründeten Beschluss (§ 620d ZPO). Über eine Beschwerde, die vor Abschluss des Eheverfahrens oder der entsprechenden Folgesache (§§ 620a Abs. 4 S. 2 und 3, 620b Abs. 3 ZPO) eingelegt wurde, ist auch noch nachträglich zu entscheiden, es sei denn, der Scheidungsantrag wurde zurückgenommen oder rechtskräftig abgewiesen (vgl. Rn. 9 f.). Das Rechtsschutzbedürfnis für die Beschwerde entfällt auch nicht dadurch, dass die angefochtene Entscheidung zwischenzeitlich vollzogen wurde (BayObLG RPfl 1977, 125). Eine weitere (Rechts-) Beschwerde findet nicht statt, weil es sich sowohl bei Verbundentscheidungen nach § 620 ZPO als auch bei einstweiligen Anordnungen in selbstständigen FGG-Familiensachen nur um Zwischenentscheidungen und nicht um Entscheidungen i.S. des § 621e Abs. 2 S. 2 ZPO handelt (BGH FamRZ 2003, 1551).

185 Die sofortige Beschwerde ist in der Beschwerdeschrift zu begründen. Wird die nach § 620d ZPO notwendige Begründung nicht innerhalb der Beschwerdefrist nachgeholt, ist die Beschwerde unzulässig (BGH VersR 1981, 77; OLG Karlsruhe FamRZ 1981, 377 m.w.N.). Die frühere Gegenmeinung (KG FamRZ 1982, 946), wonach die notwendige Begründung nicht fristgebunden sei, widerspricht dem Beschleunigungsgebot des Anordnungsverfahrens und dem Bestreben, das Scheidungsverfahren nicht unnötig lange hinauszuzögern; sie ist seit der ausdrücklichen Aufnahme der Begründungspflicht in § 620d S. 1 2. HS ZPO durch das UÄndG nicht mehr vertretbar (vgl. Johannsen/Henrich/Sedemund-Treiber § 620c ZPO Rn. 3). Diese neue Regelung geht als Spezialvorschrift § 571 Abs. 1 BGB vor. Allerdings dürfen an die Begründung keine überzogenen Anforderungen gestellt werden. Es reicht aus, wenn erkennbar ist, aus welchen Gründen eine Überprüfung der Entscheidung begehrt wird (OLG Düsseldorf FamRZ 1978, 807 für einen Antrag nach § 620b Abs. 2 ZPO). Die Begründung muss nicht schon in der Beschwerdeschrift selbst enthalten sein; es reicht aus, wenn sie innerhalb der Beschwerdefrist eingeht.

Auch die Entscheidungen des Gerichts sind nach § 620d S. 1 2. Hs. ZPO zu begründen, wobei ausdrücklich lediglich auf die Änderung oder Aufhebung einer einstweiligen Anordnung nach § 620b Abs. 1 ZPO, die erneute Entscheidung auf Grund mündlicher Verhandlung gemäß § 620b Abs. 2 ZPO und die Entscheidung über die sofortige Beschwerde nach § 620c ZPO verwiesen wird. Daraus lässt sich aus rechtsstaatlichen Grundsätzen ein genereller Begründungszwang für solche Entscheidungen ableiten, mit denen in die von den Parteien vorgebrachten Rechte eingegriffen wird (BVerfGE 6, 33, 44; OLG Hamm FamRZ 1977, 744, 746). Die Begründung muss die wesentlichen tatsächlichen und rechtlichen Grundlagen der Entscheidung erkennen lassen (Stein/Jonas/Schlosser § 620d Rn. 1). Fehlt einem angefochtenen Beschluss die notwendige Begründung, so liegt darin ein wesentlicher Verfahrensmangel, der zur Aufhebung des Beschlusses und zur Zurückverweisung der Sache an das Familiengericht führt (OLG Celle FamRZ 1978, 54; OLG Düsseldorf FamRZ 1978, 56). Der Fehler kann aber nur im Rahmen einer nach § 620c S. 1 BGB statthaften sofortigen Beschwerde gerügt werden (vgl.

Einstweilige Anordnung im Scheidungsverbundverfahren (§ 620 Nr. 1 bis 3 ZPO)

Rn. 52 ff.). Folgt das Gericht in seiner Entscheidung allerdings dem übereinstimmenden Vorschlag der Kindeseltern, bedarf es keiner eingehenden Begründung. Gleiches gilt, wenn der Antragsgegner sich nicht verteidigt hat und das Gericht dem Antrag auf Erlass einer einstweiligen Anordnung stattgibt.

2.1.6 Aussetzung der Vollziehung

Das Gericht kann in den Fällen der §§ 620b, 620c ZPO vor seiner Entscheidung die Vollziehung einer einstweiligen Anordnung aussetzen (§ 620e ZPO). Voraussetzung einer Aussetzung ist ein entsprechender Rechtsbehelf der beschwerten Partei. In Fällen, in denen das Gericht nach § 620b Abs. 1 S. 2 BGB auch ohne Antrag über die Aufgebung oder Abänderung der einstweiligen Anordnung entscheiden kann (vgl. Rn. 47, 181), ist auch die Aussetzung der Vollziehung von Amts wegen zulässig. Zuständig ist das Gericht, das endgültig über den Rechtsbehelf zu entscheiden hat. Das ist in den Fällen des § 620b ZPO das Familiengericht und nur dann, wenn die Ehesache in der Berufungsinstanz schwebt, das Oberlandesgericht. Im Falle der sofortigen Beschwerde nach § 620c ZPO ist ausschließlich das Oberlandesgericht zuständig. § 620e ZPO geht insoweit dem § 570 Abs. 2 ZPO vor. Die Entscheidung ergeht nach pflichtgemäßem Ermessen, wobei entsprechend den §§ 707, 719 ZPO die Erfolgsaussicht des Rechtsbehelfs zu berücksichtigen ist. Da der Wortlaut des § 620e ZPO dem des § 570 Abs. 2 ZPO und nicht dem weiter gehenden Wortlaut des § 570 Abs. 3 ZPO entspricht, kommt nur eine Aussetzung der Vollziehung in Betracht. Andere Maßnahmen, wie Bedingungen, Auflagen oder Sicherheitsleistungen sind nicht zulässig (Johannsen/Henrich/Sedemund-Treiber § 620e ZPO Rn. 3; Thomas/Putzo/Hüßtege § 620e Rn. 5; Rolland/Roth § 620e Rn. 4; AK/Derleder § 620e Rn. 2; a.A. Zöller/Philippi § 620e Rn. 3; MünchKommZPO/Finger § 620e Rn. 3; Stein/Jonas/Schlosser § 620e Rn. 1). Die Entscheidung über eine Aussetzung kann von Amts wegen auch wieder aufgehoben oder abgeändert werden. Der Beschluss über die Aussetzung der Vollziehung ist keine Entscheidung im Zwangsvollstreckungsverfahren und deswegen nicht mit der sofortigen Beschwerde nach § 793 ZPO anfechtbar (OLG Hamburg FamRZ 1990, 423; OLG Köln FamRZ 1983, 622; Zöller/Philippi § 620e Rn. 4 m.w.N.; Johannsen/Henrich/Sedemund-Treiber § 620e ZPO Rn. 4).

186

Sorgerecht

2.1.7 Vollstreckung

187 Die Vollziehung der Sorgerechtsentscheidung und des Anspruchs auf Herausgabe eines Kindes richtet sich nach § 33 FGG (§§ 621 Abs. 1 Nr. 1 bis 3, 621a Abs. 1 S. 1 ZPO; BVerfG FamRZ 2000, 411). Entsprechend nimmt § 794 Abs. 1 Nr. 3 ZPO solche Titel nach §§ 620 S. 1 Nr. 1 und 3, 620b ZPO, gegen die grundsätzlich auch das Rechtsmittel der sofortigen Beschwerde statthaft ist, ausdrücklich von der Vollstreckung nach Zivilprozessrecht aus. Umgangsregelungen (§ 620 Abs. 1 Nr. 2 ZPO) unterfallen ohnehin weder dem § 794 Abs. 1 Nr. 3, noch dem § 794 Abs. 1 Nr. 3a ZPO und werden deswegen ebenfalls nach § 33 FGG vollstreckt (BGH FamRZ 1983, 1008, 1010; OLG Frankfurt FamRZ 2002, 1585; OLG Bamberg FamRZ 2001, 169; OLG Köln FamRZ 1982, 508 m.w.N.; OLG München FamRZ 1979, 1047). Nach § 33 FGG erfolgt die Vollstreckung durch Festsetzung eines Zwangsgeldes oder, wenn eine Person herauszugeben ist, durch Zwangshaft (§ 33 Abs. 1 S. 2 FGG; OLG Dresden JAmt 2002, 310; OLG Rostock FamRZ 2002, 967; OLG Karlsruhe FamRZ 2002, 1125). Auch das Recht des Kindes auf Umgang mit seinen Eltern nach § 1684 Abs. 1 BGB ist nach § 33 FGG durchsetzbar (vgl. aber BVerfG FamRZ 2002, 534; OLG Köln FamRZ 2001, 1023; OLG Celle OLGR 2001, 18). Ist die Herausgabe einer Sache oder Person ohne Gewalt nicht durchführbar, kann auf Grund einer besonderen Verfügung des Gerichts auch Gewalt ausgeübt werden (OLG Frankfurt FamRZ 2002, 1585). Eine Gewaltanwendung zur Durchführung des Umgangsrechts ist allerdings ausgeschlossen (§ 33 Abs. 2 S. 1 und 2 FGG). Als Zwangsgeld kann ein Betrag zwischen 5 € (Art. 6 Abs. 1 EGStGB) und 25.000 € (§ 33 Abs. 3 S. 3 FGG) festgesetzt werden. Ist der Betrag nicht beitreibbar, kann er nicht in Zwangshaft umgewandelt werden (BayObLG FamRZ 1993, 823). Die Festsetzung setzt eine gerichtliche Verfügung voraus, welche die gesetzliche Verpflichtung genau konkretisiert und damit vollzugsfähig ist. Ein Vergleich kann zur Vollstreckung geeignet sein, wenn das Gericht ihn durch eine eigene Entscheidung billigt und ihm eindeutig den Charakter einer gerichtlichen Verfügung verleiht (OLG Brandenburg FamRZ 2001, 1315; OLG Hamm FamRZ 1999, 1095; OLG Düsseldorf FamRZ 1998, 838; Keidel/Zimmermann § 33 Rn. 10 m.w.N.).

Bei der Wahl der Zwangsmittel ist stets der Grundsatz der Verhältnismäßigkeit zu beachten. Deswegen ist nach § 33 FGG grundsätzlich zunächst ein Zwangsgeld, in besonderen Fällen daneben auch Zwangshaft anzuordnen. Erst wenn diese Maßnahmen erfolglos geblieben sind oder keinen Erfolg versprechen, kommt unter den weiteren Voraussetzungen des § 33 Abs. 2 FGG die Gewaltanwendung in Betracht (OLG Brandenburg FamRZ 2001, 1315; van Els Rn. 260). Vor der Festsetzung muss das

Einstweilige Anordnung im Scheidungsverbundverfahren (§ 620 Nr. 1 bis 3 ZPO)

Zwangsmittel stets angedroht werden (§ 33 Abs. 3 S. 1 und 2 FGG; OLG Stuttgart FamRZ 1986, 705; OLG Frankfurt FamRZ 1980, 933). Die Androhung erfolgt durch eine nach § 16 Abs. 2 oder 3 FGG bekannt zu machende Verfügung. Sie kann schon in den zu vollziehenden Beschluss selbst aufgenommen oder in einer besonderen Verfügung ausgesprochen werden (Keidel/Zimmermann § 33 Rn. 22 a). Die Anordnung des Zwangsmittels erfordert eine schuldhafte Zuwiderhandlung oder Unterlassung (OLG Celle FamRZ 1998, 130). Sie ist ausgeschlossen, wenn der Zweck, den Willen des Ungehorsamen zu beugen, erreicht ist oder nicht mehr erreicht werden kann (OLG Brandenburg FamRZ 2001, 36; BayObLG FamRZ 1984, 197; Keidel/Zimmermann § 33 Rn. 19). Sonst kann die Festsetzung nach pflichtgemäßem Ermessen des Gerichts nach jeweiliger Androhung beliebig oft wiederholt werden, bis der Anordnung Folge geleistet oder der Grund hierfür weggefallen ist (Keidel/Zimmermann § 33 Rn. 21). Bei der Bemessung der Höhe des Zwangsgeldes hat das Gericht alle Umstände des Einzelfalles, auch das Ausmaß des Verschuldens und die wirtschaftlichen Verhältnisse des Verpflichteten, zu berücksichtigen (Keidel/Zimmermann § 33 Rn. 20 a m.w.N.).

Gegen die Festsetzung oder die Ablehnung eines Zwangsmittels ist die Beschwerde nach §§ 19, 20 Abs. 1 FGG zulässig (BGH NJW 1983, 2778 und FamRZ 1981, 25; OLG Zweibrücken FamRZ 2000, 299). Das Zwangsgeldverfahren ist ebenfalls Familiensache (BGH NJW 1979, 821 und 1978, 1112). Da es sich lediglich um Beugemittel handelt, muss das Beschwerdegericht prüfen, ob dieses auch noch im Zeitpunkt der Beschwerdeentscheidung veranlasst und gerechtfertigt ist. Auch gegen die Androhung des Zwangsmittels oder deren Ablehnung (§ 20 Abs. 1 FGG) findet die Beschwerde statt, weil bereits diese Rechte des Betroffenen beeinträchtigt (BGH NJW 1979, 820, 821; OLG Brandenburg FamRZ 1996, 1092; OLG Hamm FamRZ 1996, 363; Keidel/Zimmermann § 33 Rn. 25 m.w.N.). Die Beschwerde kann auch noch nach Festsetzung des Zwangsmittels erhoben werden; nach § 24 Abs. 1 FGG hat sie nur bei Festsetzung von Zwangsgeld, nicht aber im Falle einer festgesetzten Zwangshaft und nicht bei bloßer Androhung von Zwangsmitteln aufschiebende Wirkung. Die Beschwerde ist auch nicht deswegen ausgeschlossen, weil gegen die Grundentscheidung durch einstweilige Anordnung nach § 620 c S. 1 ZPO lediglich im Falle der Sorgerechtsregelung oder der Herausgabe des Kindes die sofortige Beschwerde zulässig ist. Denn wegen der eigenständigen Rechtsbeeinträchtigung durch die Zwangsmaßnahmen kann die eingeschränkte Anfechtbarkeit der Grundentscheidung nicht ohne weiteres auf die Zwangsmaßnahmen übertragen werden (str. OLG Stuttgart FamRZ 1999, 1094, 1095; OLG Bremen FamRZ 1991, 1080; Keidel/Zimmermann

188

§ 33 Rn. 25; a.A. OLG Naumburg JMBl ST 2003, 346; OLG Karlsruhe FamRZ 1999, 242 m.w.N.). Eine weitere (Rechts-) Beschwerde ist gegen Entscheidungen des Oberlandesgerichts über Vollstreckungsmaßnahmen in Familiensachen nicht zulässig (BGH FamRZ 2004, 948; 1992, 538; 1983, 2775; 1981, 25; 1979, 696; 1979, 224).

2.1.8 Außerkrafttreten der einstweiligen Anordnung

189 Nach § 620 f ZPO tritt eine einstweilige Anordnung beim Wirksamwerden einer anderweitigen Regelung sowie dann außer Kraft, wenn der Scheidungsantrag oder die Klage zurückgenommen wird oder rechtskräftig abgewiesen ist oder wenn das Eheverfahren wegen des Todes eines Ehegatten nach § 619 ZPO in der Hauptsache als erledigt anzusehen ist (van Els Rn. 214 ff.; siehe auch Rn. 64 ff.). Auf Antrag ist dieses durch Beschluss auszusprechen. Gegen die Entscheidung findet sofortige Beschwerde statt. Beschlüsse über die elterliche Sorge, das Umgangsrecht oder die Herausgabe eines Kindes werden mit ihrer Bekanntgabe an die Beteiligten wirksam (§§ 621a Abs. 1 ZPO, 16 Abs. 1 FGG). Ab diesem Zeitpunkt tritt somit eine zuvor ergangene einstweilige Anordnung außer Kraft. Setzt das Beschwerdegericht die Vollziehung der Entscheidung in der Hauptsache durch Beschluss aus (§ 24 Abs. 3 FGG), so lebt die einstweilige Anordnung wieder auf. Stand die elterliche Sorge beiden Elternteilen gemeinsam zu und ist ein Elternteil verstorben, so fällt die alleinige elterliche Sorge nach § 1680 Abs. 1 BGB automatisch dem überlebenden Elternteil zu. Auch dieser Umstand begründet eine anderweitige Regelung im Sinne des § 620 f ZPO, ohne dass es einer ausdrücklichen Entscheidung bedarf. Ist hingegen ein Elternteil, dem die alleinige elterliche Sorge nach §§ 1671, 1672 Abs. 1 ZPO zustand, verstorben, bedarf es einer Übertragung der elterlichen Sorge durch das Familiengericht (§ 1680 Abs. 2 BGB). Dabei ist die elterliche Sorge grundsätzlich dem überlebenden Elternteil zu übertragen, wenn dieses dem Wohl des Kindes nicht widerspricht oder wenn es im Falle des § 1626a Abs. 2 BGB dem Wohl des Kindes dient. In diesem Fall tritt eine anderweitige Regelung im Sinne des § 620 f ZPO erst mit der Bekanntgabe der Entscheidung des Familiengerichts ein.

190 Nach § 620 f Abs. 1 S. 2 ZPO ist das Außerkrafttreten einer einstweiligen Anordnung auf Antrag durch Beschluss auszusprechen, zumal die Vollstreckungsorgane selbst nicht prüfen können, ob eine zuvor ergangene einstweilige Anordnung noch in Kraft ist (vgl. Rn. 81 ff.). Der Antrag kann wie ein Antrag auf Erlass einer einstweiligen Anordnung zu Protokoll der Geschäftsstelle gestellt werden (§ 620 a Abs. 2 S. 2 ZPO). Zustän-

Einstweilige Anordnung im Scheidungsverbundverfahren (§ 620 Nr. 1 bis 3 ZPO)

dig ist das Gericht, das die einstweilige Anordnung erlassen hat (§ 620 f Abs. 2 ZPO). Dem Gegner ist vor der Entscheidung rechtliches Gehör zu gewähren. Das Familiengericht entscheidet nach freiem Ermessen, ob es über den Antrag mündlich verhandeln will. Das sollte regelmäßig der Fall sein, wenn die Parteien über das Außerkrafttreten der einstweiligen Anordnung streiten. Nur in diesem Fall besteht Anwaltszwang. Selbst wenn eine Beweisaufnahme notwendig wird, gilt das Verfahren nach § 620 f ZPO als einfacheres und billigeres Verfahren gegenüber dem Verfahren auf Feststellung der anderweitigen Regelung. Die Entscheidung ergeht durch begründeten Beschluss (§§ 620 d S. 2, 620 f Abs. 1 S. 2 ZPO). Gegen den Beschluss findet das Rechtsmittel der sofortigen Beschwerde statt (§ 620 f Abs. 1 S. 3 ZPO). Ist die Ehesache bereits rechtskräftig geschieden, enthält der Beschluss eine Kostenentscheidung; anderenfalls werden die Kosten des Verfahrens gemäß § 620 g ZPO von der Kostenentscheidung der Hauptsache umfasst (siehe Rn. 97 ff.).

2.1.9 Kosten

Die im Verfahren der einstweiligen Anordnung entstandenen Kosten gelten gemäß § 620 g ZPO für die Kostenentscheidung als Teil der Kosten der Hauptsache. Das Verfahren und die Entscheidung über Anträge auf Erlass einstweiliger Anordnungen nach § 620 Nr. 1 bis 3 ZPO sind gebührenfrei, denn sie sind von Nr. 1420 bis 1425 des Kostenverzeichnisses zu § 3 Abs. 2 GKG nicht erfasst (vgl. Rn. 95 f.). Etwaige Auslagen, die in diesem Verfahren anfallen, sind allerdings anzusetzen (vgl. § 17 GKG).

191

Der Rechtsanwalt erhält im Anordnungsverfahren hingegen alle Gebühren nach Nr. 3100 ff. des Vergütungsverzeichnisses zu § 2 Abs. 2 RVG, denn § 18 Nr. 1 RVG bestimmt, das die in erster Instanz anhängigen Verfahren auf Erlass einstweiliger Anordnungen nach §§ 620, 620b Abs. 1, 2 ZPO i. V. m. § 661 Abs. 2 ZPO jeweils als besondere Angelegenheiten gelten, für die besondere Gebühren anfallen. Für mehrere Anordnungsverfahren erhält der Rechtsanwalt die Gebühren in jedem Rechtszug allerdings nur einmal. Ihre Streitwerte werden dann aber zusammengerechnet, auch wenn sie den selben Streitgegenstand betreffen (§ 18 Nr. 1 S. 1 RVG). Das Verfahren der einstweiligen Anordnung nach § 620 ZPO und das Verfahren auf Aufhebung oder Abänderung nach § 620 b ZPO gelten somit als einheitliche Angelegenheit, für die Gebühren in jedem Rechtszug nur einmal entstehen. Allerdings ergeht nach § 620 g ZPO im Scheidungsverbundverfahren über sämtliche einstweilige Anordnungen in jeder Instanz nur eine einheitliche Kostenentscheidung mit der Hauptsache. Die Verfahrensgebühr für ein Vermittlungsverfahren nach § 52 a

FGG wird nach Nr. 3100 Abs. 3 des Vergütungsverzeichnisses zu § 2 Abs. 2 RVG auf die Verfahrensgebühr für ein sich anschließendes Verfahren angerechnet. Für seine Tätigkeit im Rahmen der „Vollziehung einer im Wege des einstweiligen Rechtsschutzes ergangenen Entscheidung" erhält der Rechtsanwalt nach dem zum 1. Juli 2004 in Kraft getreten RVG allerdings eigenständige Gebühren, die sich für das Verfahren und einen ev. Termin jeweils auf eine 3/10 Gebühr (Nr. 3309 und 3310 des Vergütungsverzeichnisses zu § 2 Abs. 2 RVG) belaufen. Nach der Vorbemerkung 3.3.3 des Vergütungsverzeichnisses erstrecken sich diese Gebühren ausdrücklich auch auf Verfahren nach § 33 FGG (vgl. auch Rn. 96). Die Terminsgebühr entsteht nicht, soweit lediglich beantragt ist, eine Einigung der Parteien oder mit Dritten über nicht rechtshängige Ansprüche zu Protokoll zu nehmen (Nr. 3104 Abs. 3 des Vergütungsverzeichnisses zu § 2 Abs. 2 RVG). Aus der Staatskasse erhält der Rechtsanwalt eine Vergütung nur in dem Umfang, in dem er auch für diese Verfahren ausdrücklich beigeordnet war (§ 48 Abs. 1 RVG i.V.m. §§ 121, 624 Abs. 2 ZPO). In einstweiligen Anordnungen der in § 620 Nr. 1 bis 3 ZPO bezeichneten Verfahren beläuft sich der Gegenstandswert nach § 24 S. 1 RVG auf 500 € (zum früheren Recht vgl. OLG Karlsruhe FamRZ 1999, 797). Vgl. insoweit auch Rn. 93.

192 Für das Beschwerdeverfahren nach § 620c ZPO entsteht eine volle Gerichtsgebühr nach Nr. 1425 des Kostenverzeichnisses zu § 3 Abs. 2 GKG. Der Rechtsanwalt erhält im Beschwerdeverfahren nach Nr. 3500 und 3513 des Vergütungsverzeichnisses zu § 2 Abs. 2 RVG 5/10 der Verfahrensgebühr und der Terminsgebühr.

Für das Verfahren auf Aussetzung der Vollziehung entstehen keine Gerichtsgebühren. Entscheidungen nach § 620e ZPO sind wie solche nach § 620b ZPO nicht gesondert in Nr. 1420 bis 1425 des Kostenverzeichnisses zu § 3 Abs. 2 GKG aufgeführt. Sie sind deswegen durch die im bisherigen Verfahren bereits verdienten Gebühren mit abgegolten (vgl. zum früheren Recht OLG Hamburg MDR 1976, 235). Für die Anwaltsgebühren sieht § 17 Nr. 4b RVO zwar vor, dass ein Verfahren auf Erlass einer einstweiligen Anordnung gegenüber der Hauptsache eine „verschiedene Angelegenheit" ist. Innerhalb des Anordnungsverfahrens beurteilt § 16 Nr. 6 RVG aber sämtliche Tätigkeiten zur Vollziehung, Abänderung oder Aufhebung als „dieselbe Angelegenheit". Entsprechend sieht § 18 Nr. 1 RVG die Aussetzung der Vollziehung auch nicht als besondere Angelegenheit vor. Für einen Beschluss nach § 620f Abs. 1 S. 2 ZPO entsteht nach Nr. 1422 des Kostenverzeichnisses zu § 3 Abs. 2 GKG eine halbe Gerichtsgebühr. Anwaltsgebühren entstehen für dieses Verfahren wie für das Verfahren auf Erlass einer einstweiligen Anordnung. Denn nach § 18

Nr. 1c RVG ist das Verfahren auf Feststellung des Außerkrafttretens einer einstweiligen Anordnung eine besondere Angelegenheit gegenüber deren Erlass und ihrer Abänderung nach § 18 Nr. 1b RVG (vgl. Rn. 61). Im Beschwerdeverfahren wird für die Verwerfung oder Zurückweisung der Beschwerde eine gerichtliche Gebühr nach Nr. 1425 des Kostenverzeichnisses zum GKG erhoben. Der Rechtsanwalt erhält eine halbe Gebühr nach Nr. 3500, 3513 des Vergütungsverzeichnisses zu § 2 Abs. 2 RVG (falls der Auftrag vor dem 1. Juli 2004 erteilt wurde, nach den §§ 31, 61 Abs. 1 Nr. 1 BRAGO). Der Wert des Verfahrens nach § 620f ZPO beträgt in Angelegenheiten nach §§ 620 Nr. 1 bis 3 und 621g ZPO 500 € (§ 24 S. 1 RVG).

2.2 Einstweilige Anordnung in isolierten FGG-Familiensachen

Für den einstweiligen Rechtsschutz in selbstständigen FGG-Familiensachen stand bislang nur die von der Rechtsprechung aus einzelnen Vorschriften hergeleitete vorläufige Anordnung zur Verfügung (vgl. Rn. 193 ff.). Diese Rechtslage hat sich zum 1. Januar 2002 grundlegend geändert. Durch Art. 4 Nr. 7 des Gewaltschutzgesetzes (GewSchG) ist in den Abschnitt über „Allgemeine Vorschriften für Verfahren in anderen Familiensachen" § 621g ZPO neu eingefügt worden, der einstweilige Anordnungen auch in isolierten Verfahren nach § 621 Abs. 1 Nr. 1 bis 3 und 7 ZPO ermöglicht. Auch im Rahmen solcher Hauptsacheverfahren kann das Gericht auf Antrag der Parteien jetzt eine einstweilige Anordnung erlassen. Für das Verfahren gelten die Vorschriften der §§ 620a bis 620g ZPO entsprechend (§ 621g S. 2 ZPO).

192a

2.2.1 Regelungsumfang

§ 621g ZPO ermöglicht einstweilige Anordnungen in bestimmten Familiensachen der freiwilligen Gerichtsbarkeit. Die Vorschrift erfasst Verfahren zur Regelung der elterlichen Sorge (§ 621 Abs. 1 Nr. 1 ZPO), des Umgangs und der Herausgabe eines Kindes (§ 621 Abs. 1 Nr. 2 und 3 ZPO) sowie Ehewohnungs- und Hausratsverfahren (§ 621 Abs. 1 Nr. 7 ZPO). Für Verfahren nach dem GewSchG enthält § 64b Abs. 3 FGG eine entsprechende eigenständige Regelung. Im Hinblick auf die allgemeine Regelung konnte die Vorschrift des § 13 Abs. 4 HausratsVO, die bislang den einstweiligen Rechtsschutz in solchen Verfahren regelte, aufgehoben werden. Zum schuldrechtlichen Versorgungsausgleich kann einstweiliger Rechtsschutz über § 3a Abs. 9 VAHRG erlangt werden.

192b

Einstweilige Anordnungen ergehen als Maßnahmen vorläufigen Rechtsschutzes innerhalb eines Hauptverfahrens (OLG Köln FamRZ 2003, 548). Im Scheidungsverbund nach § 620 ZPO ist dieses die Ehesache, im Verfahren nach § 621g ZPO die entsprechende isolierte Hauptsache. Der Regelungsgegenstand der einstweiligen Anordnung muss deswegen stets die Grenzen des Verfahrens in der Hauptsache wahren (OLG Köln FamRZ 2003, 319; OLG Zweibrücken FamRZ 1996, 234 und 1989, 1108; OLG Karlsruhe NJW-RR 1992, 709 m.w.N.; Keidel/Kahl § 19 Rn. 30; Johannsen/Henrich/Sedemund-Treiber § 621g ZPO Rn. 2). Im Rahmen dieses Verfahrensgegenstandes erfolgt die Auswahl der geeigneten Maßnahmen durch den Richter nach pflichtgemäßem Ermessen (Keidel/Kahl § 19 Rn. 31; Johannsen/Henrich/Sedemund-Treiber § 621g ZPO Rn. 2). Dabei sind nur ausnahmsweise und bei besonderer Dringlichkeit Maßnahmen zulässig, die so weit gehen, wie es grundsätzlich der Entscheidung in der Hauptsache vorbehalten ist (Keidel/Kahl § 19 Rn. 31 m.w.N.). Auch dann darf die einstweilige Anordnung die Hauptsache aber nicht vorwegnehmen (Johannsen/Henrich/Sedemund-Treiber § 621g ZPO Rn. 2).

192c In Sorgerechtsangelegenheiten nach § 621 Abs. 1 Nr. 1 ZPO darf zwar über den Teilbereich des Aufenthaltsbestimmungsrechts entschieden werden, nicht aber über das Umgangsrecht (OLG Zweibrücken FamRZ 1996, 234 und 1989, 1108; OLG Hamburg FamRZ 1986, 181f.; Johannsen/Henrich/Sedemund-Treiber § 621g ZPO Rn. 2). Ebenso ist im Verfahren über das Sorgerecht keine einstweilige Anordnung über die Kindesherausgabe zulässig (OLG Zweibrücken FamRZ 1997, 693). Eine einstweilige Umgangsregelung ist nur ausnahmsweise dann zulässig, wenn sie keinen eigenen Zweck verfolgt sondern nur der Entscheidung zum Sorgerecht dient, indem sie die tatsächlichen Verhältnisse offen gestaltet (KG FamRZ 2001, 1163; OLG Zweibrücken FamRZ 1996, 234; OLG Karlsruhe FamRZ 1992, 978; OLG Frankfurt FamRZ 1992, 579, 580; Gießler Rn. 1010; van Els Rn. 294). In Verfahren nach § 621 Abs. 1 Nr. 2 und 3 ZPO ist der Regelungsumfang schon durch den Umfang der Hauptsache eng begrenzt.

Im Verfahren über die Behandlung der Ehewohnung und des Hausrats nach §§ 1361a, 1361b BGB und den Vorschriften der HausratsVO (§ 621 Abs. 1 Nr. 7 ZPO) kommen als Gegenstand einstweiliger Anordnungen alle Maßnahmen in Betracht, wie sie früher nach § 13 Abs. 4 Hausrats VO zulässig waren. Auch insoweit sollte die einstweilige Anordnung nicht die Hauptsache vorwegnehmen und z.B. nur einzelnen Gegenstände des Hausrats zuweisen. Zur Ehewohnung kommen sowohl Anordnungen über die gemeinsame Benutzung der Wohnung durch Aufteilung der

Räume als auch die Zuweisung der Wohnung an einen der Ehegatten zur Alleinnutzung in Betracht. Als weniger einschneidende Maßnahme hat eine Regelung über die gemeinsame Nutzung nach dem Verhältnismäßigkeitsprinzip Vorrang. (OLG Karlsruhe FamRZ 1991, 1440, 1441; OLG Düsseldorf FamRZ 1988, 1058, 1059; OLG Frankfurt FamRZ 1987, 159; OLG Köln FamRZ 1985, 498, 499; AG Saarbrücken FamRZ 2003, 530, 531; Johannsen/Henrich/Sedemund-Treiber § 620 ZPO Rn. 27 ff. m.w.N.). Wegen des vorläufigen Charakters darf durch eine einstweilige Anordnung noch nicht nach § 5 HausratsVO in das Mietverhältnis eingegriffen werden (OLG Hamm FamRZ 2000, 1102 und 1985, 706; OLG Hamburg FamRZ 1983, 621). Die Anordnung setzt eine unbillige Härte für den Antragsteller voraus (vgl. Schumacher FamRZ 2001, 953, 956) und muss auch das Wohl der im Haushalt mitlebenden Kinder berücksichtigen (§ 1361b Abs. 1 S. 2 BGB).

2.2.2 Verfahren

Für das Verfahren verweist § 621g S. 2 ZPO – wie schon die §§ 127a Abs. 2 S. 2, 621f Abs. 2 S. 2, 644 S. 2 ZPO, § 3a Abs. 9 S. 4 2. HS VAHRG – auf die §§ 620a bis 620g ZPO. Damit trägt die Regelung zur Vereinheitlichung des Verfahrens der einstweiligen Anordnung in Familiensachen bei (Schumacher FamRZ 2001, 953, 957). Soweit nicht das Verfahren der freiwilligen Gerichtsbarkeit (§ 621a Abs. 1 S. 1 ZPO) Ausnahmen erfordert, ist deswegen auf die Ausführungen zum Verbundverfahren zu verweisen (vgl. Rn. 5 ff.).

192d

Nach dem Wortlaut des § 621g S. 1 ZPO kann das Gericht einstweilige Anordnungen nur auf Antrag treffen. Einen solchen Antrag können aber alle an der Hauptsache Beteiligten stellen. Von Amts wegen ist eine Entscheidung nach § 621g ZPO hingegen nicht zulässig, weil der Gesetzeswortlaut dieses nicht vorsieht und die abweichende Regelung in § 620b Abs. 1 S. 2 ZPO sowie die entsprechende Auffassung zu § 620e ZPO (vgl. Rn. 186) darauf beruht, dass jedenfalls ein Antrag auf Erlass einer einstweiligen Anordnung vorlag (OLG Köln FF 2003, 141 und FamRZ 2003, 319; a.A. OLG Frankfurt OLGR 2003, 153; Johannsen/Henrich/Sedemund-Treiber § 621g ZPO Rn. 4). Außerdem ist auch die frühere Regelung in § 620 S. 2 ZPO gestrichen worden, die im Scheidungsverbund einstweilige Anordnungen zum Sorgerecht ohne Antrag der Parteien vorsah. Die Tatsachen auf die der Antrag gestützt wird, müssen glaubhaft sein (OLG Bamberg FamRZ 2001, 1310). Ein Regelungsbedürfnis (vgl. Rn. 15 ff.) ist in Fällen des § 621 Abs. 1 Nr. 1 bis 3 ZPO gegeben, wenn ein sofortiges Einschreiten im Interesse des Kindeswohls ge-

Sorgerecht

boten ist (OLG Köln FamRZ 2000, 1240; OLG Frankfurt FamRZ 2000, 1037; BayObLG FamRZ 1999, 1457, 1459; 1999, 178 und 1997, 387 m.w.N.; OLG Karlsruhe FamRZ 1998, 501; Zöller/Philippi § 621g Rn. 2; Gießler Rn. 986, 1294 m.w.N.). Für die Zuweisung von Hausratsgegenständen ist ein Regelungsbedürfnis stets gegeben, wenn eine eigenmächtige Verteilung bevorsteht (Gießler Rn. 799). Zur Zuweisung der Ehewohnung vgl. OLG Hamburg FamRZ 1996, 1294. Ist schon die Hauptsache entscheidungsreif, darf eine einstweilige Anordnung nicht mehr ergehen (OLG Frankfurt FamRZ 2000, 1037).

192e Anwaltszwang besteht für das Verfahren der einstweiligen Anordnung in erster und zweiter Instanz nicht, weil auch in den entsprechenden Hauptsacheverfahren nach § 78 Abs. 2 und 3 ZPO kein Anwaltszwang besteht und für das Anordnungsverfahren als Teil der Hauptsache nichts anderes gelten kann (Zöller/Philippi § 621g Rn. 4; Johannsen/Henrich/Sedemund-Treiber § 621g ZPO Rn. 4). Eine Rechtsbeschwerde ist aber durch einen beim Rechtsbeschwerdegericht zugelassenen Rechtsanwalt einzulegen und zu führen (§§ 78 Abs. 1 S. 4f., 574 ZPO). Das Jugendamt ist an den Verfahren nach § 621 Abs. 1 Nr. 1 bis 3 ZPO beteiligt (vgl. Rn. 184). Auch im Verfahren der Rechtsbeschwerde ist es nach § 78 Abs. 4 ZPO vom Anwaltszwang freigestellt. Eine mündliche Verhandlung ist im Verfahren der einstweiligen Anordnung nicht vorgeschrieben (§ 128 Abs. 4 ZPO) aber zweckmäßig, um zu vermeiden, dass nach Erlass der Anordnung auf Grund mündlicher Verhandlung erneut entschieden werden muss (§ 620b Abs. 2 ZPO). Dann ist allerdings die Ladungsfrist des § 217 ZPO einzuhalten (OLG Dresden FamRZ 2002, 1498). Gegen Entscheidungen aufgrund mündlicher Verhandlung nach § 621 Abs. 1 Nr. 1 und 3 ZPO ist nach § 621g S. 2 i.V.m. § 620c S. 1 ZPO die sofortige Beschwerde zulässig (vgl. Rn. 52ff., 182ff.). Sonst bleibt nur die Möglichkeit einer Abänderung nach § 621g S. 2 i.V.m. § 620b ZPO (vgl. Rn. 43ff., 183). Gegen eine Anordnung, in der dem Antragsteller die Ehewohnung zugewiesen wurde, ist nach § 620c S. 2 ZPO eine sofortige Beschwerde nur dann zulässig, wenn die Beschwer 600 € übersteigt (§ 14 HausratsVO; OLG Brandenburg FamRZ 2000, 1102). Wegen der gerichtlichen und außergerichtlichen Gebühren und der Streitwerte vgl. Rn. 191.

2.2.3 Konkurrenzen

192f Für Folgesachen im Scheidungsverbund sind einstweilige Anordnungen nach § 620 Nr. 1 bis 3 und 7 ZPO gegenüber solchen nach § 621g ZPO vorrangig, weil auch über die Hauptsache nach § 623 Abs. 1 und 2 ZPO im Scheidungsverbund zu entscheiden ist. § 621g ZPO ist wiederum im

Rahmen seines Anwendungsbereichs als Sonderregelung vorrangig gegenüber sonstigen Maßnahmen des einstweiligen Rechtsschutzes (Zöller/Philippi § 621 g Rn. 1; Gießler FamRZ 2004, 419; vgl. auch Rn. 132). Die Vorschrift verdrängt insbesondere die sonst von der Rechtsprechung für zulässig erachtete vorläufige Anordnung (BT-Drucksache 14/5429 S. 34; Motzer FamRZ 2003, 793, 802; vgl. weiter Rn. 192 g).

2.3 Vorläufige Anordnung in FGG-Familiensachen

Weil die in der Rechtsprechung bislang anerkannte vorläufige Anordnung durch die Neuregelung der einstweiligen Anordnung in § 621 g ZPO verdrängt wird, ist zunächst dessen Anwendungsbereich zu klären. Erst dann läst sich beurteilen, ob daneben noch ein Anwendungsbereich für die gewohnheitsrechtlich anerkannte vorläufige Anordnung verbleibt. Dabei ist zunächst zu berücksichtigen, dass § 621 g ZPO die Zulässigkeit einstweiligen Rechtsschutzes gegenüber der früheren Rechtslage (vgl. Rn. 195) sogar ausweitet, weil die Vorschrift einstweilige Anordnungen schon ab Anhängigkeit eines Prozesskostenhilfegesuchs für eine der aufgeführten FGG-Familiensachen zulässt. Andererseits sind nach § 621 g ZPO einstweilige Anordnungen nur auf Antrag zulässig (vgl. Rn. 192 d), während die in der Rechtsprechung anerkannte vorläufige Anordnung auch von Amts wegen erlassen werden kann (vgl. Rn. 196). Damit wollte der Gesetzgeber jedenfalls nicht den gesamten einstweiligen Rechtsschutz in Sorgerechts-, Ungangsregelungs- und Kindesherausgabesachen (§ 621 Abs. 1 Nr. 1 bis 3 ZPO) auf Antragsverfahren beschränken. Denn gerade in diesen Rechtsgebieten sind häufig auch Maßnahmen von Amts wegen notwendig (van Els Rn. 243 ff.; vgl. auch OLG Frankfurt OLGR 2003, 153; vgl. insoweit auch die Vorschriften des MSA Palandt/Heldrich Anh. zu § 24 EGBGB Rn. 1 ff.). Entsprechend sieht § 49 a Abs. 3 FGG i.V.m. § 49 Abs. 4 FGG vor, dass bei Gefahr im Verzug besonders in Sorgerechtsangelegenheiten einstweilige Anordnungen schon vor Anhörung des Jugendamts und somit ohne dessen Antrag getroffen werden können. Auch für einstweilige Anordnungen zur Herausgabe von persönlichen Sachen nach einer Kindesherausgabe sieht § 50 d FGG keinen Antrag vor. In § 52 Abs. 3 FGG ist sogar ausdrücklich vorgesehen, dass der Familienrichter im Falle einer Aussetzung des Verfahrens von Amts wegen eine einstweilige Anordnung erlassen darf. Auch sonst sind im FGG mit § 49 Abs. 4 (Vormundschaftssachen), 69 f (Betreuungssachen) und § 70 h (Unterbringungssachen) einstweilige Anordnungen von Amts wegen vorgesehen. Schließlich sind auch in internationalen Rechtsvorschriften (Art. 12 Brüssel II VO, FamRZ 2000, 1140, 1143 bzw. Art. 20 Brüssel II a VO in

192 g

der ab dem 1. März 2005 geltenden Fassung, FamRZ 2004, 1443 ff.) und Übereinkommen (Art. 7 Abs. 2 b HKÜ, Palandt/Heldrich Anh. zu Art. 24 EGBGB Rn. 59 ff.) amtswegige Maßnahmen vorgesehen (vgl. Rn. 209 ff.). Fraglich ist deswegen allein, ob sich die auch weiterhin zulässigen Amtsmaßnahmen wie bislang nach den anerkannten Grundsätzen der vorläufigen Anordnung richten oder ob auf sie die Vorschriften der Antragsverfahren (§ 621 g ZPO) entsprechend anwendbar sind (so Gießler FamRZ 2004, 419, 420 f.; vgl. aber OLG Hamm FamRZ 2003, 172).

Für eine entsprechende Anwendbarkeit des § 621 g ZPO auch auf von Amts wegen zu erlassende vorläufige Maßnahmen wird der Wille des Gesetzgebers angeführt, das Nebeneinander der beiden Verfahrensordnungen ZPO und FGG zu begrenzen. Sein Bestreben sei gewesen, die einstweiligen Anordnungen in selbstständigen Familiensachen den selben zivilprozessualen Verfahrensregeln zu unterwerfen, wie den entsprechenden Anordnungen im Scheidungsverbund (OLG Frankfurt OLGR 2003, 153; Schumacher FamRZ 2001, 953, 957; Motzer FamRZ 2003, 793, 802). Diesem gesetzgeberischen Ziel widerspreche es, wenn die Tatsache, ob eine Anordnung auf Antrag oder von Amts wegen erlassen werde, für das Verfahren von maßgeblicher Bedeutung sei. Es hänge vielfach sogar vom Zufall ab, ob eine einstweilige Anordnung auf Antrag (§ 1671 BGB) oder von Amts wegen (§ 1666 BGB) zu erlassen sei (Gießler FamRZ 2004, 419, 420). Diese Argumente überzeugen nicht.

Indem der Gesetzgeber in § 620 ZPO den Satz 2 gestrichen und auch in § 621 g ZPO einstweilige Anordnungen nur auf Antrag zugelassen hat, wollte er die Verfahrensbestimmungen der ZPO gerade auf kontradiktorische Verfahren auf Antrag der Parteien beschränken. Auch die Ausnahmevorschrift in § 620 b Abs. 1 S. 2 ZPO setzt zunächst eine einstweilige Anordnung auf Antrag der Beteiligten voraus. Gerade diese Vorschrift zeigt, dass dem Gesetzgeber das grundsätzliche Antragserfordernis in FGG-Familiensachen durchaus bewusst war, was eine unbewusste Regelungslücke ausschließt. Durch die Änderungen des materiellen Kindschaftsrechts mit dem KindRG (vgl. Rn. 174) hat der Gesetzgeber bewusst die Eigenverantwortung der sorgeberechtigten Eltern gestärkt und Eingriffe ohne Antrag der Eltern auf das durch § 1666 BGB gesicherte staatliche Wächteramt beschränkt (vgl. insoweit BVerfG FamRZ 2002, 1021). Nur für die kontradiktorischen Verfahren auf Antrag der Eltern – sei es im Scheidungsverbund (§ 620 Nr. 1 bis 3 ZPO), sei es als isolierte Familiensache (§ 621 g ZPO) – hat der Gesetzgeber die Vorschriften der ZPO für anwendbar erklärt. Verfahren nach § 1666 BGB unterscheiden sich davon schon deswegen, weil auch sie von Amts wegen betrieben werden können. Für diese Verfahren ist deswegen das nach § 621 a Abs. 1

ZPO für anwendbar erklärte Recht der freiwilligen Gerichtsbarkeit geeigneter, was auch den einstweiligen Rechtsschutz einschließt (a.A. Johannsen/Henrich/Büte § 1666 ZPO Rn. 92). Wünschenswert wäre es zwar, dass der Gesetzgeber für Amtsverfahren allgemeine Vorschriften zum einstweiligen Rechtsschutz in das FGG aufnimmt. Bis dieses geschehen ist, bleibt es insoweit allerdings bei der Anwendung der gewohnheitsrechtlich anerkannten vorläufigen Anordnung.

2.3.1 Gesetzliche Regelung

In FGG-Amtsverfahren (vgl. Rn. 192g) besteht nicht selten ein Bedarf nach einer schnellen gerichtlichen Regelung, zumal die endgültige Entscheidung häufig durch den Amtsermittlungsgrundsatz und die bestehenden Anhörungspflichten erheblich verzögert wird. Gleichwohl hat der Gesetzgeber die Möglichkeit des vorläufigen Rechtsschutzes nur in wenigen Einzelvorschriften geregelt. So ermöglicht § 24 Abs. 3 FGG dem Beschwerdegericht, vor seiner Entscheidung eine einstweilige Anordnung zu erlassen, insbesondere anzuordnen, dass die Vollziehung der angefochtenen Verfügung auszusetzen ist. Nach § 49a Abs. 3 i.V.m. § 49 Abs. 4 FGG kann das Familiengericht bei Gefahr im Verzuge einstweilige Anordnungen bereits vor einer Anhörung des Jugendamts treffen. Die Anhörung ist sodann allerdings unverzüglich nachzuholen. Ordnet das Gericht die Herausgabe eines Kindes an, so kann es durch einstweilige Anordnung die Herausgabe der zum persönlichen Gebrauch des Kindes bestimmten Sachen regeln (§ 50d FGG). Nach § 53a Abs. 3 FGG kann das Gericht im Verfahren des Zugewinnausgleichs zu Anträgen nach den §§ 1382, 1383 BGB einstweilige Anordnungen treffen, wenn hierfür ein Bedürfnis besteht. § 13 Abs. 4 HausratsVO, der die Möglichkeit einer einstweiligen Anordnung im isolierten Verfahren nach der Hausratsverordnung vorsah, ist durch die Vorschrift des § 621g ZPO ersetzt worden. Weiterhin sehen Art. 7 Abs. 2b HKÜ, Art. 12 Brüssel II VO (FamRZ 2000, 1140, 1143; vgl. Rn. 192g) und § 6 Abs. 2 des Sorgerechtsübereinkommensausführungsgesetzes vom 5. April 1990 (BGBl. 1990 I, 701) die Möglichkeit von vorläufigen Maßnahmen bzw. einstweiligen Anordnungen vor, um Gefahren von dem Kind abzuwehren oder Beeinträchtigungen der Interessen der Beteiligten zu vermeiden. Außerdem sehen auch verschiedene andere Vorschriften außerhalb der Zuständigkeit des Familiengerichts die Möglichkeit einstweiliger Anordnungen vor. Da diese gesetzlichen Regelungen lückenhaft sind, hat die Rechtsprechung aus ihnen einen allgemeinen Grundsatz entwickelt, wonach vorläufige Anordnungen in FGG-Sachen auch ohne ausdrückliche Regelung statthaft sind (BGH FamRZ 1978,

193

886; BayObLG FamRZ 1984, 933, 934; 1990, 1379; OLG Karlsruhe FamRZ 1990, 304, 305). Diese Auffassung ist inzwischen allgemein anerkannt (vgl. Gießler Rn. 298; Keidel/Kahl, FGG, § 19 Rn. 30; Ritter S. 23 ff.). Danach kann in Amtsverfahren nach § 1666 BGB eine vorläufige Anordnung dann getroffen werden, wenn zum Schutz des Kindes ein dringendes Bedürfnis für ein unverzügliches Einschreiten besteht, dass ein Abwarten bis zur endgültigen Entscheidung nicht gestattet und eine Entscheidung im Sinne der zunächst vorläufigen Maßregel wahrscheinlich ist (BayObLG FamRZ 1985, 100 m.w.N.; 1992, 90; OLG Hamm FamRZ 1988, 199). In anderen FGG-Familiensachen ist eine vorläufige Anordnung aber regelmäßig durch die neu geschaffene Vorschrift des § 621g ZPO ausgeschlossen (vgl. Rn. 192 f.).

194 Im Unterschied zu den gesetzlich ausdrücklich geregelten einstweiligen Anordnungen hat sich für die von der Rechtsprechung allgemein zugelassenen Eilmaßnahmen im Recht der freiwilligen Gerichtsbarkeit die Bezeichnung als vorläufige Anordnung durchgesetzt. Diese Bezeichnung sollte aus Gründen der Übersichtlichkeit und Verständlichkeit beibehalten bleiben.

2.3.2 *Verfahrensvoraussetzungen*

195 Wie die gesetzlich geregelten einstweiligen Anordnungen ist auch die vorläufige Anordnung ein verfahrensunselbstständiger Rechtsbehelf des vorläufigen Rechtsschutzes. Eine vorläufige Anordnung kann ohne Hauptsacheverfahren weder erlassen werden noch bestehen bleiben. In Amtsverfahren muss die Hauptsache unverzüglich, spätestens mit Erlass der vorläufigen Anordnung eingeleitet werden (OLG Stuttgart OLGZ 1975, 391 und 1966, 471). Mit einer Entscheidung in der Hauptsache tritt eine zuvor ergangene vorläufige Anordnung ohne Weiteres außer Kraft, soweit sie nicht bereits vollzogen ist (vgl. zu § 1628 BGB OLG Hamm FamRZ 2003, 172 m. Anm. van Els; zum Beschwerderecht OLG Dresden FamRZ 2003, 1306). Die Gegenstände des Hauptverfahrens und der vorläufigen Anordnung müssen sich decken, sodass in einem Hauptverfahren auf Regelung des Umgangsrechts keine vorläufige Anordnung zum Sorgerecht ergehen kann. Es genügt allerdings, dass der Antrag auf Einleitung eines Hauptsacheverfahrens anhängig ist. Wurde dieser noch nicht zugestellt, ist er spätestens mit der vorläufigen Anordnung zuzustellen. Die Anhängigkeit eines bloßen Prozesskostenhilfegesuch für eine Familienrechtssache genügt allerdings nicht. Eine entsprechende Anwendung des § 620a Abs. 2 S. 1 ZPO ist ausgeschlossen, weil das ZPO-Verfahren und das FGG-Verfahren insoweit nicht vergleichbar sind. Während § 65 GKG die Tätigkeit des Gerichts im Verfahren der ZPO von einem Vorschuss abhängig macht, ist dieses in FGG-Sachen nicht vorgesehen. Die mittellose Partei ist somit nicht gehindert, sogleich die Hauptsache anhängig zu machen. In der Praxis wird ein ohne gleichzeitige Hauptsache erhobener Antrag auf Erlass einer vorläufigen Anordnung wegen der Eilbedürftigkeit allerdings regelmäßig als Antrag auf Erlass einer vorläufigen Anordnung, verbunden mit einem Antrag auf Einleitung des Hauptverfahrens verstanden (OLG Karlsruhe NJW 1978, 2100, 2101; OLG Braunschweig FamRZ 1980, 568; OLG Hamm FamRZ 1992, 208, 209; Gießler Rn. 303). Wird eine vorläufige Anordnung von Amts wegen erlassen, muss das Gericht gleichzeitig ebenfalls von Amts wegen das Hauptsacheverfahren einleiten (Keidel/Kahl, FGG, § 19 Rn. 30).

Weil sich die Zulässigkeit von vorläufigen Anordnungen auf Amtsverfahren beschränkt (vgl. Rn. 192 g), können sie nach überwiegender Auffassung auch ohne ausdrücklichen Antrag erlassen werden (OLG Zweibrücken FamRZ 1973, 315; Keidel/Kahl § 19 Rn. 30). Insoweit unterscheidet sich das Verfahren der freiwilligen Gerichtsbarkeit mit dem hier geltenden Amtsermittlungsgrundsatz wesentlich von dem ZPO-Verfahren, in dem einstweilige Anordnungen regelmäßig nur auf Antrag erlassen werden dürfen (§§ 620, 621g ZPO). Wird der Erlass einer vorläufigen Anordnung gleichwohl beantragt, kann dieses schriftlich oder zu Protokoll der Geschäftsstelle des zuständigen Gerichts oder eines sonstigen Amtsgerichts (§ 129 a ZPO) geschehen. Der Antragsteller ist zur Aufklärung des Sachverhalts und zur Benennung von Beweismitteln verpflichtet. Entsprechend hat er auch die Notwendigkeit einer vorläufigen Regelung darzulegen und glaubhaft zu machen (OLG Hamm FamRZ 1980, 1155). Eine anwaltliche Vertretung ist im Verfahren der vorläufigen Anordnung nicht erforderlich (§ 78 Abs. 2 und 3 ZPO).

196

2.3.3 Zuständiges Gericht

Das Gericht erster Instanz ist nur dann für den Erlass einer vorläufigen Anordnung zuständig, wenn bei ihm bereits die Hauptsache anhängig ist oder diese gleichzeitig anhängig gemacht wird. Aus der Anhängigkeit der Hauptsache folgt allerdings anders als bei einstweiligen Anordnungen noch nicht zwingend die Zuständigkeit für den Erlass einer vorläufigen Anordnung. Dieses ergibt sich aus der Rechtsnatur der vorläufigen Anordnung als Zwischenentscheidung im FGG-Hauptsacheverfahren. Fehlt dem Gericht die Zuständigkeit, darf es weder in der Hauptsache entscheiden, noch eine vorläufige Anordnung erlassen. Dann ist der Antrag entweder als unzulässig abzuweisen oder entsprechend § 281 ZPO an das örtlich zuständige Gericht zu verweisen (BGHZ 71, 15 = FamRZ 1978,

197

331; BGHZ 71, 69, 72 = FamRZ 1978, 402). Die von einem örtlich unzuständigen Gericht getroffene vorläufige Anordnung ist allerdings gleichwohl wirksam (§ 7 FGG i.V.m. § 621a Abs. 1 ZPO; OLG Hamburg FamRZ 1984, 804; OLG Hamm FamRZ 1988, 864). Befindet sich die Hauptsache im Beschwerdeverfahren, ist auch für den Erlass einer vorläufigen Anordnung das Oberlandesgericht zuständig.

2.3.4 Regelungsbedürfnis

198 Wie jede Maßnahme des vorläufigen Rechtsschutzes setzt auch der Erlass einer vorläufigen Anordnung ein Bedürfnis voraus, das sich aus drohenden Nachteilen oder Gefahr im Verzug (§ 49a Abs. 3 i.V.m. § 49 Abs. 4 FGG) ergibt. Ein solches Regelungsbedürfnis (vgl. auch Rn. 15 ff.) liegt immer dann vor, wenn Gewaltmaßnahmen wie Kindesentführung oder Misshandlung drohen oder andere wesentliche Nachteile wie eine Gefährdung des Kindeswohles durch ungenügende Beaufsichtigung oder Vernachlässigung des Kindes zu befürchten sind (OLG Bamberg FamRZ 2001, 1310). Die Auswahl der geeigneten Maßnahmen geschieht durch den Richter nach pflichtgemäßem Ermessen (Keidel/Kahl § 19 Rn. 31 m.w.N.). Die vorläufige Anordnung muss in einem ausgewogenen Verhältnis zum Maß der Dringlichkeit stehen. Je dringender das Regelungsbedürfnis ist, umso einschneidender kann die vorläufige Anordnung wirken. Das Recht zur Aufenthaltsbestimmung kann jedenfalls dann durch vorläufige Anordnung entzogen werden, wenn bei Kleinkindern in kurzen Abständen schwerwiegende misshandlungstypische Verletzungen festgestellt werden (BayObLG FamRZ 1999, 178). Bei besonderer Dringlichkeit können auch solche Anordnungen getroffen werden, die sonst nur im Hauptsacheverfahren angeordnet werden können. Auch dann darf die Anordnung aber keinen endgültigen Charakter haben und die Hauptsachen nicht vorwegnehmen. Eine bereits vollzogene vorläufige Anordnung soll nur aus schwerwiegenden Gründen geändert werden, um einen mehrfachen Wechsel des ständigen Aufenthalts, der regelmäßig dem Kindeswohl widerspricht, zu vermeiden (OLG Brandenburg FamRZ 2004, 210; OLG Köln FamRZ 1999, 181).

199 Im Hauptsacheverfahren auf Entziehung der elterlichen Sorge besteht ein Regelungsbedürfnis für eine vorläufige Anordnung üblicherweise nur hinsichtlich des Aufenthaltsbestimmungsrechts (vgl. zur einstweiligen Anordnung OLG München FamRZ 1999, 111 und Rn. 178). An einem Regelungsbedürfnis für den Erlass einer vorläufigen Anordnung fehlt es dann, wenn das Hauptsacheverfahren zur Entscheidung reif ist, weil damit ohnehin die vorläufige Anordnung außer Kraft treten würde (OLG

Hamburg FamRZ 1989, 1210). Außerdem fehlt es an einem Regelungsbedürfnis, wenn die Angelegenheit bereits durch vorläufige oder einstweilige Anordnung geregelt ist und keine gravierenden Umstände für eine Änderung dieser vorläufigen Regelung sprechen. Weiterhin fehlt ein Regelungsbedürfnis dann, wenn die vorläufige Anordnung gegenwärtig ohnehin nicht vollzogen werden kann, weil sich das Kind zum Beispiel an einem unbekannten Ort aufhält.

2.3.5 Verfahren der vorläufigen Anordnung

Eine mündliche Verhandlung ist im Verfahren der vorläufigen Anordnung nicht zwingend erforderlich. Allerdings ist den Beteiligten nach Art. 103 GG vor einer Entscheidung regelmäßig rechtliches Gehör mit der Gelegenheit zur Stellungnahme zu gewähren (Ritter S 63 ff.). Außerdem sind die Vorschriften zur Anhörung der Eltern (§ 50a FGG), des Kindes (§ 50b FGG; OLG Karlsruhe FamRZ 2000, 411), der Pflegeperson (§ 50c FGG) und des Jugendamtes (§ 49a FGG) zu beachten. Zweckmäßigerweise erfolgt die Gewährung des rechtlichen Gehörs und die Anhörung deswegen im Rahmen einer mündlichen Verhandlung. Von der gesetzlich vorgeschriebenen Anhörung kann nur ausnahmsweise dann abgesehen werden, wenn die vorherige Anhörung die Vollziehung der vorläufigen Anordnung vereiteln oder wesentlich erschweren würde (§ 49a Abs. 3 i.V.m. § 49 Abs. 4 FGG; BVerfGE 9, 89 ff.; vgl. aber BVerfG FamRZ 2002, 1021). Die Anhörung ist dann jedenfalls unverzüglich nachzuholen (§ 50a Abs. 3 S. 2, 50b Abs. 3 S. 2 FGG). Der Amtsermittlungsgrundsatz im Verfahren der freiwilligen Gerichtsbarkeit gilt auch für das Verfahren der vorläufigen Anordnung (OLG München FamRZ 1978, 54). Allerdings ergeben sich aus dem Zweck des summarischen Verfahrens Einschränkungen, wonach die Tatsachen nicht verbindlich festgestellt sondern glaubhaft sein müssen (BayObLG FamRZ 1990, 1012, 1013; KG FamRZ 1990, 1021, 1023). Das gilt sowohl für die entscheidungserheblichen Tatsachen als auch für die Verfahrensvoraussetzung einer Dringlichkeit der vorläufigen Maßnahme.

200

2.3.6 Entscheidung

Inhaltlich muss die vorläufige Anordnung im materiellen Recht, z.B. in § 1666 BGB, begründet sein; wie in der Hauptsache müssen also die Voraussetzungen zum Erlass der begehrten Rechtsfolge vorliegen. Im Unterschied dazu ist allerdings kein vollständiger Beweis erforderlich; es reicht vielmehr aus, wenn die Voraussetzungen hinreichend glaubhaft gemacht

201

sind (Ritter S 74 ff.). Eine Wahrscheinlichkeit muss dafür sprechen, dass im Hauptsacheverfahren eine Entscheidung ergehen wird, die dem Inhalt der vorläufigen Anordnung jedenfalls entspricht. Die vorläufige Anordnung darf die Hauptsacheentscheidung nur bedingt vorweg nehmen und auch keinen irreversiblen Zustand schaffen (vgl. van Els in der Anmerkung zu OLG Hamm FamRZ 2003, 174 m.w.N.; Ritter S 101 ff.). Regelmäßig kommen im Wege der vorläufigen Anordnung deswegen nur Maßnahmen in Betracht, die hinter der Hauptsache zurückbleiben (vgl. auch Rn. 178). Von mehreren möglichen Maßnahmen hat das Gericht die geeignetste und somit diejenige auszuwählen, die dem Regelungsbedürfnis abhilft und dabei in die Rechte der Beteiligten am Wenigsten eingreift. Statt der mit der Hauptsache verfolgten Rechtsfolge einer Übertragung des Sorgerechts, kann mit der vorläufigen Anordnung im Amtsverfahren die Übertragung des Aufenthaltsbestimmungsrechts als Minus (OLG Köln FamRZ 2000, 1240) und sogar ein Verbot, das Kind ins Ausland zu verbringen, als aliud angeordnet werden. Ist dieses wegen der glaubhaft gemachten Tatsachen erforderlich, kann die vorläufige Anordnung (anders als die einstweilige Anordnung nach §§ 620 Nr. 1, 621g ZPO) auch eine vorläufige Umgangsregelung oder schon eine konkrete Leistung wie die Anordnung der Kindesherausgabe enthalten. Die vorläufige Anordnung ist im Rahmen des Regelungsbedürfnisses auch bedingt oder befristet zulässig. Grundsätzlich ist eine zeitliche Grenze aber nicht erforderlich, weil die vorläufige Anordnung mit der endgültigen Entscheidung des Gerichts hinfällig wird, ohne dass es dafür eines besonderen Ausspruchs bedarf (KG FamRZ 1993, 84; BayObLGZ 1987, 171, 173). Gleiches gilt, wenn eine instanzabschließende Entscheidung nicht mehr ergehen kann, weil eine Gefährdung des Kindeswohls entfallen ist (Keidel/Kahl § 19 Rn. 31 m.w.N.).

202 Die vorläufige Anordnung ergeht durch begründeten Beschluss, zumal sie für die Beteiligten in Sorgerechtsverfahren von erheblicher Bedeutung ist. Der Beschluss ist den Beteiligten entsprechend § 329 ZPO bekannt zu machen. Ist er in einem anderen Vertragsstaat des Europäischen Übereinkommens über die Anerkennung und Vollstreckung von Sorgerechtsentscheidungen zu vollstrecken, muss der Beschluss mit einer Vollstreckungsklausel versehen sein (§ 9 SorgeRÜbkAG). Einer Kostenentscheidung bedarf die vorläufige Anordnung nicht, da die Kosten des Anordnungsverfahrens entsprechend § 620g ZPO der Kostenentscheidung in der Hauptsache folgen (vgl. OLG Naumburg BRAGOReport 2002, 95; OLG Zweibrücken OLGR 2002, 104). Erachtet das Gericht seine vorläufige Anordnung nachträglich für ungerechtfertigt, kann es sie jederzeit ändern oder aufheben (vgl. Rn. 205).

2.3.7 Rechtsmittel

Die vorläufige Anordnung ist als Verfügung im Sinne von § 19 Abs. 1 FGG grundsätzlich mit der unbefristeten Beschwerde anfechtbar (OLG Köln FamRZ 2000, 1240 f.; Keidel/Kahl § 19 Rn. 31 a m.w.N.). Die gesetzlichen Ausnahmefälle, in denen einstweilige Anordnungen nur zusammen mit der Endentscheidung angefochten werden können, sind wegen des Regelungszwecks der vorläufigen Anordnung nicht generell übertragbar. Die Beschwerde ist auch dann zulässig, wenn die vorläufige Anordnung ohne mündliche Verhandlung ergangen ist. Weil im Verfahren der freiwilligen Gerichtsbarkeit grundsätzlich auch eine Hauptsacheentscheidung ohne mündliche Verhandlung möglich ist, kommt ein Antrag auf Entscheidung nach mündlicher Verhandlung entsprechend § 620b Abs. 2 ZPO nicht in Betracht. Allerdings kann das Gericht auch noch im Rahmen seiner Abhilfebefugnis nach § 18 FGG mündlich verhandeln. Beschwerdebefugt ist unabhängig von einer formellen Beschwer durch Abweisung eines Antrags grundsätzlich derjenige, dessen Recht durch die vorläufige Anordnung beeinträchtigt ist (§ 20 Abs. 1 FGG). Die Beschwerde kann schriftlich oder zu Protokoll der Geschäftsstelle (§ 21 Abs. 2 FGG) bei dem Familiengericht oder bei dem als Beschwerdegericht zuständigen Oberlandesgericht (§ 119 Abs. 1 Nr. 2 GVG) eingelegt werden (§ 21 Abs. 1 FGG). Für das Beschwerdeverfahren besteht auch vor dem Oberlandesgericht kein Anwaltszwang (§ 78 Abs. 3 ZPO). Die Beschwerde kann auch auf neue Tatsachen und neue Mittel zur Glaubhaftmachung gestützt werden (§ 23 FGG). Sie ist zweckmäßigerweise zu begründen.

203

Das Familiengericht kann der Beschwerde abhelfen (§ 18 Abs. 1 FGG) und die Vollziehung der angefochtenen vorläufigen Anordnung aussetzen (§ 24 Abs. 2 FGG). Auch das Beschwerdegericht kann die Vollziehung aussetzen (§ 24 Abs. 3 FGG) oder die angefochtene vorläufige Anordnung durch eine andere ersetzen. Auf die Beschwerde prüft das Oberlandesgericht lediglich, ob die anerkannten Voraussetzungen einer Anordnungsbefugnis erfüllt und deren Grenzen eingehalten sind, insbesondere ob ein dringendes Bedürfnis für ein unverzügliches Einschreiten besteht (OLG Frankfurt FamRZ 2002, 623). Eine reformatio in peius ist in von Amts wegen zu betreibenden Sorgerechtsangelegenheiten, bei denen das Kindeswohl im Vordergrund der Entscheidung steht, zulässig. Mit seiner Entscheidung über die Zurückweisung der Beschwerde, die Aufhebung oder Abänderung der angefochtenen Entscheidung oder die Zurückverweisung der Sache an das erstinstanzliche Gericht entscheidet das Beschwerdegericht nach § 13a Abs. 1 FGG über die Kosten des Beschwerdeverfahrens. Die Beschwerdeentscheidung ist nach § 25 FGG zu

204

begründen. Nach § 64 Abs. 3 S. 1 FGG i.V.m. § 621 e Abs. 2 ZPO ist gegen Entscheidungen in selbstständigen Hauptsacheverfahren die (weitere) Rechtsbeschwerde zulässig, wenn das Beschwerdegericht sie nach § 574 Abs. 1 Nr. 2 ZPO zugelassen hat. Gegen eine vorläufige Anordnung ist als bloße Zwischenentscheidung allerdings keine Rechtsbeschwerde an den BGH eröffnet (BGH FamRZ 2004, 948; zum früheren Recht vgl. BGH FamRZ 1989, 1066).

2.3.8 Abänderung und Außerkrafttreten der vorläufigen Anordnung

205 Erachtet das Gericht eine von ihm von Amts wegen erlassene vorläufige Anordnung nachträglich für ungerechtfertigt, ist es selbst zur Abänderung berechtigt (§ 18 FGG). Nach einer Entscheidung des Beschwerdegerichts ist eine Abänderung durch das Amtsgericht wegen der formellen Rechtskraft nicht mehr zulässig, auch wenn der vorläufigen Anordnung – wie der einstweiligen Anordnung (vgl. Rn. 56, 76) – keine materielle Rechtskraft zukommt. Hat sich die Hauptsache erledigt, tritt auch die vorläufige Anordnung außer Kraft, denn sie ist als unselbstständiges Mittel des vorläufigen Rechtsschutzes von der Hauptsache abhängig. Außerdem tritt sie mit Wirksamkeit der Endentscheidung im Hauptsacheverfahren automatisch außer Kraft, ohne dass es eines weiteren Ausspruches dazu bedarf (BayObLG FRES 6, 91; OLG München FamRZ 1999, 1006). Wirksam wird die Endentscheidung mit ihrer Bekanntgabe an die Beteiligten (§ 16 Abs. 1 FGG i.V.m. § 621 a Abs. 1 ZPO).

2.3.9 Kosten

206 Das Verfahren der vorläufigen Anordnung ist in erster Instanz gerichtskostenfrei (§§ 1, 91 S. 2., 129 KostO). Im Beschwerdeverfahren fallen Gerichtskosten nur nach § 131 KostO an. Danach wird ein Viertel der vollen Gebühr erhoben, wenn die Beschwerde zurück genommen wurde (§ 131 Abs. 1 S. 1 Nr. 2 KostO). Im Falle der Verwerfung oder Zurückweisung der Beschwerde entsteht die Hälfte der vollen Gebühr (§ 131 Abs. 1 S. 1 Nr. 1 KostO). Das Beschwerdeverfahren ist allerdings in jedem Fall gebührenfrei, wenn die Beschwerde von dem Minderjährigen oder im Interesse des Minderjährigen eingelegt ist (§ 131 Abs. 3 KostO). Das ist aber nur dann der Fall, wenn die Beschwerde unter Berücksichtigung der gesamten Umstände des Einzelfalles dem objektiven Interesse des Kindes entsprach (BGH BGHR KostO § 131 Abs. 3 Kindesinteresse 1). Selbst dann sind allerdings gerichtliche Auslagen, z.B. die Kosten eines Sachverständigengutachtens, zu erheben (vgl. § 8 Abs. 1 S. 2 KostO; OLG

Internationales Recht und Kindesentführung

Celle MDR 1979, 504; OLG Schleswig SchlHA 1990, 74; OLG München JurBüro 1990, 1185; a. A. OLG Karlsruhe FuR 1999, 437), es sei denn, sie waren durch eine für begründet befundene Beschwerde veranlasst (§ 131 Abs. 5 FGG). Der Wert des isolierten Hauptsacheverfahrens ergibt sich aus § 30 Abs. 2 und 3 KostO und beträgt regelmäßig 3.000 €. Ist nur die vorläufige Anordnung mit der Beschwerde angefochten, ergibt sich der Wert des Beschwerdeverfahrens allerdings weder aus § 20 Abs. 2 GKG, noch aus § 30 Abs. 3 KostO. Er ist vielmehr regelmäßig in entsprechender Anwendung des § 24 S. 1 RVG auf 500 € festzusetzen (zum früheren Recht vgl. OLG Karlsruhe FamRZ 1999, 797).

Hinsichtlich der Rechtsanwaltsgebühren bilden das Verfahren der vorläufigen Anordnung und die entsprechende Hauptsachen nach dem zum 1. Juli 2004 in Kraft getretenen RVG verschiedene Angelegenheiten (§ 17 Nr. 4b RVG) und sind deswegen – wie die im Gesetz ebenfalls geregelte einstweilige Anordnung (vgl. Rn. 95, 191) – gesondert zu vergüten. Auch im Beschwerdeverfahren steht dem Rechtsanwalt nach Nr. 3500 und 35 13 des Vergütungsverzeichnisses zu § 2 Abs. 2 RVG jeweils eine halbe Verfahrens- und Terminsgebühr zu (vgl. zum alten Recht OLG Karlsruhe OLGR 2002, 186). *207*

2.3.10 Vollstreckung

Die Vollstreckung von vorläufigen Anordnungen in Sorgerechts-, Umgangsrechts- und Kindesherausgabesachen richtet sich nach § 33 FGG i.V.m. § 621a Abs. 1 ZPO (siehe Rn. 187 f.). *208*

2.4 Internationales Recht und Kindesentführung
2.4.1 Internationale Rechtsvorschriften

Um im Interesse des Kindeswohls die gegenseitige Anerkennung ausländischer Sorgerechtsentscheidungen zu erleichtern und ein widerrechtliches Verbringen oder Zurückhalten von Kindern in anderen Vertragsstaaten zu verhindern, sind in der Bundesrepublik Deutschland ein internationales Übereinkommen und eine unmittelbar geltende EU-Verordnung anwendbar: *209*

– Die Verordnung (EG) Nr. 1347/2000 des Rates vom 29. Mai 2000 (Abl L 160 vom 30. Juni 2000, S. 19 ff.) über die Zuständigkeit und die Anerkennung und Vollstreckung von Entscheidungen in Ehesachen und in Verfahren betreffend die elterliche Verantwortung für gemeinsame Kinder der Ehegatten (Brüssel II-Verordnung) ist am 1. März 2001 in

Sorgerecht

Kraft getreten (veröffentlicht bei Kohler/Pintens FamRZ 2000, 1140). Seit diesem Zeitpunkt gilt sie als unmittelbar geltendes Recht im Verhältnis zu allen Mitgliedsstaaten der EU mit Ausnahme von Dänemark (Art. 1 und 2 EU-Vertrag i.V.m. Nr. 25 der Präambel) und der in Art. 299 des EU-Vertrages ausgenommenen Territorien (Jersey; vgl. zum EuGVÜ BGH NJW 1995, 264). Zum 1. März 2005 wird sie durch die Verordnung (EG) Nr. 2201/2003 des Rates vom 27. November 2003 (Brüssel II a VO) = FamRZ 2004, 1443 abgelöst.

Diese Verordnung hat nach Art. 37 in den Beziehungen zwischen den Mitgliedsstaaten der EU Vorrang u.a. vor dem Europäischen Übereinkommen über die Anerkennung und Vollstreckung von Entscheidungen über das Sorgerecht für Kinder und die Wiederherstellung des Sorgeverhältnisses vom 20. Mai 1980 (BGBl. 1990 II S. 220 ff.). Vorrangig ist es auch gegenüber den Haager Übereinkünften vom 5. Oktober 1961 (MSA), 20. Mai 1980 und 19. Oktober 1996 über die Zuständigkeit, das anzuwendende Recht, die Anerkennung, Vollstreckung und Zusammenarbeit auf dem Gebiet der elterlichen Verantwortung und der Maßnahmen zum Schutz von Kindern. Keinen Vorrang begehrt es nach Art. 4 (vgl. Palandt/Heldrich Anh. zu Art. 24 EGBGB Rn. 59) hingegen gegenüber dem Haager Übereinkommen über die zivilrechtlichen Aspekte internationaler Kindesentführung (HKÜ) vom 25. Oktober 1980 (BGBl. 1990 II 206). Abweichend von Art. 26 Abs. 2 HKÜ findet eine Befreiung von gerichtlichen und außergerichtlichen Kosten nur nach Maßgabe der Vorschriften über die Beratungshilfe und Prozesskostenhilfe statt (vgl. AG Weilburg FamRZ 2000, 756).

– Das Haager Übereinkommen über die zivilrechtlichen Aspekte internationaler Kindesentführung (HKÜ) vom 25. Oktober 1980 (BGBl. 1990 II S. 207 ff.) hat die Bundesrepublik Deutschland mit Gesetz vom 5. April 1990 (BGBl. 1990 II S. 206) ratifiziert. Es ist für Deutschland am 1. Dezember 1990 in Kraft getreten (BGBl. 1991 II 329). Weitere Vertragsstaaten sind Argentinien, Australien, Bahamas, Belarus (Weißrussland), Belgien, Belize, Bosnien-Herzegowina, Brasilien, Bulgarien, Burkina Faso, Chile, China (Hong Kong), China (Macao), Costa Rica, Dänemark, Ecuador, El Salvador, Estland, Fiji, Finnland, Frankreich, Georgien, Griechenland, Guatemala, Honduras, Irland, Island, Israel, Italien, Kanada, Kolumbien, Kroatien, Lettland, Litauen, Luxemburg, Malta, Mauritius, Mazedonien, Mexiko, Moldawien, Monaco, Neuseeland, Nicaragua, Niederlande, Norwegen, Österreich, Panama, Paraguay, Peru, Polen, Portugal, Rumänien, Schweden, Schweiz, Serbien und Montenegro, Slowakei, Slowenien, Spanien, Sri Lanka, St. Kitts u Nevis, Südafrika, Thailand, Trinidad und Tobago, Tschechien, Türkei, Turkme-

Internationales Recht und Kindesentführung

nistan, Ungarn, Uruguay, Usbekistan, Venezuela, Vereinigtes Königreich, Vereinigte Staaten, Zimbabwe und Zypern (zum Text, der deutschen Übersetzung und den Mitgliedsstaaten siehe auch die Homepage im Internet: http://hcch.e-vision.nl/index_en.php?act=conventions.text&cid=24).

Kommt im Einzelfall die Rückführung des Kindes nach dem Haager und Europäischen Übereinkommen in Betracht, so sind zunächst die Bestimmungen des Haager Übereinkommens anzuwenden, sofern der Antragsteller nicht ausdrücklich die Anwendung der Brüssel II-Verordnung begehrt (§ 12 des Gesetzes zur Ausführung von Sorgerechtsübereinkommen; vgl. Corte di Cassazione Rom EuLF 2000/01 (D), 260). Das Übereinkommen gilt nur zwischen den Vertragsstaaten. In persönlicher Hinsicht gilt es nur für Kinder, die das 16. Lebensjahr noch nicht vollendet haben, die unmittelbar vor der Verletzung des Sorgerechts oder des Umgangsrechts ihren gewöhnlichen Aufenthalt in einem Vertragsstaat hatten und die sich derzeit in einem anderen Vertragsstaat befinden (Art. 4, 5 MSA). Nach Artikel 26 Abs. 2 des Haager Übereinkommens sind die Beteiligten von gerichtlichen und außergerichtlichen Kosten in Verfahren nach diesem Übereinkommen befreit. Sie haben aber die Auslagen zu erstatten, die durch die Rückgabe des Kindes entstanden sind oder entstehen (Art. 26 Abs. 2 S. 3).

– Die verfahrensrechtliche Durchführung des Übereinkommens und der EU-Verordnung wird durch ein gemeinsames Ausführungsgesetz vom 5. April 1990 (SorgeRÜbkAG – BGBl. 1990 I S. 701) geregelt. Danach ist die zentrale Behörde im Sinne des Übereinkommens der Generalbundesanwalt (GBA; vgl. Art. 6 f. HKÜ). Die zentralen Behörden der verschiedenen Staaten arbeiten zusammen und fördern die Zusammenarbeit der zuständigen Stellen ihrer Staaten, um eine sofortige Rückgabe von Kindern sicherzustellen und die weiteren Ziele des Übereinkommens zu verwirklichen (Art. 7 Abs. 1, 9 f. HKÜ). Damit ist der GBA antragsberechtigt bei dem für die Entscheidung zuständigen Gericht. Zuständig für die Entscheidung ist nach § 5 SorgeRÜbkAG seit dem 21. April 1999 das Familiengericht am Sitz des Oberlandesgerichts für alle in dessen Bezirk anfallende Verfahren (vgl. Rn 213; zur Konzentration bei einem Amtsgericht je Bundesland vgl. OLG Oldenburg FamRZ 2003, 1479). Das Verfahren richtet sich nach dem FGG; Kinder (§ 50b FGG), Eltern (§ 50a FGG) und Jugendamt (§ 49a FGG) sind deswegen zu beteiligen und anzuhören. Von einer Anhörung darf es nur aus schwerwiegenden Gründen absehen. Unterbleibt die Anhörung allein wegen Gefahr im Verzug, ist sie unverzüglich nachzuholen (§§ 50a Abs. 3, 50b Abs. 3 FGG). Gegen die im ersten Rechtszug ergangene

Sorgerecht

Entscheidung findet die sofortige Beschwerde an das Oberlandesgericht statt (§ 8 Abs. 2 SorgeRÜbkAG). Diese ist auch dann nicht unzulässig, wenn die erstinstanzliche Rückführungsanordnung vor Einlegung des Rechtsmittels vollzogen wurde (OLG Celle FamRZ 2002, 569). Nach Abschluss des Beschwerdeverfahrens darf das Beschwerdegericht seine Entscheidung nicht mehr gemäß § 18 Abs. 1 FGG abändern (OLG Zweibrücken FamRZ 2003, 961; vgl. aber OLG Karlsruhe Kind-Prax 2002, 134 und FamRZ 2000, 1428).

Die Vollstreckung erfolgt nach § 33 FGG (vgl. Rn. 187 f.). Dem herausgabepflichtigen Elternteil kann aufgegeben werden, bis zur Rückführung des Kindes das Gebiet der Vertragsstaaten des Schengener Abkommens nicht zu verlassen und die Ausweisdokumente des Kindes bei einer Behörde zu hinterlegen. Die Vollstreckung der Rückführungsanordnung ist allerdings nicht Sache des Gerichts sondern die des zur Herausgabe berechtigten Elternteils (OLG Dresden FamRZ 2003, 468; OLG Stuttgart FamRZ 2002, 1138; OLG Zweibrücken FamRZ 2001, 643). Dabei ist er ggf. von der zentralen Behörde zu unterstützen. Auch Gerichtsvollzieher sind gehalten, bei der Vollziehung der Rückgabeanordnung die Beschleunigungspflicht des § 11 HKÜ zu beachten (OLG Stuttgart FamRZ 2000, 374). Aufwendungen die dem berechtigten Elternteil durch die Rückführung des Kindes aus dem Ausland entstehen, sind nicht als notwendige Kosten der Vollstreckung aus dem Herausgabebeschluss erstattungsfähig (OLG Bremen FamRZ 2002, 1720).

2.4.2 *Entführung von Kindern ins Ausland*

210 Die Vertragsstaaten des Haager Übereinkommens über die zivilrechtlichen Aspekte der internationalen Kindesentführung vom 25. Oktober 1980 haben dieses nach dem Inhalt der Präambel in der festen Überzeugung geschlossen, dass das Wohl des Kindes in allen Angelegenheiten des Sorgerechts von vorrangiger Bedeutung ist und dabei den Wunsch festgelegt, das Kind vor den Nachteilen eines widerrechtlichen Verbringens oder Zurückhaltens international zu schützen und Verfahren einzuführen, um seine sofortige Rückgabe in den Staat seines gewöhnlichen Aufenthaltes sicherzustellen und den Schutz des Rechts zum persönlichen Umgang mit dem Kind zu gewährleisten. Dabei ist besondere Eile geboten. Jede über sechs Wochen hinaus dauernde Untätigkeit kann nach der Rechtsprechung des Europäischen Gerichtshofs für Menschenrechte zu einer besonderen Begründungspflicht führen (EGMR mit Anmerkung Schulz FamRZ 2001, 1420; vgl. aber auch BVerfG FamRZ 1999, 1053).

Ob ein Aufenthalt gewöhnlich oder nur vorübergehend ist, bestimmt sich im wesentlichen nicht nach dem Willen der Kindeseltern, sondern aus der Sicht des Kindes, dessen Schutz das Abkommen maßgeblich mitbezweckt (OLG Hamm FamRZ 1999, 948). Dabei kommt es auf den Ort des tatsächlichen Daseinsmittelpunktes des Minderjährigen und den Schwerpunkt seiner sozialen und insbesondere seiner familiären Bindung an. Entscheidend ist auf die Perspektive des Kindes abzustellen, denn durch die Regelungen des HKÜ soll sein Interesse an der Kontinuität der Lebensbedingungen geschützt werden (OLG Karlsruhe FamRZ 2003, 956). Je jünger das Kind ist, desto ausschlaggebender ist allerdings die Wohnsitznahme und Lebensplanung seiner Eltern (OLG Schleswig FamRZ 2000, 1426). Die Anmeldung oder ein Sozialhilfebezug geben bei ständigem Aufenthalt in zwei Ländern keinen entscheidenden Ausschlag für die tatsächlichen Verhältnisse i.S. von Art. 3 (OLG Karlsruhe FamRZ 2003, 955). Hat der Aufenthaltsort der Eltern seit der Geburt des Kindes mehrfach für nicht unerhebliche Zeit gewechselt, begründet das keinen gewöhnlichen Aufenthaltsort in beiden Ländern. Dann wechselt auch der gewöhnliche Aufenthaltsort des Kindes i.S. von Art. 3 jeweils mit dem Umzug an den anderen Ort (vgl. OLG Stuttgart FamRZ 2003, 959; OLG Rostock FamRZ 2001, 642). Eine Aufenthaltsdauer von sechs Monaten reicht in der Regel zur Begründung eines Aufenthalts i.S. von Art. 3 aus (OLG Celle FF 1999, 87).

Das Übereinkommen ist auf jedes Kind anwendbar, das unmittelbar vor der Verletzung des Sorgerechts oder des Rechts zum persönlichen Umgang seinen gewöhnlichen Aufenthalt in einem Vertragsstaat hatte. Nicht mehr anwendbar ist das Übereinkommen, sobald das Kind das 16. Lebensjahr vollendet hat (Art. 4). In dem Übereinkommen ist das Sorgerecht als die Sorge für die Person des Kindes und insbesondere das Recht, den Aufenthalt des Kindes zu bestimmen und das Recht zum persönlichen Umgang als das Recht, das Kind für eine begrenzte Zeit an einen anderen Ort als seinen gewöhnlichen Aufenthaltsort zu bringen, definiert (Art. 5). *211*

2.4.2.1 Zielsetzung

Ziel des Haager Übereinkommens über die zivilrechtlichen Aspekte internationaler Kindesentführung (HKÜ, Artikel im Folgenden ohne Gesetzesangabe) ist es, die sofortige Rückgabe widerrechtlich in einen Vertragsstaat verbrachter oder dort zurückgehaltener Kinder sicherzustellen und zu gewährleisten, dass das in einem Vertragsstaat bestehende Sorgerecht und Recht zum persönlichen Umgang in den anderen Vertragsstaaten tatsächlich beachtet wird (Art. 1; Schwab/Motzer III Rn. 323). Das Übereinkommen soll somit lediglich eine schnellstmögliche Rückführung bei widerrechtlicher Kindesentführung sicherstellen und keine endgültige *212*

Sorgerecht

Sorgerechtsregelung treffen (OG Wien ZfRV 2003, 22; OLG Köln EzFamR aktuell 2001, 325; Schwab/Motzer III Rn. 324). Die auf Grund dieses Übereinkommens getroffene Entscheidung über die Rückführung des Kindes ist deswegen nicht als Entscheidung über das Sorgerecht anzusehen (Art. 19). Das Übereinkommen hindert Personen, Behörden oder sonstige Stellen nicht daran, die Verletzung des Sorgerechts oder des Rechts zum persönlichen Umgang unmittelbar vor den Gerichten oder Verwaltungsbehörden eines Vertragsstaates geltend zu machen, und zwar unabhängig davon, ob dies in Anwendung des Übereinkommens oder unabhängig davon geschieht (Art. 29).

213 Um in ihrem Hoheitsgebiet die Ziele des Übereinkommens zu verwirklichen, haben sich die Vertragsstaaten verpflichtet, alle geeigneten Maßnahmen zu treffen und zu diesem Zweck ihre schnellstmöglichen Verfahren anzuwenden (Art. 2). Zur Umsetzung dieser Verpflichtung hat die Bundesrepublik Deutschland das Gesetz zur Ausführung von Sorgerechtsübereinkommen und zur Änderung des Gesetzes über die Angelegenheiten der freiwilligen Gerichtsbarkeit sowie anderer Gesetze vom 5. April 1990 (BGBl. 1990 I S. 701 ff.) in der Fassung des Gesetzes zur Änderung von Zuständigkeiten nach dem Sorgerechtsübereinkommens-Ausführungsgesetz vom 13. April 1999 (BGBl. 1999 I S. 702) erlassen.

2.4.2.2 Zentrale Behörde

214 Nach Art. 6 des Übereinkommens hat jeder Vertragsstaat eine zentrale Behörde zu bestimmen, welche die ihr durch das Übereinkommen übertragenen Aufgaben wahrnimmt. Nach § 1 des Gesetzes zur Ausführung von Sorgerechtsübereinkommen nimmt in der Bundesrepublik Deutschland der Generalbundesanwalt beim Bundesgerichtshof die Aufgaben der Zentralen Behörde wahr. Er verkehrt unmittelbar mit den im Geltungsbereich dieses Gesetzes zuständigen Gerichten und Behörden. Die zentralen Behörden der Vertragsstaaten arbeiten zusammen und fördern die Zusammenarbeit der zuständigen Behörden ihrer Staaten, um die sofortige Rückgabe von Kindern sicherzustellen und auch die anderen Ziele des Übereinkommens zu verwirklichen (Art. 7). Insbesondere treffen sie unmittelbar oder mit Hilfe anderer alle geeigneten Maßnahmen, um

a) den Aufenthaltsort eines widerrechtliche verbrachten oder zurückgehaltenen Kindes ausfindig zu machen,

b) weitere Gefahren von dem Kind oder Nachteile von den betroffenen Parteien abzuwenden, indem sie vorläufige Maßnahmen treffen oder veranlassen,

c) die freiwillige Rückgabe des Kindes sicherzustellen oder eine gütliche Regelung der Angelegenheit herbeizuführen,

d) soweit zweckdienlich, Auskünfte über die soziale Lage des Kindes auszutauschen,

e) im Zusammenhang mit der Anwendung des Übereinkommens allgemeine Auskünfte über das Recht ihrer Staaten zu erteilen,

f) ein gerichtliches oder behördliches Verfahren einzuleiten oder die Einleitung eines solchen Verfahrens zu erleichtern, um die Rückgabe des Kindes zu erwirken sowie gegebenenfalls die Durchführung oder die wirksame Ausübung des Rechts zum persönlichen Umgang zu gewährleisten,

g) soweit erforderlich die Bewilligung von Prozesskosten- oder Beratungshilfe einschließlich der Beiordnung eines Rechtsanwalts zu veranlassen oder zu erleichtern,

h) durch etwa notwendige und geeignete behördliche Vorkehrungen eine sichere Rückgabe des Kindes zu gewährleisten und

i) einander über die Wirkungsweise des Übereinkommens zu unterrichten und Hindernisse, die seiner Anwendung entgegenstehen, soweit wie möglich auszuräumen.

Entsprechend sieht das Gesetz zur Ausführung von Sorgerechtsübereinkommen (SorgeRÜbkAG) in § 3 vor, dass der Generalbundesanwalt als Zentrale Behörde alle erforderlichen Maßnahmen einschließlich der Einschaltung von Polizeibehörden trifft, um den Aufenthaltsort des Kindes zu ermitteln, wenn dieser sich nicht bereits aus dem Antrag ergibt. Soweit andere Behörden beteiligt werden, übermittelt die Zentrale Behörde ihnen insbesondere die zur Durchführung der Maßnahme erforderlichen personenbezogenen Informationen, die nur für den Zweck verwendet werden dürfen, für den sie übermittelt sind. Die Zentrale Behörde kann das Jugendamt des Aufenthaltsortes ersuchen, Auskunft über die soziale Lage des Kindes zu geben, geeignete Maßnahmen zu treffen, um die freiwillige Rückgabe des Kindes zu bewirken oder die ungestörte Ausübung des Rechts zum persönlichen Umgang zu fördern.

215

Im übrigen leitet der Generalbundesanwalt Anträge aus einem anderen Vertragsstaat unverzüglich an das Gericht weiter, das nach den vorliegenden Unterlagen zuständig ist und unterrichtet es über bereits veranlasste Maßnahmen. Örtlich zuständig ist nach dem Gesetz zur Änderung von Zuständigkeiten nach dem Sorgerechtsübereinkommens-Ausführungsgesetz vom 13. April 1999 das Familiengericht, in dessen Bezirk ein Oberlandesgericht seinen Sitz hat. Dieses Gericht entscheidet für den Bezirk

216

Sorgerecht

des Oberlandesgerichts über gerichtliche Anordnungen in bezug auf die Rückgabe des Kindes oder die Wiederherstellung des Sorgeverhältnisses und in bezug auf das Recht zum persönlichen Umgang sowie über die Vollstreckbarerklärung oder eine gesonderte Feststellung der Anerkennung von Entscheidungen aus anderen Vertragsstaaten des Europäischen Übereinkommens. Die Zentrale Behörde gilt als bevollmächtigt im Namen des Antragstellers zum Zwecke der Rückgabe des Kindes selbst oder im Wege der Untervollmacht durch Vertreter gerichtlich oder außergerichtlich tätig zu werden. Ihre Befugnis zur Sicherung der Einhaltung der Übereinkommen im eigenen Namen entsprechend zu handeln, bleibt dadurch unberührt (§ 3 Abs. 3 SorgeRÜbkAG).

2.4.2.3 Verfahren

217 Macht eine Person, Behörde oder sonstige Stelle geltend, ein Kind sei unter Verletzung des Sorgerechts verbracht oder zurückgehalten worden, so kann sie sich entweder an die für den gewöhnlichen Aufenthalt des Kindes zuständige Zentrale Behörde oder an die Zentrale Behörde eines anderes Vertragsstaates wenden, um mit deren Unterstützung die Rückgabe des Kindes sicherzustellen. Jeder Antrag, der nach dem Übereinkommen an die Zentralen Behörden oder unmittelbar an die Gerichte oder Verwaltungsbehörden gerichtet wird, sowie alle beigefügten Schriftstücke und Mitteilungen sind von den Gerichten oder Verwaltungsbehörden der Vertragsstaaten ohne Weiteres entgegenzunehmen (Art. 30). Der Antrag muss Angaben über die Identität des Antragstellers, des Kindes und der Person, die das Kind angeblich verbracht oder zurückgehalten hat, das Geburtsdatum des Kindes, soweit es festgestellt werden kann, Gründe, die der Antragsteller für seinen Anspruch auf Rückgabe des Kindes geltend macht und alle verfügbaren Angaben über den Aufenthaltsort des Kindes und die Identität der Person, bei der sich das Kind vermutlich befindet, enthalten. Der Antrag kann ergänzt werden durch beglaubigte Ausfertigungen einer für die Sache erheblichen Entscheidung oder Vereinbarung, einer von der Zentralen Behörde oder einer sonstigen zuständigen Behörde des Aufenthaltsstaates des Kindes ausgehenden Bescheinigung oder eidesstattlichen Erklärung über die einschlägigen Rechtsvorschriften des betreffenden Staates oder sonstige für die Sache erhebliche Schriftstücke (Art. 8). Die Zentrale Behörde kann verlangen, dass dem Antrag eine schriftliche Vollmacht beigefügt wird, durch die sie ermächtigt wird, für den Antragsteller tätig zu werden oder einen Vertreter zu bestellen, der für ihn tätig wird (Art. 28).

Hat die Zentrale Behörde, bei der ein Antrag auf Rückgabe von Kindern eingeht, Grund zu der Annahme, dass sich das Kind in einem anderen Vertragsstaat befindet, so übermittelt es den Antrag unmittelbar und unverzüglich an die Zentrale Behörde dieses Staates und unterrichtet die ersuchende Zentrale Behörde oder den Antragsteller (Art. 9). Die Zentrale Behörde des Staates, in dem sich das Kind befindet, trifft oder veranlasst alle geeigneten Maßnahmen, um die freiwillige Rückgabe des Kindes zu bewirken (Art. 10). In Verfahren auf Rückgabe von Kindern haben die Gerichte oder Verwaltungsbehörden jedes Vertragsstaates mit der gebotenen Eile zu handeln. Hat ein zuständiges Gericht oder eine Verwaltungsbehörde, die mit der Sache befasst sind, nicht innerhalb von sechs Wochen nach Eingang des Antrages entschieden, so kann der Antragsteller oder die Zentrale Behörde des ersuchten Staates von sich aus oder auf Begehren der Zentralen Behörde des ersuchenden Staates eine Darstellung der Gründe für die Verzögerung verlangen (Art. 11). *218*

Im gerichtlichen oder behördlichen Verfahren nach dem Übereinkommen ist die Anordnung einer Sicherheitsleistung oder Hinterlegung für die Zahlung von Kosten oder Auslagen nicht zulässig (Art. 22). Eine Legalisation oder ähnliche Förmlichkeiten dürfen nicht verlangt werden (Art. 23). Anträge, Mitteilungen oder sonstige Schriftstücke werden der Zentralen Behörde des ersuchten Staates in der Originalsprache zugesandt. Sie müssen von einer Übersetzung in die Amtssprache des ersuchten Staates oder, falls eine solche Übersetzung nur schwer erhältlich ist, von einer Übersetzung ins Englische oder Französische begleitet sein. Prozesskostenhilfe und Beratungshilfe ist allen Angehörigen eines Vertragsstaates zu den selben Bedingungen zu bewilligen, wie Angehörigen des betreffenden Staates, die dort ihren gewöhnlichen Aufenthalt haben (Art. 25). Die Zentralen Behörden tragen ihre eigenen Kosten wie bei der Anwendung des Übereinkommens selbst. Für die nach dem Übereinkommen gestellten Anträge erheben weder die Zentralen Behörden noch andere Behörden Gebühren. Vorbehaltlich eines abweichenden Ratifizierungsvorbehaltes nach Artikel 42 dürfen die Gerichte und Behörden vom Antragsteller weder die Bezahlung von Verfahrenskosten noch der Kosten für gegebenenfalls beigeordnete Rechtsanwälte verlangen (Art. 26 Abs. 2 und 3). Soweit dieses angezeigt ist, dürfen die Gerichte oder Verwaltungsbehörden mit einer Anordnung über die Rückgabe des Kindes oder das Recht zum persönlichen Umgang der Person, die das Kind verbracht oder zurückgehalten oder die Ausübung des Rechts zum persönlichen Umgang vereitelt hat, die Erstattung der dem Antragsteller entstandenen notwendigen Kosten auferlegen. Dazu gehören insbesondere Reisekosten, die Kosten der Auslagen für das Auffinden des Kindes, *219*

Sorgerecht

Kosten der Rechtsvertretung des Antragstellers und Kosten für die Rückgabe des Kindes (Art. 26 Abs. 4).

220 Ein Antrag, der in einem anderen Vertragsstaat zu erledigen ist, kann auch bei dem Amtsgericht als Justizverwaltungsbehörde eingereicht werden, in dessen Bezirk der Antragsteller seinen gewöhnlichen Aufenthalt, mangels eines solchen im Geltungsbereich dieses Gesetzes, seinen gegenwärtigen Aufenthalt hat. Das Gericht übermittelt den Antrag nach Prüfung der förmlichen Voraussetzungen unverzüglich der Zentralen Behörde, die ihn an den anderen Vertragsstaat weiterleitet. Erforderliche Übersetzungen veranlasst die Zentrale Behörde auf Kosten des Antragstellers. Das zuständige Amtsgericht kann auf Antrag von einer Erstattungspflicht einstweilen befreien, wenn der Antragsteller die persönlichen und wirtschaftlichen Voraussetzungen für die Gewährung von Prozesskostenhilfe oder einen eigenen Beitrag zu den Kosten nach den Vorschriften der ZPO erfüllt. Für die Tätigkeit des Amtsgerichts und der Zentralen Behörde bei der Entgegennahme und Weiterleitung von Anträgen werden im Übrigen Kosten nicht erhoben (§ 11 des Gesetzes zur Ausführung von Sorgerechtsübereinkommen).

221 Ist offenkundig, dass die Voraussetzungen des Übereinkommens nicht erfüllt sind, oder dass der Antrag sonst unbegründet ist, so ist die Zentrale Behörde nicht verpflichtet, den Antrag anzunehmen. In diesem Fall teilt die Zentrale Behörde dem Antragsteller oder gegebenenfalls der Zentralen Behörde, die ihr den Antrag übermittelt hat, umgehend ihre Gründe mit (Art. 27). Nimmt die Zentrale Behörde einen Antrag unter Berufung darauf nicht an, so kann der Antragsteller dagegen die Entscheidung des Oberlandesgerichts beantragen. Zuständig ist das Oberlandesgericht, in dessen Bezirk die Zentrale Behörde ihren Sitz hat, für die Bundesrepublik Deutschland also das Oberlandesgericht Karlsruhe (§ 4 des Gesetzes zur Ausführung von Sorgerechtsübereinkommen; vgl. OLG Karlsruhe FamRZ 1999, 951).

222 Aus dem Wesen des Eilverfahrens ergibt sich, dass ihm die anderweitige Rechtshängigkeit eines Verfahrens zur Regelung der elterlichen Sorge oder des Umgangsrechts nicht entgegensteht. Die Entscheidung soll nach Art. 11 in der gebotenen Eile, in erster Instanz möglichst innerhalb von 6 Wochen ergehen (BVerfG FamRZ 1999, 1053, 1054 f.; Schwab/Motzer III Rn. 330). Eine Sorgerechtsentscheidung dürfen die Gerichte oder Verwaltungsbehörden des Aufenthaltsortes des Kindes, denen das widerrechtliche Verbringen oder Zurückhalten des Kindes mitgeteilt worden ist, erst dann treffen, wenn entschieden ist, dass das Kind auf Grund dieses Übereinkommens nicht zurückzugeben ist oder wenn innerhalb angemessener Frist nach der Mitteilung kein Antrag nach dem Übereinkommen gestellt wird (Art. 16; vgl. OLG Hamm FamRZ 2000; 373). Ist in dem ersuchten Staat inzwischen eine Entscheidung über das Sorgerecht ergangen oder anerkannt, so steht dieses einer Rückgabe des Kindes grundsätzlich nicht entgegen. Die Entscheidungsgründe können bei einer Entscheidung über die Rückgabe des Kindes allerdings berücksichtigt werden (Art. 17). Hat das für die Sorgerechtsentscheidung zuständige (ausländische) Gericht in Kenntnis der Entführung der Mutter das vorläufige Aufenthaltsbestimmungsrecht übertragen, weil diese für das Kind verfügbarer sei und ihm zufriedenstellendere Unterbringungsmöglichkeiten biete, kann das einer Rückführung an den Vater entgegenstehen (OLG Stuttgart FamRZ 2003, 959; vgl. auch den Kommissionsbericht zum HKÜ BT Drucksache 11/5314). Die Vorschriften des Übereinkommens hindern die Gerichte oder Verwaltungsbehörden allerdings nicht daran, jederzeit die Rückgabe des Kindes anzuordnen (Art. 18).

2.4.2.4 Widerrechtliches Verbringen oder Zurückhalten

Nach dem Abkommen (Art. 3) gilt das Verbringen oder Zurückhalten eines Kindes als widerrechtlich, wenn   *223*

a) dadurch das Sorgerecht verletzt wird, das einer Person, Behörde oder sonstigen Stelle allein oder gemeinsam nach dem Recht des Staates zusteht, in dem das Kind unmittelbar vor dem Verbringen oder Zurückhalten seinen gewöhnlichen Aufenthalt hatte und

b) dieses Recht im Zeitpunkt des Verbringens oder Zurückhaltens allein oder gemeinsam tatsächlich ausgeübt wurde oder ausgeübt worden wäre, falls das Verbringen oder Zurückhalten nicht stattgefunden hätte.

Das verletzte Sorgerecht kann insbesondere Kraft Gesetzes, auf Grund einer gerichtlichen oder behördlichen Entscheidung oder auf Grund einer nach dem Recht des betreffenden Staates wirksamen Vereinbarung bestehen (Art. 3 Abs. 2). Haben die Gerichte oder Verwaltungsbehörden des ersuchten Staates festzustellen, ob ein widerrechtliches Verbringen oder Zurückhalten vorliegt, können sie das im Staat des gewöhnlichen Aufenthaltes des Kindes geltende Recht und die gerichtlichen oder behördlichen Entscheidungen unmittelbar berücksichtigen, ohne dass es auf die besonderen Vorschriften der Anerkennung ausländischer Entscheidungen ankommt (Art. 14).

Erforderlich ist also, dass der zurückgebliebene Elternteil, der mit dem   *224*
Ortswechsel nicht einverstanden war, zumindest Mitinhaber der Personensorge war (OLG Koblenz FamRZ 1993, 97 f.; KG FamRZ 1996, 691, 692). Ein Mitspracherecht in wichtigen Fragen der Personensorge reicht

dafür allerdings bereits aus (BVerfG FamRZ 1997, 1269; OLG Rostock FamRZ 2003, 959; OLG Dresden FamRZ 2002, 1136; OLG Zweibrücken FamRZ 2001, 643 und OLGR 2000, 257; KG DAVorm 2000, 1154). Widerrechtlich wird ein Kind auch dann verbracht, wenn der zurückgebliebene (Mit-) Sorgeberechtigte zwar mit dem Verbringen ins Ausland, nicht aber mit der Einreise in diesen Staat einverstanden war (OLG Stuttgart FamRZ 1996, 688 f.). Gleiches gilt, wenn der andere Elternteil der Ausreise des Kindes nur unter Bedingungen zugestimmt hat, die letztlich nicht eingetreten sind (OLG Karlsruhe OLGR 2002, 7). Hat sich das Kind zunächst mit Zustimmung auch des anderen Sorgeberechtigten an einem Ort befunden, der von seinem gewöhnlichen Aufenthaltsort abweicht, kommt ein widerrechtliches Zurückhalten in Betracht, wenn es anschließend nicht zurückgebracht oder an der Rückkehr gehindert wird. Dieses ist im Rahmen der Ausübung des Umgangsrechts im Ausland oder bei Auslandsreisen denkbar. Das setzt aber voraus, dass die zur Ausreise gegebene Zustimmung eines (Mit-)Sorgeberechtigten durch die spätere Entscheidung, das Kind nicht zurückzugeben, gebrochen wurde. Hat ein alleinsorgeberechtigter Elternteil das Kind ins Ausland verbracht, sind die Voraussetzungen auch dann nicht erfüllt, wenn die Entscheidung zum Sorgerecht später zu seinen Lasten abgeändert wird und er das Kind gleichwohl nicht herausgibt (OLG Stuttgart FamRZ 2001, 645; OLG Düsseldorf FamRZ 1994, 181, 182; OLG Karlsruhe FamRZ 1998, 385; OG Wien ZfRV 2001, 30 und 1999, 231). Ausnahmsweise kann auch ein alleinsorgeberechtigter Elternteil sein Kind widerrechtlich ins Ausland bringen, wenn ihm im Herkunftsland gerichtlich auferlegt war, das Land nicht ohne Zustimmung des Gerichts oder des anderen Elternteils mit dem Kind zu verlassen (OLG Karlsruhe NJWE-FER 1999, 151).

225 Das Gericht kann von dem Antragsteller die Vorlage einer Bescheinigung der Behörden des Staates des gewöhnlichen Aufenthalts verlangen, aus der hervorgeht, dass das Verbringen oder Zurückhalten widerrechtlich im Sinne des Art. 3 ist (Widerrechtlichkeitsbescheinigung). Die Zentralen Behörden der Vertragsstaaten haben den Antragsteller beim Erwirken einer derartigen Entscheidung oder Bescheinigung soweit möglich zu unterstützen (Art. 15). Da das Verfahren hierdurch erheblich verzögert wird, kommt dieses besonders dann in Betracht, wenn ohnehin ein Rechtsgutachten zur Bedeutung einer ausländischen Sorgerechtsentscheidung eingeholt werden müsste. Gegenüber einem Rechtsgutachten ist diese Bescheinigung des Herkunftslandes vermutlich aussagekräftiger und, da sie über den Antragsteller bezogen wird, schneller zu erreichen. Für den Antrag, die Widerrechtlichkeit des Verbringens oder Zurückhaltens festzustellen, besteht kein Rechtsschutzbedürfnis mehr, wenn der im

Aufenthaltsstaat des Kindes gestellte Antrag auf Erlass einer Rückgabeanordnung endgültig abgelehnt worden ist (OLG Hamburg Kind-Prax 2001, 55; OLG Zweibrücken FamRZ 1999, 950). Über einen Antrag, die Widerrechtlichkeit des Verbringens oder Zurückhaltens eines Kindes nach Art. 15 festzustellen, entscheidet das nach den allgemein geltenden Vorschriften sachlich zuständige Gericht, bei dem die Sorgerechtsangelegenheit oder Ehesache im ersten Rechtszug anhängig war oder ist, sonst in dessen Bezirk das Kind seinen letzten gewöhnlichen Aufenthalt im Geltungsbereich dieses Gesetzes hatte, hilfsweise in dessen Bezirk das Bedürfnis der Fürsorge auftritt (§ 10 des Gesetzes zur Ausführung von Sorgerechtsübereinkommen). Entscheidungen über die Erteilung einer Widerrechtlichkeitsbescheinigung nach Art. 15 sind keine Endentscheidungen über Familiensachen des § 621 Abs. 1 Nr. 1 bis 3, 6, 7, 9 ZPO, sondern Zwischenentscheidungen im Rahmen eines HKÜ-Rückführungsverfahrens. Gegen solche Entscheidungen des Oberlandesgerichts ist deswegen keine weitere Beschwerde zulässig (BGH JAmt 2001, 555).

2.4.2.5 Rückgabe von Kindern

Ist ein Kind im Anwendungsbereich des Übereinkommens widerrechtlich verbracht oder zurückgehalten worden und ist bei Eingang des Antrages bei Gericht oder der Verwaltungsbehörde des Vertragsstaates, in dem sich das Kind befindet, eine Frist von weniger als einem Jahr seit dem Verbringen oder Zurückhalten verstrichen, so ordnet das zuständige Gericht oder die zuständige Verwaltungsbehörde die sofortige Rückgabe des Kindes an (Art. 12 Abs. 1). Ist der Antrag erst nach Ablauf der Jahresfrist eingegangen, so ordnet das Gericht oder die Verwaltungsbehörde die Rückgabe des Kindes ebenfalls an, soweit nicht erwiesen ist, dass das Kind sich in seine neue Umgebung eingelebt hat (Art. 12 Abs. 2). Ist das Kind zwischenzeitlich in einen anderen Staat verbracht worden, kann das Gericht oder die Verwaltungsbehörde das Verfahren aussetzen oder den Antrag auf Rückgabe des Kindes ablehnen (Art. 12 Abs. 3). *226*

Der Schutz des Kindes vor Entführungen steht im Schnittpunkt verschiedener Grundrechtspositionen sowohl des Kindes als auch beider Eltern aus Art. 1 Abs. 1 und 2 GG sowie aus Art. 6 Abs. 1 und 2 GG (BVerfG FamRZ 1997, 1269). Das Wohl des Kindes bildet den Richtpunkt für den staatlichen Schutzauftrag nach Art. 6 Abs. 2 S. 2 GG. Im Rahmen von Sorgerechtsentscheidungen ist deswegen bei einer Interessenkollision entscheidend auf das Kindeswohl abzustellen (BVerfGE 37, 217, 252 = FamRZ 1974, 579; BVerfGE 56 363, 383 = FamRZ 1981, 429; BVerfGE 68 176, 188; 75, 201, 218 = FamRZ 1987, 786 mit Anm. Luthin *227*

FamRZ 1989, 1047). Das HKÜ gewährleistet die Beachtung des Kindeswohls im Zusammenspiel von Rückführung als Regelfall und den Ausnahmen nach Art. 13 und 20 (BVerfG FamRZ 1999, 85). Der Regelfall gebietet deswegen nicht die Feststellung, dass die Rückführung in den Heimatstaat dem Kindeswohl dient. Eine umfassende Prüfung des Kindeswohls, insbesondere der Frage, wo das Kind künftig leben soll, ist den Gerichten bzw. den Behörden des Herkunftsstaates vorbehalten (OLG Köln EzFamR aktuell 2001, 325; Schwab/Motzer III Rn. 326).

2.4.2.6 Härtefall

228 Das Übereinkommen enthält die Vermutung, dass eine sofortige Rückführung an den bisherigen Aufenthaltsort dem Kindeswohl grundsätzlich am Besten entspricht. Lediglich im Einzelfall kann diese Vermutung nach Artikel 13 und 20 widerlegt werden. Die Rückgabe eines widerrechtlich verbrachten oder zurückgehaltenen Kindes kann nach Art. 13 abgelehnt werden, wenn die Person, Behörde oder sonstige Stelle, die sich der Rückgabe widersetzt, nachweist, dass der Sorgerechtsinhaber das Sorgerecht zur Zeit des Verbringens oder Zurückhaltens tatsächlich nicht ausgeübt hat, dem Verbringen oder Zurückhalten zugestimmt oder dieses nachträglich genehmigt hat (Abs. 1 Nr. a) oder wenn mit der Rückgabe eine schwerwiegende Gefahr eines körperlichen oder seelischen Schadens für das Kind verbunden ist oder das Kind auf andere Weise in eine unzumutbare Lage bringt (Abs. 1 Nr. b). Diese Ausnahmeklauseln tragen der Tatsache Rechnung, dass ein Zurückbringen des Kindes an seinen letzten gewöhnlichen Aufenthaltsort im Einzelfall mit dem Kindeswohl unvereinbar sein kann. Die Rückführung des Kindes darf dann unterbleiben, wenn das Kind durch die Rückgabe in eine unzumutbare Lage gebracht würde oder sich der Rückgabe in einer angesichts seines Alters und seiner Reife beachtlichen Weise widersetzt (BVerfG FamRZ 1999, 1053; Cour de Cassation Paris EuLF 2000/01 (D), 264; OG Wien ZfRV 2000, 186). Dann ist auch eine Herausgabeanordnung unzulässig (OLG Zweibrücken FamRZ 2001, 1536). Nach Artikel 20 kann die Rückgabe eines Kindes auch dann abgelehnt werden, wenn sie nach den im ersuchten Staat geltenden Grundwerten über den Schutz der Menschenrechte und Grundfreiheiten unzulässig ist.

229 Die Ziele der Vereinbarung, die Lebensbedingungen für das Kind zu verstetigen, eine sachnahe Sorgerechtsentscheidung am ursprünglichen Aufenthaltsort sicherzustellen und Kindesentführungen allgemein entgegen zu wirken, weisen die Anordnung der sofortigen Rückführung allerdings grundsätzlich als zumutbar aus (OLG Dresden FamRZ 2002, 1136;

OLG Hamm FamRZ 2000, 370). Deswegen rechtfertigt nicht schon jede Härte die Anwendung der Ausnahmeklauseln; vielmehr stehen nur ungewöhnlich schwerwiegende Beeinträchtigungen des Kindeswohls, die sich als besonders erheblich konkret und aktuell darstellen, einer Rückführung entgegen (BVerfG FamRZ 1996, 405). Bei Beachtung des Beschleunigungsgrundsatzes und mit Blick auf die gebotene summarische Tatsachenprüfung ist nur in ganz außergewöhnlichen Fällen ein psychologisches Sachverständigengutachten einzuholen (OLG Karlsruhe FamRZ 2002, 1141). Diese restriktive Auslegung dieser Vorschrift durch die überwiegende Rechtsprechung ist wegen des Regel – Ausnahme – Verhältnisses geboten und verfassungsrechtlich nicht zu beanstanden (BVerfG FamRZ 1999, 85, 87; 641, 642; OLG Nürnberg FamRZ 2004, 726, 727; OLG Hamm FamRZ 2002, 44). Damit soll erreicht werden, dass im Rahmen des Übereinkommens zur Rückführung nach Kindesentführung nicht bereits der selbe Maßstab angelegt wird, der letztlich für die Sorgerechtsentscheidung gilt. Härten für den entführenden Elternteil begründen in der Regel keinen solchen Nachteil. Die mit einer Trennung eines Kindes von dem entführenden Elternteil verbundenen Beeinträchtigungen des Kindeswohls können meist dadurch vermieden werden, dass der entführende Elternteil gemeinsam mit dem Kind zurückkehrt (OLG Rostock FamRZ 2003, 959; OLG Karlsruhe OLGR 2002, 7; KG DAVorm 2000, 1154). Lehnt der rückführungspflichtige Elternteil eine Rückkehr mit dem Kind ab, kann er die dadurch entstehenden Gefahren der Rückführungspflicht nicht entgegenhalten (OLG Köln EzFamR aktuell 2001, 325; OLG Zweibrücken FamRZ 2001, 643). Ist die Rückkehr für diesen Elternteil mit staatlichen Sanktionen verbunden, so sind diese als Folge der rechtswidrigen Entführung hinzunehmen (BVerfG FamRZ 1997, 1269, 1270; 1997, 1051, 1056; 1999, 85, 87).

Ist der entführende Elternteil die Hauptbezugsperson des Kindes und würde die Rückführung zur Trennung von dieser führen, kann dieses im Einzelfall, insbesondere bei sehr kleinen Kinder, eine Ablehnung des Rückführungsantrags nach Art. 13 Abs. 1 Nr. b rechtfertigen. So hat das Bundesverfassungsgericht in entsprechenden Fällen die Rückführung eines Kindes vorläufig unterbunden (BVerfG FamRZ 1995, 663) oder gar abgelehnt (BVerfG FamRZ 1998, 386). Es genügt allerdings nicht, dass sich das Kind noch im Kleinkindalter befindet (OLG Karlsruhe OLGR 2002, 7; OLG Bamberg FamRZ 2000, 371). Würde eine Rückführung zu einer Trennung von Geschwistern und wegen besonders enger Bindungen zu einer schweren psychischen Belastung des Kindes führen, kann auch dieses einen Versagungsgrund nach Art. 13 begründen (OLG Celle FamRZ 1995, 955, 956; OLG Frankfurt 1996, 689, 691; OLG Karlsruhe

230

OLGR 1998, 121, 122; Schwab/Motzer III Rn. 327). Eine Integration am neuen Aufenthaltsort steht der Rückführung nach der ausdrücklichen Wertentscheidung des Übereinkommens (Art. 12 Abs. 2) nur dann entgegen, wenn zwischen Entführung und Antragstellung mehr als ein Jahr verstrichen ist (OLG Stuttgart FamRZ 1996, 688, 689). Ein entgegenstehender Wille des Kindes kann dann beachtlich sein, wenn das Kind ein Alter und eine Reife erreicht hat, angesichts derer es angebracht erscheint, seine Meinung zu berücksichtigen (OLG Schleswig OLGR 1999, 124). Allerdings ist der Wille nur dann beachtlich, wenn das Kind aus freien Stücken und nicht durch den entführenden Elternteil beeinflusst mit Nachdruck die Rückkehr ablehnt und sich dagegen in ungewöhnlichem Maße sträubt. Das wird regelmäßig im Alter von 8 Jahren noch nicht der Fall sein (OLG München DAVorm 2000, 1157; OLG Düsseldorf FamRZ 1999, 949, 950), ist aber im Alter von 10 Jahren denkbar (OLG Frankfurt FamRZ 1996, 689, 691; Bach FamRZ 1997, 1051, 1057; vgl. aber AG Saarbrücken FamRZ 2003, 398).

231 Da Rückführungsentscheidungen nach Artikel 19 nicht als Sorgerechtsentscheidungen anzusehen sind, ist eine Anhörung des entführten Kindes im Verfahren nach dem Übereinkommen über die zivilrechtlichen Aspekte internationaler Kindesentführung nicht zwingend erforderlich. Kommt es allerdings ausnahmsweise einmal darauf an, ob der entgegenstehende Wille des Kindes beachtlich ist, muss das Kind persönlich angehört werden (§ 50 b FGG). Gleiches gilt, wenn es zum Beispiel bei gegenläufigen Rückführungsanträgen auf den Eindruck ankommt, wie das Kind eine mögliche erneute Rückführung verkraften würde (BVerfG FamRZ 1999, 1053 und 1999, 777). In diesen Fällen kann außer der Anhörung auch eine Begutachtung und eine Auskunft der zuständigen Behörde geboten sein. Jedenfalls in solchen Fällen ist dem Kind zur Vertretung seiner Rechte auch ein Verfahrenspfleger nach § 50 FGG beizuordnen (BVerfG FamRZ 1999, 777 und 1999, 85, 87). Gegen die Ablehnung der Bestellung eines Verfahrenspflegers ist eine Beschwerde aber nicht zulässig (OLG Karlsruhe FamRZ 2000, 1428).

2.4.2.7 Recht zum persönlichen Umgang

232 Ein Antrag auf Durchführung oder wirksame Ausübung des Rechts zum persönlichen Umgang kann in der selben Weise an die Zentrale Behörde eines Vertragsstaates gerichtet werden, wie ein Antrag auf Rückführung des Kindes. Die Zentralen Behörden haben die ungestörte Ausübung des Rechts zum persönlichen Umgang sowie die Erfüllung aller Bedingungen zu fördern, denen die Ausübung dieses Rechts unterliegt. Sie unternehmen dabei Schritte, um so weit wie möglich alle Hindernisse auszuräumen, die der Ausübung des Rechts entgegen stehen (Art. 21 Abs. 2). Die Zentralen Behörden können gegebenenfalls unmittelbar oder mit Hilfe anderer die Einleitung eines Verfahrens vorbereiten oder unterstützen, um das Recht zum persönlichen Umgang durchzuführen oder zu schützen und zu gewährleisten, dass die Bedingungen, von denen die Ausübung dieses Rechts abhängen kann, beachtet werden (vgl. OG Wien ZfRV 2000, 147; Schwab/Motzer III Rn. 332; OLG Bamberg FamRZ 1999, 951). Auch für das Besuchsrecht ist das Kindeswohl entscheidend; es folgt in erster Linie aus dem Kindesinteresse am elterlichen Kontakt und nur in zweiter Linie aus dem Elternrecht (OG Wien ZfRV 2001, 32). War bereits ein innerstaatliches Verfahren zum Umgangsrecht anhängig, kann das ein weiteres Verfahren nach dem HKÜ ausschließen, wenn auch im anhängigen Verfahren eine schnelle Entscheidung (vgl. Rn. 1992 a ff.) erreichbar ist (OLG Frankfurt OLGR 2002, 128; a.A. OLG Zweibrücken OLGR 2002, 156). Denn die Vorschrift des Art. 16 HKÜ verbietet während des laufenden Verfahrens nur Sachentscheidungen zum Sorgerecht und zum Aufenthaltsbestimmungsrecht (OLG Hamm FamRZ 2000, 373), nicht aber zum Umgangsrecht (vgl. auch OG Wien ZfRV 2000, 79).

2.4.2.8 Wirksamkeit der Entscheidung

Eine Entscheidung über die Zurückgabe eines Kindes in einen anderen Vertragsstaat wird mit Eintritt der Rechtskraft wirksam. Gegen eine im ersten Rechtszug ergangene Entscheidung ist das Rechtsmittel der sofortigen Beschwerde zum Oberlandesgericht nach § 22 FGG statthaft. § 28 Abs. 2 und 3 FGG über die Vorlagepflicht im Falle einer Abweichung von Entscheidungen anderer Oberlandesgerichte oder des Bundesgerichtshofs gilt sinngemäß (§ 8 Abs. 2 des Gesetzes zur Ausführung von Sorgerechtsübereinkommen). Das Gericht kann allerdings die sofortige Vollziehung der Entscheidung anordnen (§ 8 Abs. 1 des Gesetzes zur Ausführung von Sorgerechtsübereinkommen).

233

2.4.2.9 Anwendungsbereich

Das Haager Übereinkommen über die zivilrechtlichen Aspekte internationaler Kindesentführung gilt nach Artikel 38 Abs. 4 nur in den Beziehungen zwischen den beigetretenen Staaten (vgl. Rn. 209).

234

2.4.3 Kindesentführung im Inland

235 Entgegen einer vereinzelt vertretenen Auffassung (Gutdeutsch/Rieck, FamRZ 1998, 1488) ist das Haager Übereinkommen über die zivilrechtlichen Aspekte internationaler Kindesentführung nicht entsprechend auf Sorgerechtsverletzungen im Inland anzuwenden (so auch OLG Karlsruhe FamRZ 1999, 951; AG Schleswig FamRZ 2001, 933). Der wesentliche Gedanke des Übereinkommens, nämlich das Kind so schnell wie möglich an seinen ursprünglichen Aufenthalt zurückzuführen, um eine Entscheidung durch das zuvor zuständige Gericht zu ermöglichen, ist auf Entführungen im Inland nicht anwendbar, weil hier grundsätzlich das gleiche Recht anwendbar ist. Im Inland ist es dem Antragsteller zumutbar, im Rahmen des Scheidungsverbundverfahrens oder eines isolierten Verfahrens zum Sorgerecht oder zur Aufenthaltsbestimmung eine einstweilige Anordnung (Rn. 192 a ff.) oder eine vorläufige Anordnung (Rn. 192 g ff.) zu beantragen, um das Kind im Interesse des Kindeswohles an seinen ursprünglichen Aufenthaltsort zurückzubringen. Eine vorläufige Rückführung des Kindes ohne Berücksichtigung der Interessen des Kindeswohls ist wegen der regelmäßig geringeren räumlichen Entfernung, der geringeren Auswirkungen beim Aufenthalt im Inland und des nach wie vor anwendbaren Rechts der Bundesrepublik nicht geboten. Entsprechend ist der Generalbundesanwalt als zentrale Behörde nicht verpflichtet, einen Antrag auf Rückführung eines innerhalb der Bundesrepublik verbrachten Kindes entgegenzunehmen (OLG Karlsruhe FamRZ 1999, 951). Allerdings enthält Art. 8 der Menschenrechtskonvention (MRK) das Recht eines Elternteils auf Maßnahmen, die darauf gerichtet sind, ihn mit seinem Kind zu vereinen, und die Pflicht der nationalen Behörden, diese Maßnahmen zu ergreifen. Diese Verpflichtung ist jedoch nicht absolut; insbesondere die Zusammenführung eines Elternteils mit seinen Kindern, die schon länger bei dem anderen Elternteil leben, erfordert unter Umständen gewisse Vorbereitungen. Hierbei kann die Verpflichtung der nationalen Gerichte zur Ausübung von Zwang in der Sache nur begrenzt sein. Die Interessen, Rechte und Freiheiten der Beteiligten und vor allem das Kindeswohl und die Rechte des Kindes aus Art. 8 MRK sind zu beachten. Sofern der Umgang mit den Eltern diese Interessen bedrohen oder gar verletzen kann, obliegt es den nationalen Gerichten, für einen gerechten Ausgleich zu sorgen. Die positiven Verpflichtungen, die Art. 8 MRK den Vertragsstaaten hinsichtlich der Zusammenführung eines Elternteils mit seinen Kindern auferlegt, sind deswegen im Lichte des Haager Kindesentführungsübereinkommens auszulegen (EGMR mit Anm. Schulz FamRZ 2001, 1430).

3. Zugewinnausgleich

3.1 Eilbedürftigkeit

Wird eine Ehe geschieden, so richtet sich der Endstichtag für die Berechnung der Höhe des Zugewinnausgleichs nach dem Zeitpunkt der Rechtshängigkeit des Scheidungsantrags (§ 1384 BGB). Zwar schützt § 1375 Abs. 2 BGB den Ausgleichsberechtigten vor unentgeltlichen und verschwenderischen Vermögensminderungen, die der Ausgleichspflichtige zwischen Eintritt des Güterstandes und Rechtshängigkeit vollzogen hat. Dieser Schutz ist allerdings durch § 1378 Abs. 2 BGB eingeschränkt, wonach die Höhe der Ausgleichsforderung durch den Wert des Vermögens begrenzt ist, das nach Abzug der Verbindlichkeiten bei Beendigung des Güterstandes vorhanden ist.

236

Die Ausgleichsforderung im Zugewinnausgleich entsteht nach § 1378 Abs. 3 S. 1 BGB mit Beendigung des Güterstandes, also mit Rechtskraft des Scheidungsurteils. Eine Vorverlegung dieses Zeitpunkts, etwa auf die Bewertungsstichtage nach §§ 1384, 1387 BGB ist im Hinblick auf diesen eindeutigen Wortlaut unzulässig (BGH FamRZ 1995, 597). Zugleich kann eine Ehe erst geschieden werden, wenn die Ehegatten länger als ein Jahr getrennt leben (§ 1565 Abs. 2 BGB). Von der Trennung der Ehegatten bis zur Entstehung und Fälligkeit des Ausgleichsanspruchs vergeht somit regelmäßig ein erheblicher Zeitraum, in dem sich die Vermögensverhältnisse des Ausgleichspflichtigen grundlegend ändern können. Schon deswegen sind materiell- und verfahrensrechtliche Möglichkeiten zu Sicherung des künftigen Ausgleichsanspruches dringend erforderlich. Nur einen mittelbaren Schutz bieten die §§ 1365 ff. BGB, wonach ein Ehegatte nicht über sein Vermögen im ganzen verfügen kann (BGH FamRZ 2000, 744; 1994, 819 und 1993, 1302; OLG Köln FamRZ 2001, 176). Ein Rechtsanwalt verstößt gegen seine Sorgfaltspflicht, wenn er keine Maßnahmen zur Sicherung des Anspruchs seines Mandanten trifft, obwohl er konkrete Hinweise auf eine Vereitelungsabsicht des anderen Ehegatten hat (OLG Hamm FamRZ 1992, 430).

237

3.2 Vorzeitiger Zugewinnausgleich

Die Ausgleichsforderung entsteht nach § 1378 Abs. 3 BGB erst mit Beendigung des Güterstandes. Im Falle der Scheidung tritt nur für die Berechnung des Zugewinns an dessen Stelle die Rechtshängigkeit des

238

Scheidungsantrags (§ 1384 BGB). Deswegen erfolgt der Ausgleich des Zugewinns grundsätzlich frühestens mit dem Scheidungsausspruch im Verbundurteil (§§ 623 Abs. 1, 621 Abs. 1 Nr. 8 BGB). Das eröffnet den Ehegatten Tür und Tor für Vermögensverfügungen während der Trennungszeit (§ 1375 Abs. 1 BGB), mit denen der Anspruch auf Zugewinnausgleich gemindert oder ganz vereitelt werden kann. Um das zu verhindern, wird der Stichtag für die Berechnung des Zugewinns durch den vorzeitigen Zugewinnausgleich nach § 1387 BGB auf den Zeitpunkt dieser Klage vorverlagert

3.2.1 Voraussetzungen

238a Nach den abschließenden Regelungen der §§ 1385, 1386 BGB kann ein Ehegatte einen vorzeitigen Ausgleich des Zugewinns verlangen, wenn

- die Ehegatten mindestens drei Jahre getrennt leben (§ 1385 BGB; Rn. 238b),
- der andere Ehegatte seinen wirtschaftlichen Verpflichtungen, die sich aus dem ehelichen Verhältnis ergeben, schuldhaft nicht nachgekommen ist und anzunehmen ist, dass er sie auch in Zukunft nicht erfüllen wird (§ 1386 Abs. 1 BGB; Rn. 238c),
- der andere Ehegatte die künftige Ausgleichsforderung durch rechtsgeschäftliche Verfügungen über sein Vermögen im ganzen ohne die erforderliche Zustimmung erheblich gefährdet hat (§§ 1386 Abs. 2 Nr. 1, 1365 BGB; Rn. 238d),
- der andere Ehegatte durch Handlungen i.S. von § 1375 BGB sein Vermögen vermindert und dadurch die künftige Ausgleichsforderung erheblich gefährdet hat (§§ 1386 Abs. 2 Nr. 2, 1375 BGB; Rn. 238d) oder
- der andere Ehegatte sich ohne ausreichenden Grund beharrlich weigert, ihn über den Bestand seines Vermögens zu unterrichten (§ 1386 Abs. 3 BGB; Rn. 238e).

Die Aufzählung der im Gesetz genannten Tatbestände ist abschließend und lässt eine entsprechende Anwendung, z.B. auf die Eröffnung des Insolvenzverfahrens eines Ehegatten, nicht zu (Palandt/Brudermüller §§ 1385, 1386 Rn. 1; Büte Rn. 194).

238b Die Ehegatten leben getrennt i.S. von § 1385 BGB, wenn zwischen ihnen keine häusliche Gemeinschaft mehr besteht und ein Ehegatte sie erkennbar nicht herstellen will, weil er die eheliche Gemeinschaft ablehnt. Der Begriff des Getrenntlebens entspricht demjenigen des § 1567 BGB (Palandt/Brudermüller §§ 1385, 1386 Rn. 3). Haben die Parteien die häusliche Gemeinschaft nur für kurze Zeit zum Zwecke eines (gescheiterten) Versöhnungsversuchs wieder aufgenommen, unterbricht dies die Frist nicht (§ 1567 Abs. 2 BGB). Die Dreijahresfrist muss spätestens bei Schluss der letzten mündlichen Verhandlung über den Antrag auf vorzeitigen Zugewinnausgleich erfüllt sein.

Die Möglichkeit des vorzeitigen Zugewinnausgleichs nach § 1386 Abs. 1 BGB knüpft an die Nichterfüllung der wirtschaftlichen Verpflichtungen aus dem ehelichen Lebensverhältnis an (§§ 1353, 1360 f.; vgl. OLG Hamm FamRZ 2000, 228). Die erforderliche Annahme, dass der Ehegatte diese Verpflichtungen auch in Zukunft nicht erfüllen werde, erfordert eine darauf gestützte Prognose. Bei der Abwägung muss mehr für eine Fortsetzung als für eine Änderung des bisher pflichtwidrigen Verhaltens sprechen (MünchKommBGB/Koch § 1386 Rn. 15). Das Verhalten des Ehegatten muss schuldhaft sein, wobei es gemäß § 1359 BGB auf die Sorgfalt in eigenen Angelegenheiten ankommt, was ein Verschulden bei grober Fahrlässigkeit aber nicht ausschließt (§ 277 BGB). Bei diesem Tatbestandsmerkmal ist eine Auswirkung auf den Zugewinnausgleich nicht erforderlich (Palandt/Brudermüller §§ 1385, 1386 Rn. 4).

238 c

In der Praxis am bedeutsamsten sind die Fälle der Verfügung über das Vermögen im ganzen ohne Zustimmung des anderen Ehegatten (§ 1365 BGB) und der illoyalen Vermögensminderung nach § 1375 BGB. Durch die Vorverlagerung des Stichtages (§ 1387 BGB) kann in diesen Fällen die (zusätzlich erforderliche) erhebliche Gefährdung der künftigen Ausgleichsforderung abgewendet werden. Weil sich diese Alternative auf Handlungen des Ehegatten in der Vergangenheit bezieht, muss die erhebliche Gefährdung schon im Zeitpunkt der Klagerhebung vorliegen (Palandt/Brudermüller §§ 1385, 1386 Rn. 6; Soergel/Lange § 1386 Rn. 16; Büte Rn. 194). Eine Gefährdung ist zwar grundsätzlich noch nicht durch das Fehlverhalten eingetreten. Im Zusammenwirken mit zu prognostizierenden künftigen Handlungen kann es aber über § 1378 Abs. 2 BGB zu einer Begrenzung oder zum Wegfall des Ausgleichsanspruchs kommen. Die Erheblichkeit der Gefährdung bemisst sich nach der Höhe der gefährdeten Vermögensinteressen und dem Grad ihrer Gefährdung (Palandt/Brudermüller §§ 1385, 1386 Rn. 6). Dafür ist dann der Zeitpunkt der letzten mündlichen Verhandlung ausschlaggebend (OLG Köln FamRZ 2003, 539; OLG Frankfurt FamRZ 1984, 895).

238 d

Dem Tatbestand des § 1386 Abs. 3 BGB liegt die Pflicht zugrunde, den Ehegatten wenigstens in groben Zügen über den eigenen Vermögensbestand zu informieren (BGH FamRZ 1978, 677 und 1976, 516, 517; OLG Hamburg FamRZ 1967, 200). Diese Verpflichtung entfällt aber, wenn der Ehegatte befürchten muss, dass der Auskunftsberechtigte von den mitgeteilten Tatsachen unlauteren Gebrauch machen wird. Eine unmittelbare

238 e

Gefährdung der Ausgleichsforderung oder der sachgerechten Berechnung des Zugewinns ist für diesen Grund eines vorzeitigen Zugewinnausgleichs hingegen nicht erforderliche (Büte Rn. 194 a. E.). Kommt der Ehegatte seiner Auskunftspflicht später nach oder erklärt er sich dazu bereit, lässt das den Anspruch auf vorzeitigen Zugewinnausgleich nicht nachträglich entfallen (Palandt/Brudermüller §§ 1385, 1386 Rn. 7; Haußleiter/Schulz Kap. 1 Rn. 515).

3.2.2 Folgen

238f Beim vorzeitigen Zugewinnausgleich wird der Stichtag für die Berechnung des Endvermögens vom Zeitpunkt der Rechtshängigkeit des Scheidungsantrags (§§ 1378 Abs. 3, 1384 BGB) vorverlagert auf die Zustellung der Gestaltungsklage (§ 1387 BGB). Auf diesen Stichtag ist auch abzustellen, wenn zwischenzeitig ein Scheidungsantrag rechtshängig geworden ist (OLG Bamberg FamRZ 1997, 91, 92; OLG Hamm FamRZ 1982, 609).

Mit der Rechtskraft des Gestaltungsurteils, durch das auf vorzeitigen Ausgleich des Zugewinns erkannt wird, tritt Gütertrennung ein (§ 1388 BGB). Im Falle einer Stufenklage entsteht diese Wirkung schon mit Rechtskraft des Teilurteils über den Gestaltungsantrag. Gleiches gilt, wenn die Parteien sich im Verfahren auf vorzeitigen Zugewinnausgleich durch Vergleich geeinigt haben (MünchKommBGB/Gernhuber § 1387 Rn. 7).

3.2.3 Verfahren

238g Der Anspruch auf vorzeitigen Zugewinnausgleich ist beim Familiengericht (§ 23 b Abs. 1 Nr. 9 GVG, § 621 Abs. 1 Nr. 8 ZPO) mit einer Gestaltungsklage auf Beendigung des gesetzlichen Güterstandes geltend zu machen (OLG Köln FamRZ 1990, 1368). Eine Widerklage des anderen Ehegatten mit dem gleichen Ziel ist zulässig, um im Falle einer Rücknahme der Klage den Stichtag zu sichern (BGHZ 46, 215; Büte Rn. 195). Er erfolgt entweder vertraglich durch Vereinbarung der Gütertrennung nach § 1414 BGB oder durch Gestaltungsurteil. Die Gestaltungsklage kann nicht im Scheidungsverbund erhoben werden (KG FamRZ 2001, 166). Für die Kostenentscheidung ist deswegen § 93a ZPO auch nicht entsprechend anwendbar (OLG Koblenz FamRZ 1990, 1368); sie richtet sich vielmehr nach den §§ 91 bis 93 ZPO. Die Klage kann zwar bereits mit einer Stufenklage auf Auskunft und Zahlung des Ausgleichsbetrages verbunden werden (OLG Celle FamRZ 1983, 171; OLG Schleswig SchlHA 1975, 104; zum Klagantrag vgl. Haußleiter/Schulz Kap. 1 Rn. 520). Über diese Ansprüche darf aber erst entschieden werden, wenn zuvor rechtskräftig (durch Teilurteil) über den vorzeitigen Zugewinnausgleich erkannt und damit die Beendigung des gesetzlichen Güterstandes herbeigeführt worden ist (OLG Celle FamRZ 1983, 171; Palandt/Brudermüller §§ 1385, 1386 Rn. 9 m.w.N.), weil die Ausgleichsforderung erst mit Rechtskraft des Gestaltungsurteils entsteht (§§ 1388, 1378 Abs. 1 BGB). Der Ausgleichsberechtigte bleibt deswegen bis zur Entscheidung über den Gestaltungsantrag im ungewissen, ob die Klage letztlich auch zur Höhe erfolgreich sein wird. Das Rechtsschutzbedürfnis entfällt wegen § 1388 BGB nicht durch die Rechtshängigkeit der Ehesache, wohl aber durch die Rechtskraft eines Scheidungsurteils (OLG Düsseldorf FamRZ 2002, 1572). Dann ist das Verfahren auf vorzeitigen Zugewinnausgleich erledigt. Der Streitwert des Verfahrens richtet sich nach dem Interesse des Klägers an der vorzeitigen Beendigung des Güterstandes, das auf ¼ des künftigen Ausgleichsanspruchs geschätzt werden kann (BGH NJW 1973, 369; Haußleiter/Schulz Kap. 1 Rn. 523).

3.3 Sicherheitsleistung nach § 1389 BGB

Nach § 1378 Abs. 2 BGB wird die Höhe der Ausgleichsforderung durch den Wert des Vermögens begrenzt, das nach Abzug der Verbindlichkeiten bei Beendigung des Güterstandes vorhanden ist. Im Falle der Scheidung tritt für die Berechnung des Zugewinns an dessen Stelle die Zustellung des Scheidungsantrags (§1384 BGB). Wird ein vorzeitiger Versorgungsausgleich beantragt, wird der Stichtag nach § 1387 BGB auf den Zeitpunkt vorverlagert, in dem die Gestaltungsklage auf vorzeitigen Ausgleich erhoben ist (Rn. 238 ff.). Allerdings tritt die Gütertrennung und damit die Fälligkeit des Anspruchs auf vorzeitigen Zugewinnausgleich auch nach § 1388 BGB erst mit Rechtskraft des Urteils ein, das auf vorzeitigen Ausgleich erkennt. Bis zu diesem Zeitpunkt kann der Ausgleichspflichtige sein Vermögen noch schmälern und dadurch die Ausgleichsforderung verringern, weil ihre Höhe nach § 1378 Abs. 2 BGB durch den Wert des Vermögens begrenzt ist, das nach Abzug der Verbindlichkeiten bei Beendigung des Güterstandes vorhanden ist (Haußleiter/Schulz Kap. 1 Rn. 522).

239

Um wenigstens die Durchsetzung des geschuldeten Versorgungsausgleichs sicherzustellen, verlagert § 1389 BGB den materiellen Anspruch auf eine Sicherheitsleistung auf den Zeitpunkt der Erhebung der Klage auf vorzeitigen Zugewinnausgleich zurück. Die Sicherheit kann sowohl für den Zugewinnausgleich nach Zustellung des Scheidungsantrags als auch für den vorgezogenen Anspruch auf vorzeitigen Zugewinnausgleich verlangt werden. Sie dient damit vornehmlich der Durchsetzung des Zugewinnausgleichs (OLG Hamburg FamRZ 1982, 284), schützt allerdings nicht vor der Gefahr, dass die Ausgleichsforderung gemindert ist oder ganz entfällt, wenn der andere Ehegatte bei Beendigung des Güterstandes nach § 1378 Abs. 2 BGB kein ausreichendes Vermögen mehr hat (Haußleiter/Schulz Kap. 1 Rn. 533).

3.3.1 Voraussetzungen

239 a   Nach § 1389 BGB kann ein Ehegatte Sicherheitsleistung verlangen, wenn wegen des Verhaltens des anderen Ehegatten zu besorgen ist, dass seine Rechte auf den künftigen Ausgleich des Zugewinns erheblich gefährdet werden. Der Anspruch setzt voraus, dass

– entweder die Klage auf vorzeitigen Ausgleich des Zugewinns, der Scheidungsantrag oder ein Antrag auf Aufhebung der Ehe anhängig (vgl. OLG Karlsruhe FamRZ 1999, 663), der Güterstand aber noch nicht beendet ist (Johannsen/Henrich/Jaeger § 1389 BGB Rn. 8). Dabei kommt es nicht drauf an, von welchem Ehegatten der Antrag gestellt wurde, Sicherheit kann unter den weiteren Voraussetzungen auch der Beklagte oder der Antragsgegner verlangen (Schwab/Schwab VII Rn. 218). Auf die Erfolgsaussicht der Klage kommt es grundsätzlich nicht an (Johannsen/Henrich/Jaeger § 1379 BGB Rn. 2). Ist die Rechtsverfolgung aber offensichtlich aussichtslos und kann sie deswegen nicht zur Beendigung des Güterstandes und zur Entstehung der Forderung auf Zugewinnausgleich führen, kann sie auch nicht Grundlage eines Sicherungsanspruches sein, weil das Verfahren rechtsmissbräuchlich wäre (Palandt/Brudermüller § 1389 Rn. 5; weitergehender OLG Karlsruhe FamRZ 1999, 663).

– der Kläger voraussichtlich auch Ausgleichsberechtigter ist, wobei ggf. die Erfolgsaussicht der Klage auf vorzeitigen Ausgleich des Zugewinns zu prüfen ist (OLG Karlsruhe FamRZ 1999, 663) und der Ausgleichspflichtige bereits hier die Einrede der groben Unbilligkeit nach § 1381 BGB erheben kann. An die Darlegung der voraussichtlichen Ausgleichsforderung sind keine zu hohen Anforderungen zu stellen. Ausreichen ist es vielmehr, wenn der Bestand und die Höhe der Forderung als wahrscheinlich vorgetragen sind (OLG Düsseldorf FamRZ 1991, 351; OLG Köln FamRZ 1983, 709, 711; Büte Rn 197 m.w.N.). Gegen den Anspruch auf Sicherheitsleistung kann allerdings ein Zurückbehaltungsrecht wegen Ansprüchen aus den ehelichen Lebensverhältnisse ausgeübt werden (OLG Frankfurt FamRZ 1983, 1233; Soergel/Lange § 1389 Rn. 8; Palandt/Brudermüller § 1389 Rn. 2; a.A. Münch-

KommBGB/Koch § 1389 Rn. 2). Denn die Stellung des Sicherungsgläubigers kann nicht stärker sein, als die Stellung des Gläubigers der Ausgleichsforderung.

– die Rechte auf den künftigen Zugewinnausgleich durch ein Verhalten des anderen Ehegatten erheblich gefährdet sind. Dabei handelt es sich insbesondere um Vermögenstransaktionen zu Lasten des Anspruchs oder seiner Durchsetzung. Erforderlich ist keine akute sondern eine erhebliche Gefährdung der künftigen Ausgleichsforderung nach objektiven Maßstäben. Auf ein Verschulden kommt es hier nicht an. Eine ausreichende Gefährdung kann vorliegen, bei Vorbereitungshandlungen zum Verkauf eines Grundstücks (OLG Köln FamRZ 1983, 709, 710; Johannsen/Henrich/Jaeger § 1389 BGB Rn. 6; a.A. Palandt/Brudermüller § 1389 Rn. 4), im Falle arglistiger Täuschung beim Abschluss eines Ehevertrages mit wechselseitigem Verzicht auf den bis dahin entstandenen Zugewinn (OLG Düsseldorf FamRZ 1991, 351), sowie bei Drohung, den einzigen wertvollen Gegenstand wegzugeben und den Ehegatten zum Sozialamt gehen zu lassen (OLG Hamm FamRZ 1992, 439). Ausreichend ist auch, wenn der auf Zugewinn in Anspruch genommene Ehegatte wissentlich eine grob falsche Auskunft über sein Endvermögen erteilt, auf deren Grundlage eine Klage auf Zugewinnausgleich keine Erfolgsaussicht bietet und diese Auskunft den anderen Ehegatten von der Klagerhebung abgehalten hat (OLG Frankfurt FamRZ 1996, 747 ff.; Palandt/Brudermüller § 1389 Rn. 4). Die Sicherheitsleistung verhindert somit, dass Dispositionen nach dem Endstichtag gemäß § 1378 Abs. 2 BGB eine Minderung der Ausgleichspflicht herbeiführen.

3.3.2 Umfang der Sicherheit

Die Art der Sicherheitsleistung richtet sich nach § 232 ff. BGB und lässt dem Schuldner ein Wahlrecht. Sowohl der Antrag als auch das Urteil muss ihm die in diesem Rahmen zu erbringende Sicherheitsleistung freistellen. Die Vorschrift des § 1382 Abs. 4 BGB ist auch nicht entsprechend anwendbar, die Ehegatten können aber übereinstimmend eine andere Form der Sicherheit bestimmen (Schwab/Schwab VII Rn. 219).

240

Die Höhe der Sicherheitsleistung richtet sich nach dem Umfang der zu besorgenden Gefährdung (OLG Celle FamRZ 1984, 1231 f.) und nicht schlechthin nach der Höhe der zu erwartenden Ausgleichsforderung (Johannsen/Henrich/Jaeger § 1389 BGB Rn. 8; RGRK/Finke § 1389 BGB Rn. 5; Schwab/Schwab VII Rn. 219).

3.3.3 Verfahren

240a Die Klage auf Sicherheitsleistung kann nicht im Scheidungsverbund erhoben werden (h. M. Palandt/Brudermüller § 1389 Rn. 8; a.A. AG Detmold FamRZ 1994, 1387). Die Vollstreckung erfolgt nach § 887 ZPO. Hat der Schuldner sein Wahlrecht bis zum Beginn der Zwangsvollstreckung nicht ausgeübt, geht dieses in analoger Anwendung des § 264 BGB auf den Gläubiger über (OLG Düsseldorf FamRZ 1984, 704). Eine Verwertung der Sicherheit ist erst nach Fälligkeit der Ausgleichsforderung zulässig. Zum einstweiligen Rechtsschutz vgl. Rn. 241a ff.

3.4 Einstweiliger Rechtsschutz

241 Vor Einleitung des Verfahrens auf Scheidung oder vorzeitigen Zugewinnausgleich (§ 1389 BGB) besteht nach einhelliger Auffassung keine Möglichkeit, eine künftige Ausgleichsforderung unmittelbar zu sichern (OLG Karlsruhe FamRZ 1999, 663; Haußleiter/Schulz Kap. 1 Rn. 526 m.w.N.). In diesem Zeitpunkt kommt dem Ehegatten nur ein mittelbarer Schutz durch die §§ 1365ff., 1375 Abs. 2 BGB zu. Danach ist der andere Ehegatte gehindert, ohne Zustimmung über sein Vermögen im ganzen zu verfügen. Unter den Voraussetzungen des § 1375 Abs. 2 BGB können illoyale Vermögensminderungen nachträglich fiktiv dem Endvermögen zugerechnet werden (vgl. Rn. 238d). Ist die Ehe der Parteien hingegen rechtskräftig geschieden oder rechtskräftig über den Antrag auf vorzeitigen Zugewinnausgleich entschieden, handelt es sich nicht mehr um einen künftigen, sondern um einen schon bestehenden Anspruch. Dieser fällige Anspruch kann zweifelsfrei als Geldforderung durch einen Arrest gesichert werden (§§ 916ff. ZPO). Welche Mittel des einstweiligen Rechtsschutzes zur Sicherung der Ausgleichsforderung anwendbar sind, ist deswegen nur für die Zeit ab Anhängigkeit der Gestaltungsklage oder des Scheidungsantrags bis zu deren rechtskräftigem Abschluss streitig (vgl. Rn. 242ff.)

3.4.1 Vorzeitiger Zugewinnausgleich

241a Eine Klage auf vorzeitigen Zugewinnausgleich nach den §§ 1385, 1386 BGB gibt besseren Schutz vor illoyalen Vermögensminderungen als eine spätere fiktive Hinzurechnung zum Endvermögen nach § 1375 Abs. 2 BGB. Denn gerade Verschwendungen i.S. von § 1375 Abs. 2 Nr. 2 BGB oder eine Benachteiligungsabsicht i.S. von § 1375 Abs. 2 Nr. 3 BGB sind im gerichtlichen Verfahren nur sehr schwer substantiiert darzulegen und zu beweisen (vgl. Haußleiter/Schulz Kap. 1 Rn. 73f., 521).

Einstweiliger Rechtsschutz

Die Klage auf vorzeitigen Zugewinnausgleich ist keine Zahlungsklage, sondern eine auf Beendigung der Zugewinngemeinschaft gerichtete Gestaltungsklage. Sie kann deswegen nur als selbstständige Klage und nicht als Folgesache im Scheidungsverbund erhoben werden (KG FamRZ 2001, 166; Haußleiter/Schulz Kap. 1 Rn. 518 m.w.N.). Eine einstweilige Anordnung ist deswegen weder nach § 620 ZPO noch nach anderen Vorschriften zulässig. Sie wäre auch nicht hilfreich, weil nach § 1388 BGB Gütertrennung und somit Fälligkeit der Ausgleichsforderung erst mit materieller Rechtskraft des Gestaltungsurteils eintritt und einstweilige Anordnungen zwar formelle aber keine materielle Rechtskraft begründen können. Vgl. i.Ü. Rn. 238g.

3.4.2 Sicherheitsleistung

Der Anspruch auf Sicherheitsleistung nach § 1389 BGB ist durch selbstständige Klage zu verfolgen. Weil die Entscheidung nicht für den Fall der Ehescheidung auszusprechen ist (§ 623 Abs. 1 BGB), kann das Verfahren nicht als Folgesache in den Scheidungsverbund geraten (Johannsen/Henrich/Jaeger § 1389 BGB Rn. 9). Wegen des langwierigen und umständlichen Wegs, Sicherheiten nach §§ 1389, 232 BGB zu erlangen, ist schon früh versucht worden, den materiellen Anspruch auf Sicherheitsleistung vorläufig zu sichern (Furtner NJW 1965, 373; Harms FamRZ 1966, 585; Ullmann NJW 1971, 1294). Mit welchen Mitteln des einstweiligen Rechtsschutzes der Anspruch nach § 1389 BGB gesichert werden kann, ist noch immer heftig umstritten (Schröder/Bergschneider Rn. 4. 499ff.).

Teilweise ist dem berechtigten Ehegatten zur Durchsetzung der Sicherheitsleistung sowohl die Möglichkeit einer einstweiligen Verfügung als auch diejenige eines Arrestes versagt worden (OLG Celle FamRZ 1984, 1231 mit abl. Anm. Schröder FamRZ 1985, 392). Andere halten nur eine einstweilige Verfügung für zulässig (OLG Koblenz FamRZ 1999, 97; KG FamRZ 1994, 1478, 1479, 1986, 1107 und 1974, 310, 311; OLG Düsseldorf FamRZ 1991, 351; Johannsen/Henrich/Jaeger § 1390 Rn. 11 m.w.N.; Palandt/Brudermüller § 1389 Rn. 9; Stein/Jonas/Grunsky § 953 Rn. 2; Kohler FamRZ 1989, 797, 799ff.). Wieder andere halten eine Sicherung durch Arrest, nicht aber eine einstweilige Verfügung für zulässig (OLG Hamburg FamRZ 2003, 238; OLG Karlsruhe FamRZ 1997, 622 und 1995, 822, 823; OLG Hamm FamRZ 1997, 181; OLG Celle FamRZ 1996, 1429; OLG Düsseldorf FamRZ 1994, 114, 115; OLG Hamm FamRZ 1985, 71; Baumbach/Hartmann § 916 Rn. 8; MünchKommZPO/Heinze § 916 Rn. 7; Thomas/Putzo/Reichold § 916 Rn. 5; Zöller/Vollkommer § 916 Rn. 5; Gießler Rn. 937; Ullmann NJW 1971, 1294, 1295; Furtner NJW

242

1965, 373, 375 ff.). Schließlich spricht sich eine weit verbreitete Auffassung dafür aus, dass zur Durchsetzung der Sicherheitsleistung sowohl eine einstweilige Verfügung als auch ein Arrest zulässig ist (OLG Hamburg FamRZ 2003, 238; OLG Köln FamRZ 1983, 709, 710; OLG Hamburg mit Anm. Bartholomeyczik JZ 1965, 498, 499; OLG Frankfurt 1983, 1233; RGRK/Finke § 1389 Rn. 7; Soergel/Lange § 1389 Rn. 12; Harms FamRZ 1966, 585, 587; Palandt/Diederichsen 58. Aufl. § 1389 Rn. 2). Angesichts der unterschiedlichen Rechtsprechung sollte aus anwaltlicher Vorsorge für den Fall einer abweichenden Rechtsauffassung um einen richterlichen Hinweis gebeten werden. Aber auch sonst hat der Richter den Antragsteller nach § 139 ZPO aufzuklären, dass er eine andere Eilmaßnahme für allein zulässig hält. Stellt der Antragsteller dann seinen Antrag auf eine einstweilige Verfügung oder auf einen Arrest um, handelt es sich um eine sachdienliche und damit zulässige Klagänderung (OLG Düsseldorf FamRZ 1991, 351; Gießler Rn. 937).

3.4.2.1 Einstweilige Verfügung

243 Da es sich bei dem Anspruch auf Sicherheitsleistung um einen Individualanspruch handelt, ist dieser für eine Sicherung durch einstweilige Verfügung geeignet (OLG Düsseldorf FamRZ 1991, 351; OLG Hamburg FamRZ 1988, 964f.; KG FamRZ 1994, 1478, 1479; Kohler FamRZ 1989, 797, 799 ff.; Büte Rn. 198). Der Sinn der Sicherheitsleistung nach § 1389 BGB, nämlich eine schnelle und vorzeitige Sicherung der künftigen Ausgleichsforderung zu erreichen, wäre auch verfehlt, wenn keine prozessuale Möglichkeit zur Verfügung stünde, um dieses zeitnah durchzusetzen. Auf Antrag ist dem Schuldner daher im Wege der einstweiligen Verfügung aufzugeben, Sicherheit in bestimmter Höhe zu leisten. Die Vollziehung erfolgt nach den §§ 936, 928, 887 ZPO; bis zur Vollziehung kann der Schuldner jedoch von seinem Wahlrecht Gebrauch machen. Nach überwiegender Auffassung kann ein Veräußerungsverbot bezüglich bestimmter Gegenstände allerdings nicht durch einstweilige Verfügung ausgesprochen werden (OLG Hamburg JZ 1965, 498, 499; MünchKommBGB/Gernhuber § 1389 Rn. 15; Johannsen/Henrich/Jaeger § 1389 BGB Rn. 11 jeweils m.w.N.; Kohler FamRZ 1989, 797, 801).

3.4.2.2 Arrest

244 Zur Sicherung des Anspruches auf eine Sicherheitsleistung nach § 1389 BGB ist auch ein Arrest zulässig. Denn diese Forderung ist mit Rechtshängigkeit der Klage auf vorzeitigen Zugewinnausgleich oder des Scheidungsantrags entstanden und einklagbar (§ 1389 BGB). Weil der Arrest

nur eine Sicherheitsleistung betrifft, die später mit dem Anspruch auf Zugewinnausgleich zu verrechnen ist, nimmt er auch die Hauptsache nicht in unzulässiger Weise vorweg. Zwar würde dem Schuldner durch einen dinglichen Arrest das Wahlrecht zur Art der Sicherheitsleistung und insbesondere auch die Möglichkeit, einen geeigneten Bürgen nach § 232 Abs. 2 BGB zu stellen, genommen (KG FamRZ 1986, 1107; 1994, 1478, 1479; Löhnig FamRZ 2004, 503, 504). Das ist aber auch sonst der Fall, wenn der Gläubiger den Titel auf Sicherheitsleistung vollzieht (vgl. Rn. 243), selbst wenn der Anspruch auf Sicherheitsleistung auch in der Zwangsvollstreckung nicht in eine Geldforderung übergehen kann, weil das gemäß § 887 Abs. 2 ZPO beschaffte Geld nicht an den Gläubiger ausgezahlt wird sondern hinterlegt werden muss (OLG Hamburg FamRZ 1982, 284; KG FamRZ 1974, 310, 311; Johannsen/Henrich/Jaeger § 1389 BGB Rn. 11). Weil die weiteren Voraussetzungen des Arrests in der Regel erfüllt sind, wenn der Schuldner sich dieser Forderung entziehen oder diese jedenfalls nicht freiwillig erfüllen will, ist es gerechtfertigt, das Bestimmungsrecht schon dann auf den Gläubiger zu übertragen.

Streitig ist allerdings, ob auch der künftige Anspruch auf Zugewinnausgleich durch Arrest gesichert werden kann. Die überwiegende Auffassung (Nachweise bei Johannsen/Henrich/Jaeger § 1389 BGB Rn. 1a und Haußleiter/Schulz Kap. 1 Rn. 536 ff.) bejaht dieses mit dem Argument, die Sicherbarkeit eines Anspruchs durch Arrest hänge nicht davon ab, ob er schon entstanden sondern ob er einklagbar sei; dieses sei für den Anspruch auf künftigen Zugewinnausgleich jedenfalls ab Rechtshängigkeit des Scheidungsantrags der Fall. Ab diesem Zeitpunkt bedürfe es des Umwegs über die Sicherheitsleistung nach § 1389 BGB nicht mehr. Diese Auffassung verkennt auch nicht den Willen des Gesetzgebers. Zwar wurde mit § 1389 BGB eine Vorschrift geschaffen, die ausdrücklich eine Sicherung des künftigen Anspruchs auf Zugewinnausgleich ab der Rechtshängigkeit des Scheidungsantrags und somit ab dem Zeitpunkt ermöglicht, ab dem nach dieser Auffassung ein Arrest zulässig sein soll. Das schließt eine zusätzlich Anwendbarkeit der Vorschriften über den Arrest jedoch nicht aus, weil § 1389 BGB aus der Zeit vor Einführung des Verbundverfahrens herrührt und mangels Einschränkung der allgemeinen Arrestvorschriften für den Fall der Sicherung des Anspruchs auf Zugewinnausgleich die Klagbarkeit des Anspruchs auch dessen Sicherung durch Arrest eröffnet. Für die Sicherungsmöglichkeit durch Arrest besteht neben der ausdrücklichen gesetzlichen Regelung auch ein Bedarf, weil sie dem Ausgleichsberechtigten nur ein sehr schwerfälliges und langwieriges Instrument zur Sicherung seiner Ansprüche zur Verfügung stellt (OLG Hamburg FamRZ 2003, 238; vgl. aber Löhnig FamRZ 2004, 503,

245

504 f.). (siehe Rn. 239 ff.). Die allgemeinen Vorschriften über den Arrest sind allerdings nicht geeignet, die ausdrückliche Regelung in § 1389 BGB und die zusätzliche Möglichkeit einer einstweiligen Verfügung zu verdrängen. Abweichend von der Vorauflage schließe ich mich deswegen der jetzt überwiegenden Auffassung in Rechtsprechung und Literatur an, wonach einstweilige Verfügung und Arrest nebeneinander zur Sicherung der künftigen Ausgleichsforderung zulässig sind.

4. Ehewohnung, Hausrat und Maßnahmen nach dem Gewaltschutzgesetz

4.1 Rechtsgrundlagen

Die Nutzung der Ehewohnung (vgl. Rn. 247f.) und die Aufteilung des Hausrats (Rn. 252f.) richtet sich für die Trennungszeit der Ehegatten nach den §§ 1361a, 1361b BGB. Die endgültige Zuweisung erfolgt hingegen nach den Vorschriften der Hausratsverordnung (HausratsVO). Diese Regelungen sind durch das Gewaltschutzgesetz (GewSchG) im Interesse eines verletzten oder bedrohten Ehegatten weiter verschärft worden. Außerdem sieht dieses jetzt weitere Maßnahmen zum Schutz vor Gewalt und Nachstellungen vor (§ 1 GewSchG) und hat die Möglichkeit der Wohnungszuweisung auf nicht miteinander verheiratete Personen erweitert (§ 2 GewSchG). In § 4 GewSchG hat der Gesetzgeber zusätzlich eine Strafvorschrift für Verstöße gegen gerichtliche Verhaltensanordnungen geschaffen (vgl. Rn. 249f.). Auf Lebenspartnerschaften finden die Vorschriften über Familiensachen nach § 661 Abs. 2 ZPO entsprechend Anwendung.

246

4.1.1 Ehewohnung

Nach § 1361b BGB kann ein Ehegatte von dem andern verlangen, dass dieser ihm die Ehewohnung oder einen Teil davon zur alleinigen Benutzung überlässt, wenn dieses unter Berücksichtigung der Belange des anderen Ehegatten notwendig ist, um eine unbillige Härte zu vermeiden. Voraussetzung ist, dass die Ehegatten voneinander getrennt leben oder einer von ihnen getrennt leben möchte. Die Vorschrift erfasst somit die Trennungszeit bis zur rechtskräftigen Scheidung. Ein vorheriger freiwilliger Auszug eines Ehegatten hat zwar Auswirkungen auf die Besitzverhältnisse an der Ehewohnung, den Charakter als Ehewohnung ändert dieses aber zunächst nicht (vgl. § 1613b Abs. 4 BGB; OLG Karlsruhe FamRZ 1999, 1087; OLG Hamm FamRZ 1989, 739; Palandt/Brudermüller § 1361b Rn. 6; Gießler Rn. 875 m.w.N.). Eine unbillige Härte, welche die Zuweisung der Ehewohnung an einen Ehegatten rechtfertigt (zum Begriff vgl. Palandt/Brudermüller § 1361b Rn. 8f.), kann nach der durch das Gewaltschutzgesetz (GewSchG) neu eingefügten Regelung in § 1361b Abs. 1 S. 2 BGB auch dann gegeben sein, wenn das Wohl von im Haushalt lebenden Kindern beeinträchtigt ist (zum früheren Recht vgl. OLG Bam-

247

berg FamRZ 1996, 1293; OLG Frankfurt FamRZ 1996, 289; OLG Celle FamRZ 1992, 465). Die Eigentumsverhältnisse an dem Grundstück oder der Wohnung sind besonders zu berücksichtigen (§ 1361b Abs. 1 S. 3 BGB). Nach einer Körperverletzung oder einer Drohung damit ist dem Geschädigten in der Regel die gesamte Wohnung zur alleinigen Benutzung zu überlassen. Dieser Anspruch ist nur dann ausgeschlossen, wenn keine weiteren Verletzungen oder Drohungen zu besorgen sind, es sei denn, dem Verletzten ist ein weiteres Zusammenleben wegen der Schwere der zurückliegenden Tat nicht zumutbar (§ 1361b Abs. 2 BGB). Diese ebenfalls durch das GewSchG eingeführte Regelung hat gegenüber der früheren Regelung zu einer Umkehr der Beweislast geführt. Ist schon eine Gewalttat vorgefallen, spricht nämlich eine tatsächliche Vermutung dafür, dass mit weiteren Taten zu rechnen ist (BT-Drucks. 14/5429 S. 19, 33 unter Hinweis auf BGH NJW 1987, 2225). Dem Täter obliegt dann die Darlegungs- und Beweislast dafür, dass keine weiteren Verletzungen oder Drohungen zu erwarten sind. Wurde die Ehewohnung ganz oder zum Teil einem Ehegatten überlassen, hat der andere alles zu unterlassen, was die Ausübung des Nutzungsrechts erschweren oder vereiteln kann (§ 1361b Abs. 3 S. 1 BGB). Weil die Vorschrift des § 1361b BGB nur eine vorläufige Regelung bis zur rechtskräftigen Scheidung vorsieht, sind an dem Verfahren weder der Vermieter noch sonstige Dritte zu beteiligen (OLG Koblenz FF 2000, 28; OLG Köln FamRZ 1994, 632; Palandt/Brudermüller § 1361b Rn. 26 f.). Allein das Jugendamt ist anzuhören, wenn in der Haushaltsgemeinschaft minderjährige Kinder leben (vgl. § 1361b Abs. 1 S. 2 BGB i.V.m. § 49a Abs. 2 FGG). Einstweiliger Rechtsschutz ist über § 620 Nr. 7 ZPO im Scheidungsverbund zu erlangen. Für den Fall, dass die Ehesache noch nicht anhängig ist, lässt § 621g ZPO jetzt auch einstweilige Anordnungen innerhalb eines isolierten Verfahrens auf Zuweisung der Ehewohnung zu.

248 Können die Ehegatten sich anlässlich der Scheidung nicht darüber einigen (vgl. Palandt/Brudermüller Anh. zu §§ 1361a, 1361b, § 1 HausratsVO Rn. 2), wer von ihnen die Ehewohnung künftig bewohnen soll, so regelt der Richter die Rechtsverhältnisse daran auf Antrag nach den Vorschriften der HausratsVO. Bei der Gestaltung des Mietverhältnisses entscheidet der Richter nach billigem Ermessen. Dabei sind die Umstände des Einzelfalles, insbesondere das Wohl der Kinder und die Erfordernisse des Gemeinschaftslebens zu berücksichtigen (§ 2 HausratsVO). Die Zuweisung einer im Eigentum des anderen Ehegatten stehenden Wohnung soll nur erfolgen, wenn dadurch eine unbillige Härte vermieden werden kann (§ 3 HausratsVO). Wegen der dauerhaften Zuweisung sind an diese Voraussetzungen strenge Anforderungen zu stellen (Palandt/

Brudermüller Anh. zu §§ 1361a, 1361b, § 3 HausratsVO Rn. 2 m.w.N.).
Der Richter kann Mietverhältnisse an der Ehewohnung neu gestalten
oder erst begründen (§ 5 HausratsVO). Deswegen sind an dem Verfahren
außer den Ehegatten auch der Vermieter, der Eigentümer oder sonstige
Rechtsinhaber an der Wohnung zu beteiligen (§ 7 HausratsVO). Dienst-
oder Werkwohnungen soll der Richter dem anderen Ehegatten nur mit
Zustimmung des Arbeitgebers zuweisen (§ 4 HausratsVO). Wenn dieses
möglich und zweckmäßig ist, kann die Wohnung auch geteilt werden (§ 6
HausratsVO). Das Verfahren richtet sich gemäß § 1 Abs. 2 HausratsVO
nach den §§ 621 bis 630 ZPO. Über § 621a Abs. 1 ZPO sind deswegen
die Vorschriften des FGG anwendbar, wenn sich aus den zivilprozessualen Vorschriften nichts anderes ergibt.

4.1.2 Gewaltschutzgesetz

Durch das zum 1. Januar 2002 in Kraft getretene GewSchG hat der Ge- *249*
setzgeber die Möglichkeit weiterer gerichtlicher Maßnahmen zum Schutz
vor Gewalt und Nachstellungen geschaffen. Nach § 1 Abs. 1 GewSchG
kann das Gericht nach einer Körperverletzung oder Freiheitsberaubung
auf Antrag die zur Abwendung weiterer Verletzungen erforderlichen
Maßnahmen treffen. Es kann insbesondere anordnen, dass der Täter es
unterlässt, die Wohnung zu betreten oder sich in einem bestimmten Um-
kreis davon aufzuhalten, bestimmte Orte aufzusuchen, an denen sich die
verletzte Person regelmäßig aufhält oder über Telekommunikationsmittel
oder persönliches Zusammentreffen Kontakt mit der verletzten Person
aufzunehmen, soweit dieses nicht zur Wahrnehmung berechtigter Interessen erforderlich ist (§ 1 Abs. 1 S. 3 GewSchG). Die Maßnahmen sind
auch zulässig, wenn der Täter der verletzten Person mit einer Körperverletzung oder einer Freiheitsberaubung gedroht hat, er in ihre Wohnung oder ihr befriedetes Besitztum eingedrungen ist oder sie durch
Nachstellungen unzumutbar belästigt hat (§ 1 Abs. 2 GewSchG). Die gerichtlichen Maßnahmen zum Schutz vor Gewalt und Nachstellungen sind
auch zulässig, wenn der Täter bei dem ausschlaggebenden Verhalten vorübergehend schuldunfähig war (§ 1 Abs. 3 GewSchG). Die Anordnungen
sollen befristet werden; bei Bedarf kann die Frist aber verlängert werden
(§ 1 Abs. S. 2 GewSchG).

Unter den Voraussetzungen des § 1 Abs. 1 und 3 GewSchG (Rn. 249) *250*
kann das Gericht der verletzten Person die mit dem Täter gemeinsam ge-
nutzte Wohnung auch zur alleinigen Benutzung zuweisen (§ 2 Abs. 1
GewSchG). Die Dauer der Überlassung ist zu befristen, wenn mit der verletzten Person auch der Täter Eigentümer, sonstiger Berechtigter oder

Mieter ist (§ 2 Abs. 2 S. 1 GewSchG). Ist der Täter allein oder gemeinsam mit Dritten Eigentümer, dinglich Berechtigter oder Mieter, hat das Gericht die Überlassung der Wohnung auf höchstens sechs Monate zu befristen. Die Frist kann um höchstens weitere sechs Monate verlängert werden, wenn es der verletzten Person nicht gelungen ist, neuen angemessenen Wohnraum zu zumutbaren Bedingungen zu finden (§ 2 Abs. 2 S. 2 und 3 GewSchG). Der Anspruch ist ausgeschlossen, wenn der Täter darlegt und beweist, dass weitere Verletzungen nicht zu besorgen sind, es sei denn, das Zusammenleben ist der verletzten Person schon wegen der Schwere der zurückliegenden Tat nicht zumutbar. Ebenfalls ausgeschlossen ist der Anspruch, wenn die Überlassung nicht innerhalb von drei Monaten schriftlich verlangt worden ist oder wenn schwerwiegende Belange des Täters entgegenstehen (§ 2 Abs. 3 GewSchG). Ist der verletzten Person die Wohnung zur Benutzung überlasen worden, hat der Täter alles zu unterlassen, was geeignet ist, die Ausübung des Nutzungsrechts zu erschweren oder zu vereiteln (§ 2 Abs. 4 GewSchG). Wie bei der vorläufigen Zuweisung (§ 1361 b Abs. 3 S. 2 BGB) kann der Täter von der verletzten Person nach Billigkeit eine Vergütung für die Nutzung verlangen (§ 2 Abs. 5 GewSchG). Im Falle einer Drohung setzt die Zuweisung eine unbillige Härte für die verletzte Person voraus. Dabei ist auch das Wohl der im Haushalt lebenden Kinder zu berücksichtigen (§ 2 Abs. 6 GewSchG). Dieses hat das Gericht durch Beteiligung des Jugendamts zu ermitteln (§ 49 a Abs. 2 FGG).

251 Für Verfahren nach dem Gewaltschutzgesetz sind die Familiengerichte zuständig, wenn die Beteiligten einen auf Dauer angelegten gemeinsamen Haushalt führen oder innerhalb von sechs Monaten vor der Antragstellung geführt haben (§§ 23 a Nr. 7, 23 b Abs. 1 S. 2 Nr. 8 a GVG). Sonst sind die Zivilgerichte zuständig. Das Verfahren richtet sich nach den Vorschriften des FGG, es gilt also der Amtsermittlungsgrundsatz. Für Verfahren, die den Familiengerichten zugewiesen sind, gelten die Gerichtsstände der §§ 12 bis 16, 32 und 35 ZPO entsprechend (§ 64 b Abs. 1 FGG). Entscheidungen des Familiengerichts nach dem GewSchG werden erst mit Rechtskraft wirksam. Das Gericht kann jedoch schon vor der Zustellung an den Antragsgegner die sofortige Wirksamkeit und die Zulässigkeit der Vollstreckung anordnen. Dann wird die Entscheidung schon in dem Zeitpunkt wirksam, in dem sie der Geschäftsstelle zur Bekanntmachung übergeben worden ist; dieser Zeitpunkt ist auf der Entscheidung zu vermerken (§ 64 b Abs. 2 S. 1 bis 3 FGG). Für Verfahren nach § 2 GewSchG (Rn. 250) gelten § 13 Abs. 1, 3 und 4 und die §§ 15, 17 Abs. 1 S. 1, Abs. 2 FGG entsprechend (§ 64 b Abs. 2 S. 4 FGG). Das Verfahren ist also unbeschadet der Vorschrift des § 621 a Abs. 1 ZPO eine

Angelegenheit der freiwilligen Gerichtsbarkeit (§ 13 Abs. 1 HausratsVO), die Entscheidung ist auch dem Jugendamt mitzuteilen, wenn ein Kind in der betreffenden Wohnung lebt (§ 13 Abs. 4 HausratsVO) und die Entscheidung darf nachträglich geändert werden, wenn dieses notwendig ist, um eine unbillige Härte zu vermeiden (§ 17 Abs. 1 HausratsVO). Die Zwangsvollstreckung findet aus rechtskräftigen oder für sofort wirksam erklärten Hauptsacheentscheidungen nach den Vorschriften der §§ 885 (vgl. BGH WM 2004, 1696), 890, 891 und 892a ZPO statt (§ 64b Abs. 4 FGG). Ist ein Hauptsacheverfahren nach den §§ 1, 2 GewSchG oder ein Antrag auf Prozesskostenhilfe dafür anhängig, kann das Familiengericht auf Antrag im Wege der einstweiligen Anordnung vorläufige Regelungen erlassen (vgl. Rn. 275 g).

Wer einer vollstreckbaren Anordnung zum Schutz vor Gewalt und Nachstellungen nach § 1 Abs. 1 S. 1 oder 2 i.V.m. § 1 Abs. 2 S. 1 GewSchG zuwiderhandelt, wird mit Freiheitsstrafe bis zu einem Jahr oder mit Geldstrafe bestraft (§ 4 S. 1 GewSchG). Diese zum Schutz der verletzten Person neu geschaffene Vorschrift schließt allerdings eine Strafbarkeit nach anderen Vorschriften nicht aus.

4.1.3 Hausrat

Nach § 1361a Abs. 1 BGB kann jeder getrennt lebende Ehegatte die ihm gehörenden Haushaltsgegenstände (vgl. insoweit Palandt/Brudermüller § 1361a Rn. 3 ff. m.w.N.) von dem anderen Ehegatten herausverlangen. Die Regelung ist damit Spezialvorschrift gegenüber § 985 BGB (BGHZ 67, 217, 219). Benötigt der andere Ehegatte diese Gegenstände allerdings zur Führung eines abgesonderten Haushalts, sind sie ihm bis zur rechtskräftigen Scheidung zu belassen, wenn es nach den Umständen des Einzelfalles der Billigkeit entspricht (§ 1316a Abs. 1 S. 2 BGB). Dabei sind auch die Bedürfnisse der im Haushalt lebenden Kinder zu berücksichtigen. Welche Gegenstände zur Führung eines abgesonderten Haushalts benötigt werden, richtet sich nach den ehelichen Lebensverhältnissen (OLG Köln FamRZ 1986, 703; BayObLG FamRZ 1972, 139). Hausratsgegenstände, die den Ehegatten gemeinsam gehören, werden nach den Grundsätzen der Billigkeit geteilt. Dabei gilt in entsprechender Anwendung des § 8 Abs. 2 HausratsVO der während der Ehe angeschaffte Hausrat als gemeinsames Eigentum. Über den Antrag entscheidet das Familiengericht, das auch eine angemessene Vergütung für die Benutzung festsetzen kann (§ 1361a Abs. 3 BGB). Weil es sich nur um eine vorübergehende Zuweisung handelt, bleiben die Eigentumsverhältnisse zunächst unberührt, wenn nicht die Ehegatten etwas anderes vereinbaren (§ 1361a Abs. 4 BGB). Zuständig für die Zuweisung des Hausrats ist das Famili-

252

engericht (vgl. § 11 HausratsVO). Streitig ist, ob für die Herausgabe persönlicher Gegenstände (OLG Düsseldorf FamRZ 1978, 358) oder für Ansprüche aus Schenkungswiderruf und Wegfall der Geschäftsgrundlage (OLG Celle FamRZ 1997, 381) das Zivilgericht zuständig ist (einschränkend OLG Karlsruhe FamRZ 1997, 33 und OLG Stuttgart FamRZ 1997, 1985; für eine umfassende Zuständigkeit des Familiengerichts OLG Frankfurt FamRZ 2001, 367; vgl. auch § 620 Nr. 8 ZPO). Zum Verfahren in der Hauptsache vgl. Gießler FPR 2000, 77.

253 Können die Ehegatten sich anlässlich der Scheidung auch nicht darüber einigen (vgl. Palandt/Brudermüller Anh. zu §§ 1361a, 1361b, § 1 HausratsVO Rn. 2), wer von ihnen die Wohnungseinrichtung und den sonstigen Hausrat erhalten soll, so regelt der Richter die Rechtsverhältnisse daran auf Antrag nach den Vorschriften der HausratsVO. Dabei entscheidet der Richter nach billigem Ermessen und berücksichtigt die Umstände des Einzelfalles, insbesondere das Wohl der Kinder und die Erfordernisse des Gemeinschaftslebens (§ 2 HausratsVO). Hausrat, der beiden Ehegatten gemeinsam gehört, verteilt der Richter gerecht und zweckmäßig (§ 8 Abs. 1 HausratsVO). Wurde der Hausrat während der Ehe für den gemeinsamen Haushalt angeschafft, gilt er für die Verteilung als gemeinsames Eigentum, es sei denn, dass das Alleineigentum eines Ehegatten feststeht (§ 8 Abs. 2 HausratsVO). Mit der Zuteilung für den Fall der Scheidung gehen die Gegenstände in das Alleineigentum desjenigen Ehegatten über, dem sie zugeteilt wurden. Wenn dies der Billigkeit entspricht, hat der Richter ihm deswegen eine Ausgleichszahlung aufzuerlegen (§ 8 Abs. 3 S. 1 und 2 HausratsVO). Gegenstände, die im Alleineigentum des anderen Ehegatten stehen, kann das Gericht dem Antragsteller nur zuweisen, wenn er auf ihre Weiterbenutzung angewiesen ist und es dem Eigentümer zugemutet werden kann, sie dem anderen zu überlassen. Dann kann der Richter auch für diesen Gegenstand ein Mietverhältnis begründen und die Miete festsetzen oder ein angemessenes Entgelt für die Eigentumsübertragung festsetzen (§ 9 Abs. 1 und 2 HausratsVO). Gläubigerrechte sind zu beachten. Haften die Ehegatten für die Finanzierung des Hausrats gesamtschuldnerisch, kann der Richter bestimmen, welcher Ehegatte im Innenverhältnis (§ 426 BGB) verpflichtet ist (§ 10 HausratsVO). Zuständig für das Hauptverfahren ist das Gericht der Ehesache oder das Familiengericht. Das Verfahren richtet sich gemäß § 1 Abs. 2 HausratsVO nach den §§ 621 bis 630 ZPO. Über § 621a Abs. 1 ZPO sind deswegen die Vorschriften des FGG anwendbar, wenn sich aus den zivilprozessualen Vorschriften nichts anderes ergibt.

4.2 Einstweiliger Rechtsschutz

4.2.1 Einstweiliger Rechtsschutz im Scheidungsverbund (§ 620 Nr. 7 und 9 ZPO)

Nach § 620 Nr. 7 ZPO kann das Familiengericht im Verfahren der Ehesache auf Antrag einstweilige Anordnungen zur Benutzung der Ehewohnung und des Hausrats erlassen. Gleiches gilt für Anträge nach den §§ 1 und 2 GewSchG, wenn die Parteien einen auf Dauer angelegten gemeinsamen Haushalt führen oder innerhalb von sechs Wochen vor der Antragstellung geführt haben (§ 620 Nr. 9 ZPO). Wird eine Ehesache rechtshängig, während eine Familiensache nach dem GewSchG (Rn. 249 ff.) oder auf Zuweisung der Ehewohnung (Rn. 247 f.) oder des Hausrats (Rn. 252 f.) anhängig ist, so sind jene Verfahren von Amts wegen an das Gericht der Ehesache zu verweisen oder abzugeben (§ 621 Abs. 2 S. 1, Abs. 3 ZPO). Über die Anträge ist dann im Verbund mit dem Scheidungsverfahren zu entscheiden (§ 623 Abs. 2 ZPO). In diesen Fällen kann das Gericht im Wege der einstweiligen Anordnung auf Antrag die Ehewohnung einem Ehegatten zuweisen oder teilen, einzelne Hausratsgegenstände zur Nutzung durch einen Ehegatten zuweisen oder Maßnahmen nach dem GewSchG anordnen.

254

4.2.1.1 Voraussetzung für den Erlass einer einstweiligen Anordnung

Grundsätzlich richten sich Voraussetzungen und das Verfahren einer im Scheidungsverbund beantragten einstweiligen Anordnung zur Benutzung der Ehewohnung, des Hausrats und für Maßnahmen nach dem GewSchG nach den oben (Rn. 6 ff.) dargestellten Grundsätzen für den Erlass einer einstweiligen Anordnung zum Kindes- und Ehegattenunterhalt. Ausnahmen sind nur dort geboten, wo die Besonderheiten des Verfahrens der freiwilligen Gerichtsbarkeit (§ 621a Abs. 1 S. 1 ZPO), insbesondere der Ermittlungsgrundsatz dieses erfordern. Nach dem eindeutigen Wortlaut des § 620 ZPO sind einstweilige Anordnungen im Scheidungsverbund nur auf Antrag zulässig (siehe Rn. 177).

255

4.2.1.2 Regelungsbedürfnis

Ebenso wie vorläufige Entscheidungen nach § 1361b BGB (vgl. Rn. 247) dürfen einstweilige Anordnungen nach § 620 Nr. 7 ZPO keine endgültigen Verhältnisse schaffen. Deswegen sind auch noch keine Eingriffe in das Mietverhältnis zulässig (OLG Hamm FamRZ 2000, 1102 und 1985, 706; OLG Hamburg FamRZ 1983, 621). Der Vermieter ist deswegen am Verfahren der einstweiligen Anordnung auch nicht zu beteiligen (OLG Hamm FamRZ 1987, 1277). Die einstweilige Anordnung wirkt somit nur

256

im Verhältnis der Ehegatten und regelt nicht die Rechtsbeziehungen zum Vermieter (vgl. Rn. 25). Voraussetzung für den Erlass einer einstweiligen Anordnung ist, dass die gegenwärtige Situation unter Berücksichtigung des Wohls der im Haushalt lebenden Kinder für den Antragsteller eine unbillige Härte bedeutet, die durch die beantragte Anordnung beseitigt werden soll (Johannsen/Henrich/Sedemund-Treiber § 620 ZPO Rn. 28 m.w.N.). Das für eine einstweilige Anordnung nach § 620 Nr. 7 ZPO erforderliche Regelungsbedürfnis (siehe Rn. 15 ff.) besteht aber nur, wenn einer der Ehegatten die Wohnung benutzen möchte. Das gilt auch, wenn die Ehegatten sich schon über die Benutzung der Wohnung geeinigt hatten und jetzt nur noch über die Erfüllung dieser nicht vollstreckbaren Vereinbarung streiten (OLG Köln FamRZ 1987, 77; Zöller/Philippi § 620 Rn. 68; a.A. OLG Frankfurt FamRZ 1991, 1327). Ein Regelungsbedürfnis fehlt hingegen, wenn ein Ehegatte die Wohnung allein bewohnen möchte und der andere ohnehin nicht dorthin zurückkehren will (OLG Köln FamRZ 1985, 498). Dann kann auch die Möglichkeit zur anderweitigen Gestaltung des Mietverhältnisses nach § 5 HausratsVO kein solches Regelungsbedürfnis begründen, weil eine abschließende Gestaltung des Mietvertrages ohnehin erst in der Entscheidung zur Hauptsache möglich ist. Ein Regelungsbedürfnis fehlt auch, wenn der Antragsteller beantragt, die Wohnung nicht ihm sondern dem Antragsgegner zuzuweisen (OLG Hamburg FamRZ 1983, 621).

Auch hinsichtlich des Hausrats kann durch einstweilige Anordnung noch keine endgültige Regelung i.S. von § 8 Abs. 3 S. 1 HausratsVO getroffen, sondern nur eine Besitzzuweisung vorgenommen werden (OLG Bamberg FamRZ 2000, 1102). Ein Regelungsbedürfnis für die Benutzung des Hausrats liegt nur vor, wenn der Antragsteller den Hausrat für seine Haushaltsführung benötigt und der andere Ehegatte sich weigert, ihm die Sachen zu überlassen (Zöller/Philippi § 620 Rn. 78). Einstweilige Anordnungen kommen auch hinsichtlich einzelner Hausratsgegenstände in Betracht (OLG Düsseldorf FamRZ 1999, 1270). Verlangt der Antragsteller die Gegenstände nur deswegen, weil sie in seinem Eigentum stehen, verlangt er keine Regelung der Hausratsbenutzung und ein Regelungsbedürfnis dafür entfällt, ohne dass es darauf ankommt, ob der andere Ehegatte die Sachen ebenfalls benötigt (OLG Düsseldorf FamRZ 1995, 561; KG NJW 1959, 1330). Gleiches gilt, wenn der Antragsteller nur einen Verlust der in seinem Eigentum stehenden Sachen vermeiden will und deswegen ein Veräußerungsverbot gegen den Antragsgegner beantragt (AG Bensheim FamRZ 1997, 185).

Für einstweilige Anordnungen nach dem GewSchG ergibt sich das Regelungsbedürfnis schon aus der Vorschrift des § 1 Abs. 1 S. 1 GewSchG.

Einstweiliger Rechtsschutz

Danach muss die einstweilige Anordnung erforderlich sein, um weitere Verletzungen oder Bedrohungen abzuwenden. Damit hat der Gesetzgeber die Schwelle für ein Einschreiten der Gerichte zum Schutz vor Gewalttaten und Nachstellungen relativ weit herabgeschraubt.

4.2.1.3 Verfahren

Für das Anordnungsverfahren auf Zuweisung der Ehewohnung oder des Hausrates und auf Anordnung von Maßnahmen nach den §§ 1, 2 GewSchG, wenn die Ehegatten innerhalb der letzten sechs Monate vor Antragstellung einen gemeinsamen Haushalt geführt haben, ist – wie für die entsprechende Hauptsache – das Familiengericht zuständig (§ 621 Abs. 1 Nr. 7 und 13 ZPO). Für die Hauptsache bestimmt sich das Verfahren nach den Vorschriften des FGG und der HausratsVO, wenn nicht in der ZPO oder im GVG ausdrücklich etwas anderes bestimmt ist (§ 621a Abs. 1 S. 1 ZPO). Insbesondere gilt auch hier der Amtsermittlungsgrundsatz (§ 12 FGG). Das Gericht muss von Amts wegen die zur Feststellung der Tatsachen erforderlichen Ermittlungen veranlassen und die geeignet erscheinenden Beweis erheben. Im Termin zur mündlichen Verhandlung ist es nicht auf präsente Beweismittel beschränkt. Da die Voraussetzungen zum Erlass einer einstweiligen Anordnung lediglich glaubhaft zu machen sind, müssen nicht alle entscheidungserheblichen Tatsachen abschließend geklärt werden. Für die Zuweisung der Ehewohnung und des Hausrats ergeben sich weitere Verfahrensvorschriften aus den §§ 11 ff. HausratsVO.

257

Das Verfahren der einstweiligen Anordnung ergibt sich aus den §§ 620 bis 620e ZPO (vgl. Rn. 18 ff., 179 f.). Der Antrag ist zulässig, sobald die Ehesache anhängig oder ein Antrag auf Bewilligung von Prozesskostenhilfe eingereicht ist. Vor einer Entscheidung über die Zuweisung der Ehewohnung oder über eine Entscheidung nach § 2 GewSchG soll das Gericht das Jugendamt anhören, wenn Kinder im Haushalt der Beteiligten leben (§ 49a Abs. 2 FG). Bei Gefahr im Verzug kann das Gericht eine einstweilige Anordnung auch schon zuvor treffen. Die Anhörung ist dann unverzüglich nachzuholen, zumal die Anordnung, wie eine Entscheidung zur Hauptsachen nach § 17 HausratsVO bei Änderung der tatsächlichen Verhältnisse wieder abgeändert werden kann. Diese Spezialvorschrift geht insoweit § 620b Abs. 1 ZPO vor und lässt eine Abänderung auch von Amts wegen zu. Bestimmt das Gericht Termin zur mündlichen Verhandlung, ist – abhängig von der Eilbedürftigkeit des Falles – ein möglichst naher Termin anzuberaumen. Ein Richter, der auf den Antrag zum Erlass einer einstweiligen Anordnung lediglich den nächsten regulären Termin (in mehr als sieben Wochen) zur mündlichen Verhandlung anberaumt, kann wegen Besorgnis der Befangenheit abgelehnt werden (OLG Hamm FamRZ 1999, 936 mit Anm. van Els FamRZ 2000, 295).

4.2.1.4 Änderung von Anordnungen

258 Das Gericht ist nach § 620 b ZPO berechtigt, seine einstweilige Anordnung auf Antrag abzuändern (vgl. Rn. 43 ff., 181). In entsprechender Anwendung der Vorschrift des § 17 HausratsVO, die dieses sogar für die Hauptsacheentscheidung zulässt, ist ausnahmsweise auch eine Abänderung der einstweiligen Anordnung von Amts wegen zulässig, wenn sich die tatsächlichen Verhältnisse geändert haben und die Änderung der Anordnung notwendig ist, um unbillige Härten zu vermeiden. Denn ist eine solche Anordnung auf Antrag einer Partei ergangen, entspricht es dem in § 17 HausratsVO konkretisierten öffentlichen Interesse an einer zutreffenden Gestaltung, diese Anordnungen auch ohne Antrag der Parteien veränderten Umständen anpassen zu können. Dieses ist insbesondere der Fall, wenn die Anhörung des Jugendamts wegen besonderer Eilbedürftigkeit erst nachträglich erfolgte (§§ 49 Abs. 4, 49a Abs. 3 FGG) und neue Erkenntnisse hervorgebracht hat. In Rechte Dritte darf dabei aber nur eingegriffen werden, wenn diese einverstanden sind. Auch die von Amts wegen verfügte Änderung einer einstweiligen Anordnungen ist allerdings auf die Dauer der Anhängigkeit der Ehesache beschränkt (BGH FamRZ 1983, 355). Ist eine einstweilige Anordnung zur Wohnungszuweisung schon vollzogen, dient es wegen des damit verbundenen häufigen Aufenthaltswechsels regelmäßig nicht dem Kindeswohl, diese Entscheidung noch vor einer Entscheidung zur Hauptsache im Verfahren der einstweiligen Anordnung nach §§ 620 b, 620 c ZPO erneut abzuändern.

4.2.1.5 Sofortige Beschwerde

259 Einstweilige Anordnungen im Scheidungsverbund sind grundsätzlich unanfechtbar (§ 620 c S. 2 ZPO; vgl. Rn. 52 ff.), was eine zügige Erledigung des Ehescheidungsverfahrens gewährleisten soll und keinen durchgreifenden verfassungsrechtlichen Bedenken unterliegt (BVerfG NJW 1980, 386). Das Gericht kann seine Entscheidung allerdings auf Antrag oder von Amts wegen (vgl. Rn. 181, 258) nach § 620b Abs. 1 ZPO selbst abändern. Ist der Beschluss ohne mündliche Verhandlung ergangen, ist auf Antrag einer Partei auf Grund mündlicher Verhandlung neu zu beschließen (§ 620b Abs. 2 ZPO; siehe auch Rn. 43 ff.). Nur gegen eine aufgrund mündlicher Verhandlung ergangene Anordnung ist in besonders schwer

wiegenden Fällen, die in § 620c S. 1 ZPO ausdrücklich aufgeführt sind, eine sofortige Beschwerde zulässig (OLG Dresden FamRZ 2002, 1498). Dieses ist dann der Fall, wenn das Gericht über einen Antrag nach den §§ 1, 2 GewSchG oder auf Zuweisung der Ehewohnung entschieden hat. Gleiches gilt, wenn das Gericht solche Anträge auf Erlass einer einstweiligen Anordnung zurückgewiesen hat, weil gerade die Versagung dieser Rechtsschutzmöglichkeit einen besonders schwerer Eingriff in die Rechte des Antragstellers bilden kann (Keidel/Weber § 64b Rn. 25). Insoweit unterscheidet sich hier die Situation grundlegend von derjenigen bei Ablehnung einer Sorgerechtsentscheidung (vgl. Rn. 182). Entsprechend unterscheidet auch das Gesetz zwischen Regelung der elterlichen Sorge und Anordnung der Herausgabe einerseits sowie Entscheidung über die Anträge nach §§ 1, 2 GewSchG oder auf Zuweisung der Ehewohnung andererseits. Nicht zulässig ist die sofortige Beschwerde jedoch gegen Entscheidungen über einen Antrag auf Zuweisung von Hausrat (§ 620c S. 2 ZPO). Ist eine sofortige Beschwerde gegen die einstweilige Anordnung nicht zulässig, gilt dieses auch für Zwischen- und Nebenentscheidungen (OLG Schleswig OLGR 2001, 95 zur Streitwertfestsetzung; OLG Naumburg EzFamR aktuell 2000, 217 zur Prozesskostenhilfe) sowie für eine Kostenentscheidung nach Erledigung der Hauptsache (OLG Karlsruhe FamRZ 2002, 147).

Ist gegen die Entscheidung des Amtsgerichts die sofortige Beschwerde statthaft, muss sich die Partei entscheiden, ob sie die Aufhebung oder Änderung der einstweiligen Anordnung nach § 620b Abs. 1 ZPO beantragt oder sofortige Beschwerde zum Oberlandesgericht nach § 620c ZPO einlegt. Beide Verfahren können wegen der Gefahr widerstreitender Entscheidungen nicht nebeneinander betrieben werden. Stellt eine Partei gegen die ergangene einstweilige Anordnung einen Abänderungsantrag, während der Verfahrensgegner sofortige Beschwerde einlegt, so ist zunächst über die sofortige Beschwerde durch das Oberlandesgericht zu entscheiden. Ein Antrag nach § 620b Abs. 2 ZPO kann mit der sofortigen Beschwerde hingegen nicht konkurrieren, weil er eine Entscheidung ohne mündliche Verhandlung voraussetzt, während die sofortige Beschwerde nur gegen einstweilige Anordnungen zulässig ist, die aufgrund mündlicher Verhandlung ergangen sind (§ 620c S. 11 ZPO). Zum Beschwerderecht der Parteien und der Beteiligten vgl. Rn. 184. *260*

Die Beschwerdefrist beträgt zwei Wochen ab Zustellung des angefochtenen Beschlusses (§ 569 Abs. 1 S. 1 ZPO). Sie ist beim Familiengericht oder beim Oberlandesgericht als Beschwerdegericht durch einen bei einem Amts- oder Landgericht zugelassenen Rechtsanwalt einzulegen (§§ 571 Abs. 4 S. 1 ZPO; vgl. Rn 55a). Auch für das Beschwerdeverfahren *261* gilt Anwaltszwang (Johannsen/Henrich/Sedemund-Treiber, § 620 c ZPO Rn. 5). Die sofortige Beschwerde hat nur dann aufschiebende Wirkung, wenn sie die Festsetzung eines Ordnungs- oder Zwangsmittels zum Gegenstand hat (§ 570 Abs. 1 ZPO). Bis zum Erlass der Beschwerdeentscheidung kann sie auch ohne Zustimmung des Gegners zurückgenommen werden. Das Familiengericht darf seiner Entscheidung im Verfahren der sofortigen Beschwerde nicht abhelfen; sowohl das Ausgangsgericht als auch das Beschwerdegericht kann die Vollziehung der Anordnung aber bis zur Beschwerdeentscheidung aussetzen (§§ 620e, 570 Abs. 2 und 3 ZPO). Über die sofortige Beschwerde entscheidet das Oberlandesgericht durch begründeten Beschluss (§ 620d ZPO). Über eine Beschwerde, die vor Abschluss des Eheverfahrens oder der entsprechenden Folgesache (§§ 620a Abs. 4 S. 2 und 3, 620b Abs. 3 ZPO) eingelegt wurde, ist auch noch nachträglich zu entscheiden, es sei denn, der Scheidungsantrag wurde zurückgenommen oder rechtskräftig abgewiesen (vgl. Rn. 9 f.). Das Rechtsschutzbedürfnis für die Beschwerde entfällt auch nicht dadurch, dass die angefochtene Entscheidung zwischenzeitlich vollzogen wurde (BayObLG RPfl 1977, 125). Eine weitere (Rechts-) Beschwerde findet nicht statt, weil es sich sowohl bei Verbundentscheidungen nach § 620 ZPO als auch bei einstweiligen Anordnungen in selbstständigen FGG-Familiensachen nur um Zwischenentscheidungen und nicht um Entscheidungen i. S. des § 621e Abs. 2 S. 2 ZPO handelt (BGH FamRZ 2003, 1551).

262 Die sofortige Beschwerde ist in der Beschwerdeschrift zu begründen. Wird die nach § 620d ZPO notwendige Begründung nicht innerhalb der Beschwerdefrist nachgeholt, ist die Beschwerde unzulässig (Rn. 185). Allerdings dürfen an die Begründung keine überzogenen Anforderungen gestellt werden. Es reicht aus, wenn erkennbar ist, aus welchen Gründen eine Überprüfung der Entscheidung begehrt wird (OLG Düsseldorf FamRZ 1978, 807 für einen Antrag nach § 620b Abs. 2 ZPO). Die Begründung muss nicht schon in der Beschwerdeschrift selbst enthalten sein; es reicht aus, wenn sie innerhalb der Beschwerdefrist eingeht.

Nach § 620d S. 1 2. HS ZPO sind auch die Entscheidungen des Gerichts zu begründen, wobei ausdrücklich lediglich auf die Änderung oder Aufhebung einer einstweiligen Anordnung nach § 620b Abs. 1 ZPO, die erneute Entscheidung auf Grund mündlicher Verhandlung gemäß § 620b Abs. 2 ZPO und die Entscheidung über die sofortige Beschwerde nach § 620c ZPO verwiesen wird. Daraus lässt sich aus rechtsstaatlichen Grundsätzen ein genereller Begründungszwang für solche Entscheidungen ableiten, mit denen in die von den Parteien vorgebrachten Rechte eingegriffen wird. Die Begründung muss die wesentlichen tatsächlichen und rechtlichen Grundlagen der Entscheidung erkennen lassen (Stein/Jonas/Schlosser § 620 d Rn. 1). Fehlt einem angefochtenen Beschluss die notwendige Begründung, so liegt darin ein wesentlicher Verfahrensmangel, der zur Aufhebung des Beschlusses und zur Zurückverweisung der Sache an das Familiengericht führt (Rn. 185). Einer ausführlichen Begründung bedarf es aber dann nicht, wenn der Antragsgegner sich nicht verteidigt hat und das Gericht dem Antrag auf Erlass einer einstweiligen Anordnung stattgibt.

4.2.1.6 Aussetzung der Vollziehung

Das Gericht kann in den Fällen der §§ 620 b, 620 c ZPO vor seiner Entscheidung die Vollziehung einer einstweiligen Anordnung aussetzen (§ 620 e ZPO). Voraussetzung einer Aussetzung ist ein entsprechender Rechtsbehelf der beschwerten Partei. Weil das Gericht in diesen Fällen in entsprechender Anwendung des § 17 HausratsVO auch ohne Antrag über die Aufgebung oder Abänderung der einstweiligen Anordnung entscheiden kann (vgl. § 621 b Abs. 1 S. 2 ZPO), ist auch die Aussetzung der Vollziehung von Amts wegen zulässig. Zuständig ist das Gericht, das endgültig über den Rechtsbehelf zu entscheiden hat (vgl. Rn. 186). Die Entscheidung ergeht nach pflichtgemäßem Ermessen, wobei entsprechend den §§ 707, 719 ZPO die Erfolgsaussicht des Rechtsbehelfs zu berücksichtigen ist. Da der Wortlaut des § 620 e ZPO dem des § 570 Abs. 2 ZPO und nicht dem weiter gehenden Wortlaut des § 570 Abs. 3 ZPO entspricht, kommt nur eine Aussetzung der Vollziehung in Betracht. Andere Maßnahmen, wie Bedingungen, Auflagen oder Sicherheitsleistungen sind nicht zulässig (Johannsen/Henrich/Sedemund-Treiber § 620 e ZPO Rn. 3; Thomas/Putzo/Hüßtege § 620 e Rn. 5; Rolland/Roth § 620 e Rn. 4; AK/Derleder § 620 e Rn. 2; a.A. Zöller/Philippi § 620 e Rn. 3; MünchKommZPO/Finger § 620 e Rn. 3; Stein/Jonas/Schlosser § 620 e Rn. 1). Die Entscheidung über eine Aussetzung kann von Amts wegen auch wieder aufgehoben oder abgeändert werden. Der Beschluss über die Aussetzung der Vollziehung ist keine Entscheidung im Zwangsvollstreckungsverfahren und deswegen nicht mit der sofortigen Beschwerde nach § 793 ZPO anfechtbar (OLG Hamburg FamRZ 1990, 423; OLG Köln FamRZ 1983, 622; Zöller/Philippi § 620 e Rn. 4 m.w.N.; Johannsen/Henrich/Sedemund-Treiber § 620 e ZPO Rn. 4).

263

4.2.1.7 Vollstreckung

Die Vollstreckung der einstweiligen Anordnungen über die Benutzung der Ehewohnung und des Hausrats erfolgt gemäß §§ 16 Abs. 3, 18 a Haus-

264

ratsVO nach den Vorschriften der ZPO. Auf die Räumungsvollstreckung ist § 885 Abs. 1 ZPO anwendbar (vgl. BGH WM 2004, 1696), jedoch nicht § 885 Abs. 2 bis 4 ZPO, weil es nur darum geht, den anderen Ehegatten von der Mitbenutzung der Ehewohnung auszuschließen (OLG Karlsruhe FamRZ 1994, 1185; Zöller/Philippi § 620 Rn. 72; Gießler Rn. 898 m.w.N.). Gegen die Entfernung von beweglichen Sachen kann sich der Räumungsschuldner mit der Erinnerung nach § 766 ZPO wenden. Streitig ist, ob es auch eines Räumungstitels gegen einen Dritten bedarf, den der Ehegatte in die Ehewohnung aufgenommen hat (BGH WM 2004, 1696; Zöller/Stöber § 885 Rn. 6 m.w.N., Gießler Rn. 898). Die Anordnung, auf Gestattung des Zutritts in die vom Antragsgegner bewohnten Räume enthält auch die nach den §§ 758, 892 ZPO notwendige richterliche Ermächtigung zur Wohnungsöffnung (OLG Köln NJW-RR 1988, 832). Sonstige Ge- und Verbote werden nach den §§ 888, 890 ZPO vollstreckt. Vollstreckungsschutz ist nach § 17 HausratsVO und § 765a ZPO sowie nach § 620e ZPO möglich.

Die Vollstreckung aus einstweiligen Anordnungen nach den §§ 1, 2 GewSchG erfordert eine formell rechtskräftige oder für sofort wirksam erklärte (§§ 64b Abs. 2 S. 2, Abs. 3 S. 3 FGG) Entscheidung. Sie erfolgt nach § 64b Abs. 4 ZPO nach den Vorschriften der Zivilprozessordnung, insbesondere nach den §§ 885, 890, 891 und 892a ZPO.

4.2.1.8 Außerkrafttreten der einstweiligen Anordnung

265 Nach § 620f ZPO tritt eine einstweilige Anordnung beim Wirksamwerden einer anderweitigen Regelung sowie dann außer Kraft, wenn der Scheidungsantrag oder die Klage zurückgenommen wird oder rechtskräftig abgewiesen ist oder wenn das Eheverfahren wegen des Todes eines Ehegatten nach § 619 ZPO in der Hauptsache als erledigt anzusehen ist (vgl. Rn. 64ff., 189). Dabei kommt es auf die formelle Rechtskraft der Entscheidung in der Hauptsache an (vgl. Rn. 77ff.; Keidel/Weber § 64b Rn. 28).

266 Nach § 620f Abs. 1 S. 2 ZPO ist das Außerkrafttreten einer einstweiligen Anordnung auf Antrag durch Beschluss auszusprechen, zumal die Vollstreckungsorgane selbst nicht prüfen können, ob eine zuvor ergangene einstweilige Anordnung noch in Kraft ist (vgl. Rn. 81ff.). Der Antrag kann wie ein Antrag auf Erlass einer einstweiligen Anordnung zu Protokoll der Geschäftsstelle gestellt werden (§ 620a Abs. 2 S. 2 ZPO). Zuständig ist das Gericht, das die einstweilige Anordnung erlassen hat (§ 620f Abs. 2 ZPO). Dem Gegner ist vor der Entscheidung rechtliches Gehör zu gewähren. Das Familiengericht entscheidet nach freiem Ermessen, ob es

über den Antrag mündlich verhandeln will. Das sollte regelmäßig der Fall sein, wenn die Parteien über das Außerkrafttreten der einstweiligen Anordnung streiten. Nur in diesem Fall, besteht Anwaltszwang. Selbst wenn eine Beweisaufnahme notwendig wird, gilt das Verfahren nach § 620f ZPO als einfacheres und billigeres Verfahren gegenüber dem Verfahren auf Feststellung der anderweitigen Regelung. Die Entscheidung ergeht durch begründeten Beschluss (§§ 620d S. 2, 620f Abs. 1 S. 2 ZPO). Gegen den Beschluss findet das Rechtsmittel der sofortigen Beschwerde statt (§ 620f Abs. 1 S. 3 ZPO). Ist die Ehe bereits rechtskräftig geschieden, enthält der Beschluss eine Kostenentscheidung; anderenfalls werden die Kosten des Verfahrens gemäß § 620g ZPO von der Kostenentscheidung der Hauptsache umfasst (siehe Rn. 97 ff.).

4.2.1.9 Kosten

Nach Nr. 1421 des Kostenverzeichnisses zu § 3 Abs. 2 GKG wird für „Entscheidungen" nach § 620 Nr. 7 und 9 ZPO eine halbe Gerichtsgebühr erhoben. Der Wert des Anordnungsverfahrens beträgt nach § 53 Abs. 2 S. 2 GKG soweit die Benutzung der Wohnung zu regeln ist 2.000 € und soweit über die Benutzung des Hausrats zu entscheiden ist 1.200 €. Hat sich das Verfahren zuvor erledigt und kommt es nicht mehr zu einer abschließenden Sachentscheidung, entsteht für das Verfahren allein noch keine Gerichtsgebühr (OLG Dresden FamRZ 2003, 1312). Entscheidungen über die Aufhebung oder Abänderung des Beschlusses nach § 620b ZPO oder die Aussetzung der Vollziehung nach § 620e ZPO lösen keine eigene Gerichtsgebühr aus, sondern werden von der Gebühr für die ursprüngliche Anordnung umfasst. Nach der Vorbemerkung 1.4.2.1. zu Nr. 1420 des Kostenverzeichnisses gelten mehrere Entscheidungen über Anträge auf Erlass einstweiliger Anordnungen innerhalb einer Instanz gebührenrechtlich als eine Entscheidung. Für das Verfahren über Beschwerden nach § 620c S. 1 ZPO wird nach Nr. 1425 des Kostenverzeichnisses eine Gerichtsgebühr erhoben (vgl. auch Rn. 95, 135).

267

Der Rechtsanwalt erhält im Anordnungsverfahren hingegen alle Gebühren nach Nr. 3100 ff. des Vergütungsverzeichnisses zu § 2 Abs. 2 RVG, denn § 18 Nr. 1 RVG bestimmt, das die in erster Instanz anhängigen Verfahren auf Erlass einstweiliger Anordnungen nach § 620 Nr. 7 und 9 ZPO i.V.m. § 661 Abs. 2 ZPO jeweils als besondere Angelegenheiten gelten, für die besondere Gebühren anfallen. Für mehrere Anordnungsverfahren erhält der Rechtsanwalt die Gebühren in jedem Rechtszug allerdings nur einmal. Ihre Streitwerte werden dann aber zusammengerechnet, auch wenn sie den selben Streitgegenstand betreffen (§ 18 Nr. 1 S. 1 RVG). Das Verfahren der einstweiligen Anordnung nach § 620 ZPO und das

Verfahren auf Aufhebung oder Abänderung nach § 620b ZPO gelten somit als einheitliche Angelegenheit, für die Gebühren in jedem Rechtszug nur einmal entstehen. Für seine Tätigkeit im Rahmen der „Vollziehung einer im Wege des einstweiligen Rechtsschutzes ergangenen Entscheidung" erhält der Rechtsanwalt nach dem zum 1. Juli 2004 in Kraft getretenen RVG allerdings eigenständige Gebühren, die sich für das Verfahren und einen ev. Termin jeweils auf eine 3/10 Gebühr (Nr. 3309 und 3310 des Vergütungsverzeichnisses zu § 2 Abs. 2 RVG) belaufen (vgl. Rn. 96). Die Terminsgebühr entsteht nicht, soweit lediglich beantragt ist, eine Einigung der Parteien oder mit Dritten über nicht rechtshängige Ansprüche zu Protokoll zu nehmen (Nr. 3104 Abs. 3 des Vergütungsverzeichnisses zu § 2 Abs. 2 RVG). Aus der Staatskasse erhält der Rechtsanwalt eine Vergütung nur in dem Umfang, in dem er auch für diese Verfahren ausdrücklich beigeordnet war (§ 48 Abs. 1 RVG i.V.m. §§ 121, 624 Abs. 2 ZPO). Für seine Tätigkeit im Beschwerdeverfahren erhält der Rechtsanwalt nach Nr. 3500 und 3513 des Vergütungsverzeichnisses zu § 2 Abs. 2 RVG 5/10 der Verfahrensgebühr und der Terminsgebühr.

268 Für das Verfahren auf Aussetzung der Vollziehung entstehen keine Gerichtsgebühren. Entscheidungen nach § 620e ZPO sind wie solche nach § 620b ZPO nicht gesondert in Nr. 1420 bis 1425 des Kostenverzeichnisses zu § 3 Abs. 2 GKG aufgeführt. Sie sind deswegen durch die im bisherigen Verfahren bereits verdienten Gebühren mit abgegolten (vgl. zum früheren Recht OLG Hamburg MDR 1976, 235). Für die Anwaltsgebühren sieht § 17 Nr. 4b RVO zwar vor, dass ein Verfahren auf Erlass einer einstweiligen Anordnung gegenüber der Hauptsache eine „verschiedene Angelegenheit" ist. Innerhalb des Anordnungsverfahrens beurteilt § 16 Nr. 6 RVG aber sämtliche Tätigkeiten zur Vollziehung, Abänderung oder Aufhebung als „dieselbe Angelegenheit". Entsprechend sieht § 18 Nr. 1 RVG die Aussetzung der Vollziehung auch nicht als besondere Angelegenheit vor. Für einen Beschluss nach § 620f Abs. 1 S. 2 ZPO entsteht nach Nr. 1422 des Kostenverzeichnisses zu § 3 Abs. 2 GKG eine halbe Gerichtsgebühr. Anwaltsgebühren entstehen für dieses Verfahren wie für das Verfahren auf Erlass einer einstweiligen Anordnung. Denn nach § 18 Nr. 1c RVG ist das Verfahren auf Feststellung des Außerkrafttretens einer einstweiligen Anordnung eine besondere Angelegenheit gegenüber deren Erlass und ihrer Abänderung nach § 18 Nr. 1b RVG (vgl. Rn. 61).

4.2.2 Einstweilige Anordnungen in isolierten FGG-Familiensachen

269 In isolierten Verfahren auf Zuweisung der Ehewohnung oder des Hausrats waren einstweilige Anordnungen bislang nach § 13 Abs. 4 Haus-

ratsVO zulässig. Durch das am 1. Januar 2002 in Kraft getreten GewSchG ist die Rechtslage grundlegend umgestaltet worden. Von der neu eingeführten Vorschrift des § 612 g ZPO werden neben einstweiligen Anordnungen zum Sorge- und Umgangsrecht und zur Kindesherausgabe (vgl. 192 a ff.) auch solche über die Behandlung der Ehewohnung und des Hausrats erfasst. Für Maßnahmen nach §§ 1, 2 GewSchG sind jetzt einstweilige Anordnungen nach § 64 b Abs. 3 FGG zulässig. Beide Vorschriften erklären die für einstweilige Anordnungen in Verbundverfahren geltenden §§ 620 a bis 620 g ZPO für entsprechend anwendbar. Ergänzend regelt § 64 b Abs. 3 S. 3 bis 5 FGG die sofortige Vollziehbarkeit in Gewaltschutzsachen.

4.2.2.1 Wohnungszuweisung und Hausrat

§ 621g ZPO erfasst neben Verfahren zur Regelung der elterlichen Sorge (§ 621 Abs. 1 Nr. 1 ZPO), des Umgangs und der Herausgabe eines Kindes (§ 621 Abs. 1 Nr. 2 und 3 ZPO; vgl. Rn. 192 b) auch Ehewohnungs- und Hausratsverfahren (§ 621 Abs. 1 Nr. 7 ZPO). Im Hinblick auf diese allgemeinen Regelungen konnte die Vorschrift des § 13 Abs. 4 HausratsVO, die bislang den einstweiligen Rechtsschutz in solchen Verfahren regelte, aufgehoben werden. Einstweilige Anordnungen ergehen als Maßnahmen vorläufigen Rechtsschutzes innerhalb eines Hauptverfahrens (OLG Köln FamRZ 2003, 548). Im Scheidungsverbund nach § 620 ZPO ist dieses die Ehesache, im Verfahren nach § 621 g ZPO die entsprechende isolierte Hauptsache nach den §§ 1361a, 1361b BGB oder nach der HausratsVO. Der Regelungsgegenstand der einstweiligen Anordnung muss deswegen stets die Grenzen des Verfahrens in der Hauptsache wahren (vgl. Rn. 192 b). Dabei sind nur ausnahmsweise und bei besonderer Dringlichkeit Maßnahmen zulässig, die so weit gehen, wie es grundsätzlich der Entscheidung in der Hauptsache vorbehalten ist (Keidel/Kahl § 19 Rn. 31 m.w.N.). Auch dann darf die einstweilige Anordnung die Hauptsache aber nicht vorwegnehmen (Johannsen/Henrich/Sedemund-Treiber § 621g ZPO Rn. 2).

270

Im Verfahren über die Behandlung der Ehewohnung und des Hausrats nach §§ 1361a, 1361b BGB und den Vorschriften der HausratsVO (§ 621 Abs. 1 Nr. 7 ZPO) kommen als Gegenstand einstweiliger Anordnungen alle Maßnahmen in Betracht, wie sie früher nach § 13 Abs. 4 Hausrats VO zulässig waren. Auch insoweit sollte die einstweilige Anordnung nicht die Hauptsache vorwegnehmen und z.B. nur einzelnen Gegenstände des Hausrats zuweisen. Zur Ehewohnung kommen sowohl Anordnungen über die gemeinsame Benutzung der Wohnung durch Aufteilung der

271

Räume als auch die Zuweisung der Wohnung an einen der Ehegatten zur Alleinnutzung in Betracht. Als weniger einschneidende Maßnahme hat eine Regelung über die gemeinsame Nutzung nach dem Verhältnismäßigkeitsprinzip Vorrang. (OLG Karlsruhe FamRZ 1991, 1440, 1441; OLG Düsseldorf FamRZ 1988, 1058, 1059; OLG Frankfurt FamRZ 1987, 159; OLG Köln FamRZ 1985, 498, 499; AG Saarbrücken FamRZ 2003, 530, 531; Johannsen/Henrich/Sedemund-Treiber § 620 ZPO Rn. 27 ff. m.w.N.). Wegen des vorläufigen Charakters darf durch eine einstweilige Anordnung noch nicht nach § 5 HausratsVO in das Mietverhältnis eingegriffen werden (OLG Hamm FamRZ 2000, 1102 und 1985, 706; OLG Hamburg FamRZ 1983, 621). Die Anordnung setzt eine unbillige Härte für den Antragsteller voraus (vgl. Schumacher FamRZ 2001, 953, 956) und muss auch das Wohl der im Haushalt mitlebenden Kinder berücksichtigen (§ 1361b Abs. 1 S. 2 BGB).

272 Für das Verfahren verweist § 621g S. 2 ZPO – wie schon die §§ 127a Abs. 2 S. 2, 621f Abs. 2 S. 2, 644 S. 2 ZPO, § 3a Abs. 9 S. 4 2. HS VAHRG – auf die §§ 620a bis 620g ZPO. Damit trägt die Regelung zur Vereinheitlichung des Verfahrens der einstweiligen Anordnung in Familiensachen bei (Schumacher FamRZ 2001, 953, 957). Soweit nicht das Verfahren der freiwilligen Gerichtsbarkeit (§ 621a Abs. 1 S. 1 ZPO) Ausnahmen erfordert, ist deswegen auf die Ausführungen zum Verbundverfahren zu verweisen (vgl. Rn. 5 ff.).

Nach dem Wortlaut des § 621g S. 1 ZPO kann das Gericht einstweilige Anordnungen nur auf Antrag treffen. Von Amts wegen ist eine Entscheidung nach § 621g ZPO hingegen nicht zulässig (vgl. Rn. 186). Die Tatsachen auf die der Antrag gestützt wird, müssen glaubhaft sein (OLG Bamberg FamRZ 2001, 1310). Ein Regelungsbedürfnis (vgl. Rn. 15 ff., 256) liegt vor, wenn die gegenwärtige Situation unter Berücksichtigung des Wohls der im Haushalt lebenden Kinder für den Antragsteller eine unbillige Härte bedeutet, die durch die beantragte Anordnung beseitigt werden soll. Für die Zuweisung von Hausratsgegenständen ist ein Regelungsbedürfnis stets gegeben, wenn eine eigenmächtige Verteilung bevorsteht (Gießler Rn. 799). Ist schon die Hauptsache entscheidungsreif, darf eine einstweilige Anordnung nicht mehr ergehen (OLG Frankfurt FamRZ 2000, 1037).

273 Anwaltszwang besteht für das Verfahren der einstweiligen Anordnung in erster und zweiter Instanz nicht, weil auch in den entsprechenden Hauptsacheverfahren nach § 78 Abs. 2 und 3 ZPO kein Anwaltszwang besteht und für das Anordnungsverfahren als Teil der Hauptsache nichts anderes gelten kann (Zöller/Philippi § 621g Rn. 4; Johannsen/Henrich/Sedemund-Treiber § 621g ZPO Rn. 4). Eine Rechtsbeschwerde ist aber durch einen beim Rechtsbeschwerdegericht zugelassenen Rechtsanwalt einzulegen und zu führen (§§ 78 Abs. 1 S. 4 f., 574 ZPO). Das Jugendamt ist an den Verfahren auf Zuweisung der Ehewohnung nach § 49a Abs. 2 FGG zu beteiligen, wenn Kinder im Haushalt der Beteiligten leben. Eine mündliche Verhandlung ist im Verfahren der einstweiligen Anordnung nicht vorgesehen (§ 128 Abs. 4 ZPO) aber zweckmäßig, um zu vermeiden, dass nach Erlass der Anordnung auf Grund mündlicher Verhandlung erneut entschieden werden muss (§ 620b Abs. 2 ZPO). Dann ist allerdings die Ladungsfrist des § 217 ZPO einzuhalten (OLG Dresden FamRZ 2002, 1498). Gegen Entscheidungen aufgrund mündlicher Verhandlung nach § 621 Abs. 1 Nr. 1 und 3 ZPO ist nach § 621g S. 2 i.V.m. § 620c S. 1 ZPO die sofortige Beschwerde zulässig, wenn über den Antrag auf Zuweisung der Ehewohnung entschieden wurde. Gegen einstweilige Anordnungen über die Benutzung des Hausrats ist sie hingegen nicht zulässig (§ 620c S. 2 ZPO). Dann bleibt nur die Möglichkeit einer Abänderung nach § 621g S. 2 i.V.m. § 620b ZPO und § 17 HausratsVO. Gegen eine Anordnung, in der dem Antragsteller die Ehewohnung zugewiesen wurde, ist nach § 620c S. 2 ZPO eine sofortige Beschwerde nur dann zulässig, wenn die Beschwer 600 € übersteigt (§ 14 HausratsVO; OLG Brandenburg FamRZ 2000, 1102). Wegen der gerichtlichen und außergerichtlichen Gebühren und der Streitwerte vgl. Rn. 267f.

Einstweilige Anordnungen im Scheidungsverbund sind nach § 620 Nr. 7 ZPO gegenüber solchen nach § 621g ZPO vorrangig, weil auch über die Hauptsache nach § 623 Abs. 2 ZPO im Scheidungsverbund zu entscheiden ist. Die Vorschrift findet deswegen insbesondere für die Zeit Anwendung, in der die Ehesache noch nicht erhoben oder schon rechtskräftig abgeschlossen ist.

274

4.2.2.2 Einstweilige Anordnungen nach den §§ 1, 2 GewSchG

In Verfahren nach §§ 1, 2 GewSchG sind einstweilige Anordnungen nach dem durch das GewSchG neu geschaffenen § 64b Abs. 3 FGG zulässig. Zum schuldrechtlichen Versorgungsausgleich kann einstweiliger Rechtsschutz über § 3a Abs. 9 VAHRG erlangt werden.

275

Einstweilige Anordnungen ergehen als Maßnahmen vorläufigen Rechtsschutzes innerhalb eines Hauptverfahrens (OLG Köln FamRZ 2003, 548). Im Scheidungsverbund nach § 620 ZPO ist dieses die Ehesache, im Verfahren nach § 64b Abs. 3 FGG die Hauptsache nach den §§ 1, 2 GewSchG (Keidel/Weber § 64b Rn. 22). Der Regelungsgegenstand der einstweiligen Anordnung muss stets die Grenzen des Verfahrens in der Hauptsache wahren (vgl. Rn. 192b). Im Rahmen dieses Verfahrensgegenstandes erfolgt die Auswahl der geeigneten Maßnahmen durch den Richter nach pflichtgemäßem Ermessen (Keidel/Kahl § 19 Rn. 31; Johannsen/ Henrich/Sedemund-Treiber § 621 g ZPO Rn. 2). Wegen des im FGG-Verfahren geltenden Amtsermittlungsgrundsatzes hat das Familiengericht ggf. selbst zu ermitteln, inwieweit eine einstweilige Anordnung erforderlich ist (Keidel/Weber § 64 b Rn. 23). Dabei sind nur ausnahmsweise und bei besonderer Dringlichkeit Maßnahmen zulässig, die so weit gehen, wie es grundsätzlich der Entscheidung in der Hauptsache vorbehalten ist (Keidel/Kahl § 19 Rn. 31 m.w.N.). Auch dann darf die einstweilige Anordnung die Hauptsache aber nicht vorwegnehmen (Johannsen/Henrich/ Sedemund-Treiber § 621g ZPO Rn. 2). Es kann nach § 1 GewSchG aber alle Maßnahmen treffen, die zur Abwendung einer akuten Gefahr erforderlich sind.

276 Für das Verfahren verweist § 64 b Abs. 3 S. 2 FGG – wie schon die §§ 127 a Abs. 2 S. 2, 621 f Abs. 2 S. 2, 644 S. 2, 621 g S. 2 ZPO, § 3 a Abs. 9 S. 4 2. HS VAHRG – auf die §§ 620 a bis 620 g ZPO. Damit trägt die Regelung zur Vereinheitlichung des Verfahrens der einstweiligen Anordnung in Familiensachen bei (Schumacher FamRZ 2001, 953, 957). Soweit nicht das Verfahren der freiwilligen Gerichtsbarkeit (§ 621 a Abs. 1 S. 1 ZPO) Ausnahmen erfordert, ist deswegen auf die Ausführungen zum Verbundverfahren zu verweisen (vgl. Rn. 5 ff.).

Nach dem Wortlaut des § 64 b Abs. 3 S. 1 FGG kann das Gericht einstweilige Anordnungen nur auf Antrag treffen. Von Amts wegen ist eine Entscheidung nach § 621 g ZPO hingegen nicht zulässig, weil der Gesetzeswortlaut dieses nicht vorsieht und die abweichende Regelung in § 620 b Abs. 1 S. 2 ZPO sowie die entsprechende Auffassung zu § 620 e ZPO (vgl. Rn. 186, 192 d) darauf beruhen, dass jedenfalls ein Antrag auf Erlass einer einstweiligen Anordnung vorlag (Keidel/Weber § 64 b Rn. 22). Die Tatsachen auf die der Antrag gestützt wird, müssen glaubhaft sein (OLG Bamberg FamRZ 2001, 1310). Für einstweilige Anordnungen nach dem GewSchG ergibt sich das Regelungsbedürfnis schon aus der Vorschrift des § 1 Abs. 1 S. 1 GewSchG. Danach muss die einstweilige Anordnung erforderlich sein, um weitere Verletzungen oder Bedrohungen abzuwenden (Rn. 15 ff., 256). Ist schon die Hauptsache entscheidungsreif, darf eine einstweilige Anordnung nicht mehr ergehen (OLG Frankfurt FamRZ 2000, 1037).

277 Anwaltszwang besteht für das Verfahren der einstweiligen Anordnung in erster und zweiter Instanz nicht, weil auch in den entsprechenden Hauptsacheverfahren nach § 78 Abs. 2 und 3 ZPO kein Anwaltszwang besteht und für das Anordnungsverfahren als Teil der Hauptsache nichts anderes gelten kann (Zöller/Philippi § 621 g Rn. 4; Johannsen/Henrich/

Sedemund-Treiber § 621 g ZPO Rn. 4). Eine Rechtsbeschwerde ist aber durch einen beim Rechtsbeschwerdegericht zugelassenen Rechtsanwalt einzulegen und zu führen (§§ 78 Abs. 1 S. 4 f., 574 ZPO). Das Jugendamt ist an den Verfahren nach § 49 a Abs. 2 FGG zu beteiligen, wenn nach § 2 GewSchG die Zuweisung einer gemeinsam genutzten Wohnung beantragt ist und Kinder im Haushalt der Beteiligten leben. Eine mündliche Verhandlung ist im Verfahren der einstweiligen Anordnung nicht vorgesehen (§ 128 Abs. 4 ZPO) aber zweckmäßig, um zu vermeiden, dass nach Erlass der Anordnung auf Grund mündlicher Verhandlung erneut entschieden werden muss (§ 620 b Abs. 2 ZPO). Dann ist allerdings die Ladungsfrist des § 217 ZPO einzuhalten (OLG Dresden FamRZ 2002, 1498). Gegen Entscheidungen aufgrund mündlicher Verhandlung ist nach § 64 b Abs. 3 FGG i.V.m. § 620 c S. 1 ZPO die sofortige Beschwerde zulässig. Sonst bleibt, abhängig davon, ob mündlich verhandelt worden ist, die Möglichkeit einer Abänderung nach § 620 b Abs. 2 oder § 620 b Abs. 1 ZPO (vgl. Rn. 43 ff., 258). Wegen der gerichtlichen und außergerichtlichen Gebühren und der Streitwerte vgl. Rn. 267 f.

Einstweilige Anordnungen im Scheidungsverbund sind nach § 620 Nr. 9 ZPO gegenüber solchen nach § 64 b Abs. 3 FGG vorrangig. § 621 g ZPO ist wiederum im Rahmen seines Anwendungsbereichs als Sonderregelung vorrangig gegenüber sonstigen Maßnahmen des einstweiligen Rechtsschutzes. Einstweilige Anordnungen nach § 64 b Abs. 3 FGG könne deswegen einerseits vor Anhängigkeit und nach rechtskräftigem Abschluss der Ehesache beantragt werden. Daneben ermöglicht die Vorschrift aber auch Eilmaßnahmen nach § 2 GewSchG für nicht miteinander verheiratete Personen, die einen gemeinsamen Haushalt geführt haben. Für Maßnahmen nach § 1 GewSchG geht die Vorschrift sogar noch weiter und ermöglicht im Rahmen einer anhängigen Hauptsache Eilmaßnahmen gegen alle Personen, die eine Körperverletzung oder Freiheitsberaubung gegen den Antragsteller begangen haben, damit gedroht haben, in deren Wohnung oder befriedetes Besitztum eingedrungen sind oder durch unberechtigtes Nachstellen unzumutbar belästigt haben (vgl. Rn. 249 ff.).

278

Literaturverzeichnis

Alternativ Kommentar zur Zivilprozessordnung, 1987 Zitiert: AK/(Bearbeiter)

Baumbach/Lauterbach/Albers/Hartmann: Zivilprozessordnung, 62. Auflage 2004 Zitiert: Baumbach/(Bearbeiter)

Bach: Das Haager Kindesentführungsübereinkommen in der Praxis In: FamRZ 1997, 1051

Bernreuther: Das System des vorläufigen Rechtsschutzes in Familiensachen In FamRZ 1999, 69

Braeuer: Anmerkung zu OLG Zweibrücken FamRZ 1986, 1229 In FamRZ 1987, 300

Büte: Zugewinnausgleich bei Ehescheidung, 2. Auflage 2002 Zitiert: Büte

Büttner: Unterhalt für die nichteheliche Mutter In FamRZ 2000, 781

Ditzen: Zur Rückforderung von Trennungsunterhalt In: FamRZ 1988, 349

Furtner: Sicherung des Anspruchs auf Ausgleich des Zugewinns In NJW 1965, 373

Gaul: Die Entwicklung des einstweiligen Rechtsschutzes in Familien- und insbesondere in Unterhaltssachen In FamRZ 2003, 1137

Gerhardt/von Heintschel-Heinegg/Klein: Handbuch des Fachanwalts im Familienrecht, 4. Auflage 2004 Zitiert: Gerhardt/(Bearbeiter)

Gießler: Vorläufiger Rechtsschutz in Ehe-, Familien- und Kindschaftssachen, 3. Auflage 2000

Gießler: Richterliche Vorausprüfungs- und Begründungspflicht bei Entscheidungen des einstweiligen Rechtsschutzes In: FamRZ 1999, 695

Gießler: Der Hausrat bei Trennung und Scheidung In FPR 2000, 77

Gießler: Einstweiliger Rechtsschutz beim vereinfachten Verfahren auf Kindesunterhalt In FamRZ 2001, 1269

Gießler: Vorläufige Anordnungen in FGG-Familiensachen noch oder nicht mehr statthaft? In FamRZ 2004, 419

Graba: Die Abänderung von Unterhaltstiteln, 3. Auflage 2004

Gutdeutsch/Rieck: Kindesentführung: ins Ausland verboten – im Inland erlaubt? In FamRZ 1998, 1488

Harms: Die Sicherstellung des gefährdeten Zugewinnausgleichs In FamRZ 1966, 585

Hassold: Die Abänderung einstweiliger Anordnungen in Ehesachen In FamRZ 1981, 1036

Haußleiter/Schulz: Vermögensauseinandersetzung bei Trennung und Scheidung, 4. Auflage 2004 Zitiert: Haußleiter/Schulz

Heiß/Born: Unterhaltsrecht, Ein Handbuch für die Praxis Loseblattsammlung, Stand Januar 2004 Zitiert: Heiß/(Bearbeiter)

Johannsen/Henrich: Eherecht, 4. Auflage 2003 Zitiert: Johannsen/Henrich/(Bearbeiter)

Kalthoener/Büttner/Niepmann: Die Rechtsprechung zur Höhe des Unterhalts, 9. Auflage 2004 Zitiert: Kalthoener/Büttner

Kalthoener/Büttner/Wrobel-Sachs: Prozesskostenhilfe und Beratungshilfe 3. Auflage 2003 Zitiert: Kalthoener/Büttner/(Bearbeiter)

Keidel/Kuntze/Winkler: Freiwillige Gerichtsbarkeit, Kommentar zum FGG, 15. Auflage 2003 zitiert: Keidel/(Bearbeiter)

Kessler/Klages: Abschied von der Befriedigungsverfügung in Schadensersatz- und Unterhaltssachen In FamRZ 2001, 1191

Kleinwegener: Die Erstattung außergerichtlicher Kosten der Rechtsverfolgung durch den Unterhaltspflichtigen In FamRZ 1992, 755

Knops/Knops: Die Bestimmung der „persönlichen Angelegenheiten" beim familienrechtlichen Prozesskostenvorschuss In: FamRZ 1997, 209

Kohler: Die beschleunigte Sicherung des Zugewinnausgleichs In FamRZ 1989, 797

Lönig: Die Sicherung künftiger familienrechtlicher Ansprüche In FamRZ 2004, 503

Motzer: Gesetzgebung und Rechtsprechung zur elterlichen Sorge und zum Umgangsrecht seit dem Jahr 2001 In FamRZ 2003, 793

Münchener Kommentar: Bürgerliches Gesetzbuch, 4. Auflage 2000 Zitiert: MünchKommBGB/(Bearbeiter)

Münchener Kommentar: Zivilprozessordnung, 2. Auflage 2000 Zitiert: MünchKommZPO/(Bearbeiter)

Olzen: Schadensersatz bei unrechtmäßiger einstweiliger Anordnung in Unterhaltssachen In: FamRZ 1986, 1169

Palandt: Bürgerliches Gesetzbuch, 63. Auflage 2004 Zitiert: Palandt/(Bearbeiter)

RGRK: Das Bürgerliche Gesetzbuch, 12. Auflage 1984 Zitiert: RGRK/ (Bearbeiter)

Ritter: Vorläufige Anordnungen in Angelegenheiten der freiwilligen Gerichtsbarkeit, Juristische Dissertation Göttingen 1991

Rolland: Familienrecht Kommentar, 1993 Zitiert: Rolland/(Bearbeiter)

Scholz/Stein: Praxishandbuch Familienrecht Loseblattsammlung, Stand Januar 2004 Zitiert: Scholz/Stein/(Bearbeiter)

Schröder/Bergschneider: Familienvermögensrecht 2003 Zitiert: Schröder/ Bergschneider/(Bearbeiter)

Schumacher: Der Regierungsentwurf eines Gesetzes zur Verbesserung des zivilrechtlichen Schutzes bei Gewalttaten und Nachstellungen sowie zur Erleichterung der Überlassung der Ehewohnung bei Trennung In FamRZ 2001, 953

Schwab: Handbuch des Scheidungsrechts, 4. Auflage 2000 Zitiert: Schwab/(Bearbeiter)

Soergel/Siebert: Bürgerliches Gesetzbuch, 12. Auflage 1989 Zitiert: Soergel/(Bearbeiter)

Stein/Jonas: Zivilprozessordnung, 21. Auflage 1993 Zitiert: Stein/Jonas/ (Bearbeiter)

Thomas/Putzo: Zivilprozessordnung, 25. Auflage 2003 Zitiert: Thomas/ Putzo/(Bearbeiter)

Ullmann: Einstweiliges Verfügungsverbot zur Sicherung des Zugewinns vor rechtskräftiger Scheidung der Ehe In NJW 1971, 1294

van Els: Das Kind im einstweiligen Rechtsschutz im Familienrecht, 2000 Zitiert: van Els

van Els: Die zeitliche Begrenzung der einstweiligen Anordnung bei Anhängigkeit einer Ehesache In FamRZ 1990, 581

Wendl/Staudigl: Das Unterhaltsrecht in der familienrichterlichen Praxis, 6. Auflage 2004 Zitiert: Wendl/(Bearbeiter)

Wieczorek/Schütze: Zivilprozessordnung und Nebengesetze, 3. Auflage 1998 Zitiert: Wieczorek/Schütze/(Bearbeiter)

Zöller: Zivilprozessordnung, 24. Auflage 2004 Zitiert: Zöller/(Bearbeiter)

Stichwortverzeichnis
(Die Zahlen bezeichnen die Randziffern)

A
Abänderung 46 ff.
Anhängigkeit der Hauptsache 7 ff.
Anhörung
– vor Sorgerechtsentscheidung 179 f.
Antrag
– Abänderung 47
– Aufhebung 47
– Einstweilige Anordnung 11
– Leistungsverfügung 153
– mündliche Verhandlung 44
– Prozesskostenhilfe 38
Anwaltszwang
– Einstweilige Anordnung 13 f., 47, 59
– Einstweilige Verfügung 153
– Sorgerecht 184, 190
– Sofortige Beschwerde 55 a
Arrest 173 a, 242 ff.
– Unterhalt 173 a
– Zugewinnausgleich 244
Auskunft 21, 37, 123
Außerkrafttreten 64 ff.
– Feststellung 81 ff., 190
  – Beschlusstenor 82
  – Beschwerde 83
  – Kosten 84
– durch anderweitige Regelung 70 ff.
  – ausländische Urteile 80
  – nachehelicher Unterhalt 71
  – Prozessurteil 70
  – Rückzahlung 74
  – Vergleich 73

– vorläufig Vollstreckbar 78 f.
– Wirksamkeit 77 ff.
– ohne anderweitige Regelung 66 ff.
  – Prozesskostenhilfe 69
  – selbstständige Familiensache 68
– Sorgerecht 189 f.
Aussetzung der Vollziehung 60 f., 186

B
Beschluss
– Einstweilige Anordnung 28
– Begründung 30
Beschwerde
– außerordentliche 53
– sofortige 52 ff.
Beweislast 3
Brüssel II-VO 209

E
Ehewohnung 246 ff.
– einstweilige Anordnung 254 ff.
  – Außerkrafttreten 265 f.
  – isoliertes Verfahren 270 ff.
  – Kosten 267 f.
  – Regelungsbedürfnis 256
  – Scheidungsverbund 254 ff.
  – sofortige Beschwerde 259 ff.
  – Verfahren 257 f.
  – Vollziehung 263 ff.
– nachehelich 248
– Trennungszeit 247

Stichwortverzeichnis

Einstellung der Zwangsvollstreckung 62 f.
Einstweilige Anordnung im Scheidungsverbund
– Antrag 11
  – Begründung 12
  – Glaubhaftmachung 12
– Anwaltszwang 13 f.
– Auskunft 37
– Außerkrafttreten 64 ff.
– Bedeutung 2
– Beschluss 28
– Ehesache 7
  – Anhängigkeit 8, 10
  – Rechtskraft 9
– Fortgeltung 64
– Greifbare Gesetzeswidrigkeit 53
– Hauptsache 7, 56
– Konkurrenzen 132, 149 ff.
– Kosten 95 ff., 144 f.
– pauschales Verfahren 3
– Prozesskostenhilfe 38 ff.
– Prozesskostenvorschuss 104 ff., 122
– Rechtsbehelfe 42 ff.
– Rechtskraft 42
– Rechtsverteidigung 4
– Regelungsbedürfnis 15
  – bei bestehendem Titel 16
– Sorgerecht 176 ff.
– Streitwert 93 f.
– Umfang 130
– Unterhalt 31 ff.
– Verbundverfahren 5
– Verfahren 18 ff.
  – Verfahrensbeteiligte 25
  – Verfahrensrechte 26
  – Zuständigkeit 19 ff.
– Vergleich 29
– Vollziehbarkeit 57 ff.
– Zulässigkeit 6

Einstweilige Anordnung in isolierten FGG-Familiensachen 192 a
– Konkurrenzen 192 f
– Regelungsumfang 192 b
– Verfahren 192 d
Einstweilige Anordnung im isolierten Unterhaltsverfahren 127 ff.
– Kindesmutter 131
– Konkurrenzen 132 f., 137
  – Kindesmutter 133
  – Scheidungsverbund 132
  – Trennungsunterhalt 132
– Kosten 135
– Regelungsumfang 128 ff.
  – Ehegattenunterhalt 129 f.
  – Familienunterhalt 130
  – Kindesmutter 131
  – Kindesunterhalt 128, 131
  – Umfang 130
– Sonderbedarf 130
– Verfahren 18 ff., 134
Einstweilige Anordnung nach § 641 d ZPO 136 ff.
– Antrag 140
– Anwendungsbereich 138
– Beschwerde 143
– Beweislast 140
– Konkurrenzen 132 f.,137
– Kosten 144 f.
– Sicherheitsleistung 141
– Verfahren 142
– Zulässigkeit 139
Einstweiliger Rechtsschutz
– Sorgerecht 174 ff.
– Unterhaltssachen 1 ff.
– Zugewinnausgleich 236 ff.
Einstweilige Verfügung 146 ff.
– Antrag 153
– Konkurrenzen 149 ff., 168 f.
– Leistungsverfügung 146
– gegen den Kindesvater 167 ff.

Stichwortverzeichnis

– Anspruch des Kindes 170 f.
– Anspruch der Mutter 172
– Konkurrenzen 168 f.
– Verfahren 173
– Prozesskostenvorschuss 125 f.
– Rechtshängigkeit der Hauptsache 152
– Unterhalt 146 ff.
– Zugewinnausgleich 243

F
Familienunterhalt 130
Feststellungsklage, negative
– Feststellungsinteresse 75
– Rechtsschutzbedürfnis 76

G
Gebühren 39, 61, 135, 145
– Aussetzung der Vollziehung 61
– Feststellung des Außerkrafttretens 84
Gewaltschutzgesetz 246 ff.
– einstweilige Anordnung 254 ff.
– Außerkrafttreten 265 f.
– isoliertes Verfahren 275 ff.
– Kosten 267 f.
– Regelungsbedürfnis 256
– Scheidungsverbund 254 ff.
– sofortige Beschwerde 259 ff.
– Verfahren 257 f.
– Vollziehung 263 ff.
– gerichtliche Maßnahmen 249
– Strafvorschrift 251
– Wohnungszuweisung 250
– Verfahren 251

H
Hausrat 252 ff.
– einstweilige Anordnung 254 ff.
– Außerkrafttreten 265 f.
– isoliertes Verfahren 270 ff.

– Kosten 267 f.
– Regelungsbedürfnis 256
– Scheidungsverbund 254 ff.
– Verfahren 257 ff.
– Vollziehung 263 ff.
– nachehelich 253
– Trennungszeit 252
HKÜ 209
– Aufenthalt 210

I
Identität von Unterhaltsansprüchen 35, 71
Internationales Recht 209
Isoliertes Unterhaltsverfahren 127 ff.

K
Kindesentführung 209 ff.
– Abkommen 209
– Anhörung 231
– anwendbares Recht 209
– Eilverfahren 222
– gegenläufig 231
– Haager Übereinkommen 210 ff.
– Anwendungsbereich 234
– Härtefall 227
– restriktive Auslegung 229
– Einzelfälle 230
– Inland 235
– Kosten 219
– offensichtlich unbegründet 221
– Personensorge 224
– Sofortige Rückgabe 226 f.
– Sorgerecht 211 ff.
– Sorgerechtsentscheidung 222
– Umgangsrecht 211, 232
– Verfahren 217 ff.
– Verfahrenspfleger 231
– Verwaltungsbehörde 220
– Widerrechtlich 223 f.

- Widerrechtlichkeitsbescheinigung 225
- Wirksamkeit 233
- Zentrale Behörde 214 ff.
- Zielsetzung 212 f.
Kindesherausgabe 176 ff., 193
Konkurrenzen
- Einstweilige Anordnung und Einstweilige Verfügung 149 ff.
- Hauptsache 56
- Isoliertes FGG-Verfahren 192 f
- Isoliertes Unterhaltsverfahren 127 ff., 132 f.
- Ansprüche der Kindesmutter 133, 137, 168 f.
- Prozesskostenvorschuss 122 ff.
- Vaterschaftsfeststellung 137
- vorläufige Anordnung 192 f, 192 g
Kosten
- im Anordnungsverfahren 95 ff., 135, 144 f., 191
  - Aussetzung der Vollziehung 61
  - eigenständige Kostenentscheidung 99 f.
  - einheitliche Kostenentscheidung 84, 97
  - Feststellung des Außerkrafttretens 84
  - Höhe 95 f., 135, 191
  - Vergleich 98
- im Beschwerdeverfahren 95, 102, 135, 191
- Leistungsverfügung 165
- Rechtsmittel 103
- Vorläufige Anordnung 206
Kostenfestsetzung 121

L
Lebenspartnerschaft 145 a, 246
Leistungsverfügung 146
- Glaubhaftmachung 159

- Hauptsache 166
- Kosten 165
- Prozesskostenhilfe 164
- auf Unterhalt 148 ff.
  - Notbedarf 148
  - Subsidiär 149 ff.
- Verfahren 163
- Verfügungsanspruch 155
- Verfügungsgrund 156 ff.
- Vollstreckung 160 ff.
- Vollziehungsfrist 161 f.
- Zulässigkeit 153 ff.
- Zuständigkeit 154

P
Prozesskostenhilfe
- Änderung der Anordnung 39, 51
- Beiordnung 41
- für einstweilige Anordnung 38 ff.
- Folgesachen 38
- Hauptsache 56
- Leistungsverfügung 164
- persönliche Verhältnisse 40
- Prozesskostenvorschuss 40, 114
- Ratenzahlung 40, 114
Prozesskostenvorschuss
- Anspruchsberechtigte 105 ff.
  - Ehegatten, geschiedene 108
  - Ehegatten, verheiratete 105
  - Kinder, minderjährige 106
  - Kinder, volljährige 107
- Billigkeit 113 ff.
- Einstweilige Anordnung 122 ff.
- Einstweilige Verfügung 125 f.
- Kostenfestsetzungsverfahren 121
- Ratenzahlung 114
- Rückforderung 120
- Selbstbehalt 114
- Umfang 118 f.
- Vaterschaftsfeststellung 138
- Verfahren 104, 122 ff.

Stichwortverzeichnis

– Voraussetzungen 109 ff.
– Billigkeit 113 ff.
– Erfolgsaussicht 112
– persönl. Angelegenheit 110 f.
– Wegfall 116 f.

R
Rechtsbehelfe 42 ff.
– Abänderung 46 ff.
– Änderung der Verhältnisse 49
– Antrag 45, 47
– Aussetzung der Vollziehung 60 f.
– greifbare Gesetzeswidrigkeit 53, 55
– konkurrierende 56
– Prozesskostenhilfe 51
– Regelungskompetenz 53 f.
– Rückwirkung 50
– Verhandlung, mündliche 44 ff.
Rechtskraft 42
Regelungsbedürfnis
– Einstweilige Anordnung 15 f.
– Sorgerecht 178, 198 f.
– bei bestehendem Titel 16
Rücknahme
– des Scheidungsantrags 67 f.
– des PKH Antrags 69
Rückzahlung 74, 85 ff.
– Schadensersatz 90 ff.
– Risikoverteilung 92
– Ungerechtfertigte Bereicherung 86 ff., 92
– verschärfte Haftung 88 f.
– Wegfall der Bereicherung 87

S
Schadensersatz 90 ff.
Sofortige Beschwerde 52 ff., 143, 182
Sorgerecht 174 f.
– Amtsermittlung 180

– Anhörung 179
– Einstweilige Anordnung 176 ff.
– Änderung 181
– Aussetzung der Vollziehung 186
– Außerkrafttreten 189 f.
– Beschwerdeverfahren 184 f.
– Regelungsbedürfnis 178
– Sofortige Beschwerde 182 f.
– Freiwillige Gerichtsbarkeit 177
– Kosten 191
– Sorgerechtserklärung 175
– Vollstreckung 187
– Zwangsgeld 187
– Beschwerde 188
– Vorläufige Anordnung 193 ff.
– von Amts wegen 196
– Außerkrafttreten 205
– Beschluss 202
– Beschwerde 203 f.
– Einzelvorschriften 193
– Hauptsacheverfahren 195
– Inhalt 201
– Kosten 206 f.
– reformatio in peius 204
– Regelungsbedürfnis 198 f.
– Verfahren 200 f.
– Vollstreckung 208
– Zuständigkeit 197
– Wert 192
Sozialhilfe 157
Streitwert
– Einstweilige Anordnung 93 f.
– Sorgerecht 191

U
Umgangsrecht 47, 176 ff., 222
– Vermittlung eines Vergleichs 174
– Vollstreckung 187, 208
Ungerechtfertigte Bereicherung 86 ff., 92

Unterhalt
– Höhe 32
– nachehelicher 36
– Rückstand 33 f., 50
– Stufenklage 37
– Umfang 31
– für die Vergangenheit 33

V
Vaterschaft 133
Vergangenheit 33 f., 50
Vergleich 29, 46, 49, 73
Verzug 34
Vollstreckung
– Einstweilige Anordnung 57 ff., 187 f.
– Kindesmutter 141
– Leistungsverfügung 160
– Sorgerecht 187, 208
– Umgangsrecht 187, 208
– Unterhalt 57 ff.
– Vorläufige Anordnung 208
– Zuständigkeit 58 f.
Vollstreckungsabwehrklage 59, 72
Vollstreckungsklausel 57, 160
Vollziehbarkeit
– Aussetzung der Vollziehung 60 f., 186
– Einstellung der Zwangsvollstreckung 62 f.
– Einstweilige Anordnung 57 ff., 187 f.
– Prozessgericht 59
– Vollstreckungsgericht 58
Vollziehungsfrist 57, 161 f.
Vorläufige Anordnung 193 ff.
– Konkurrenzen 192 f, 192 g

W
Wert (siehe Streitwert)
Wirksamkeit

– anderweitige Regelung 77 ff.
Wohnungszuweisung (siehe Ehewohnung)

Z
Zugewinnausgleich 236 ff.
– Eilbedürftigkeit 236 f.
– Einstweiliger Rechtsschutz 241 ff.
– Arrest 243 f.
– Einstweilige Anordnung 241
– Einstweilige Verfügung 242
– Sicherheitsleistung 239 ff.
– Voraussetzung 239 a
– Umfang 240
– Vorzeitiger Zugewinnausgleich 238, 241 a
– Einstweiliger Rechtsschutz 241 a
– Folgen 238 f
– Verfahren 238 g
– Voraussetzungen 238 a
Zulässigkeit
– einstweilige Anordnung 6
– Leistungsverfügung 153 ff.
– Vorläufige Anordnung 193 ff.
Zuständigkeit
– Abänderung 51
– Einstweilige Anordnung 19 ff.
– Berufung 20
– Einzelrichter 23 a
– perpetuatio fori 19
– Revision 23
– Sachnähe 22
– Stufenklage 21
– Verweisung 24
– Leistungsverfügung 154
– Vorläufige Anordnung 197
Zwangsvollstreckung
– Einstellung 62 f.

NEUAUFLAGE

Eheverträge, Scheidungs- und Partnerschaftsvereinbarungen
für die notarielle und anwaltliche Praxis

Von Dr. WOLFRAM WALDNER, M.A., Notar in Bayreuth,
Lehrbeauftragter an der Universität Erlangen-Nürnberg
2., überarbeitete Auflage 2004, 180 Seiten, € (D) 29,80/sfr. 51,–.
ISBN 3 503 08307 3

▍ Verträge aus Anlass der Eingehung wie des Scheiterns einer Ehe spielen in der Vertragspraxis eine zunehmende Rolle, weil die gesetzliche Regelung nur auf den Normalfall zugeschnitten sein kann und daher von vielen Ehepartnern als ergänzungs- oder korrekturbedürftig angesehen wird. Die Grenzen der Vertragsfreiheit sind nach mehreren Entscheidungen des Bundesverfassungsgerichts und des Bundesgerichtshof eher noch unklarer als zuvor.

▍ Diese Neuauflage informiert aktuell über den Stand der Rechtsprechung und Literatur und zeigt die Grenzen, die der Vertragsgestaltung dabei gezogen sind. Es behandelt neben dem angesichts seiner praktischen Bedeutung an erster Stelle stehenden Ehevertrag auch Vereinbarungen für die nichteheliche Lebensgemeinschaft und die Eingetragene Lebenspartnerschaft.

▍ Trotz einer fast unübersehbaren Rechtsprechung und Literatur besteht nach wie vor eine Lücke zwischen Kommentaren und Lehrbüchern und ausgesprochenen Formularbüchern. Dieses Buch wendet sich an Rechtsanwälte und Notare, denen es obliegt, durch einen Vertrag das möglicherweise entstehende oder bereits entstandene Konfliktpotential unter den Vertragspartnern zu vermindern und gibt ihnen gezielte Hinweise für die Vertragsgestaltung.

Behandelt sind beispielsweise
- die vielfältigen Gestaltungsalternativen der „modifizierten Zugewinngemeinschaft",
- Möglichkeiten und Grenzen der Regelung nachehelicher Unterhaltsansprüche unter Berücksichtigung der neuen Rechtsprechung des BVerfG und des BGH,
- steuerlich zweckmäßige Absicherungen des überlebenden Partners einer nichtehelichen Lebensgemeinschaft,
- die bevorstehende Novellierung des Lebenspartnerschaftsgesetzes.

Zahlreiche Formulierungsbeispiele setzen die gegebenen Empfehlungen praktisch um.

ERICH SCHMIDT VERLAG
Postfach 30 4240 • 10724 Berlin
Fax 030/25 00 85 275
www.ESV.info
E-Mail: ESV@ESVmedien.de

JETZT IN DER 3., ÜBERARBEITETEN AUFLAGE

Die Berechnung des Volljährigenunterhalts

Bedarf – Bedürftigkeit – Leistungsfähigkeit – Haftungsanteile – Kindergeldanrechnung

von Dr. JÜRGEN SOYKA, Richter am Oberlandesgericht Düsseldorf
3., überarbeitete Auflage 2004, 300 Seiten, € (D) 39,80/sfr. 68,–.
ISBN 3 503 07844 4

¶ Die Änderung der Düsseldorfer Tabelle zum 1.7.2003, die nach der bundeseinheitlichen Leitlinienstruktur verfassten neuen Leitlinien der Oberlandesgerichte, grundlegende Entscheidungen des Bundesgerichtshofs zum Elternunterhalt, die sich auch auf den Volljährigenunterhalt auswirken, sowie die Rechtsprechung des Bundesverfassungsgerichts zum Splittingvorteil und zur Zumutbarkeit von Nebentätigkeiten haben die dritte Auflage dieses Buches geradezu herausgefordert. Die erstmalige Berücksichtigung eines Mindestbedarfs für Ehegatten durch den BGH, dessen grundlegende Erwägungen zur Berechnung des Familienunterhalts und zum Vorwegabzug nachrangiger Unterhaltsverpflichtungen bei der Beurteilung der ehelichen Lebensverhältnisse haben weitreichende Auswirkungen auf den Volljährigenunterhalt, wenn dieser mit Ehegattenunterhalt konkurriert. Die Schwierigkeiten erstrecken sich bis zur Berechnung der Haftungsanteile bei beiderseitiger Barunterhaltspflicht und Wiederverheiratung eines Elternteils. Dafür ist eine komplizierte Formel erforderlich, die eingehend erläutert wird. Um die damit verbundenen Probleme darzustellen und vernünftigen Falllösungen zuzuführen, wurde auf viele Berechnungsbeispiele zurückgegriffen, die die Schwierigkeiten transparent durchleuchten.

¶ Der Aufbau des Buches entspricht einer praktisch orientierten Prüfungsreihenfolge für die Unterhaltsberechnung zur Bildung einer Struktur, die Gerichten, Rechtsanwälten und mit der Brechnung von Volljährigenunterhalt befassten Stellen die Unterhaltsberechnung erleichtert. Der Autor führt den Leser durch die vielen mit der Berechnung des Volljährigenunterhalts zusammenhängenden Schwierigkeiten und bietet ihm einen umfassenden Überblick über die bei den jeweiligen Berechnungsschritten auftretenden Probleme sowie ein auf die praktische Anwendung ausgerichtetes Wissen.

ESV

ERICH SCHMIDT VERLAG
Postfach 30 4240 • 10724 Berlin
Fax 030/25 00 85 275
www.ESV.info
E-Mail: ESV@ESVmedien.de